丁颢◎编著

心理学与高效沟通

驾驭交流的心理宝典〉〉〉〉〉〉〉〉

〈〈〈〈〈〈〈〈赢得人心的睿语箴言

中国纺织出版社

内 容 提 要

沟通，是人与人交往的基础，在交际的博弈中，沟通能力强的人必定会是胜利一方。然而，高明的沟通者离不开心理学知识的帮助，一个能够把心理学与沟通技巧结合起来的人，一定是人际交往的高手。

本书通过精彩的案例，解析心理学在沟通过程中的重要作用，运用心理学的实战分析，教会读者了解他人、看清形势、巧妙开口，与他人进行高效沟通，从而使自己在生活与工作的人际交往中更加轻松自如、左右逢源。

图书在版编目（CIP）数据

心理学与高效沟通 / 丁颢编著.—北京：中国纺织出版社，2016.4 （2024.1重印）
ISBN 978-7-5180-0682-3

Ⅰ.①心… Ⅱ.①丁… Ⅲ.①心理交往－社会心理学－通俗读物 Ⅳ.①C912.1-49

中国版本图书馆CIP数据核字（2014）第102419号

责任编辑：闫　星　　　　责任印制：储志伟

中国纺织出版社出版发行
地址：北京市朝阳区百子湾东里A407号楼　邮政编码：100124
销售电话：010—67004422　传真：010—87155801
http：//www.c-textilep.com
E-mail：faxing@c-textilep.com
中国纺织出版社天猫旗舰店
官方微博http：//weibo.com/2119887771
北京兰星球彩色印刷有限公司　各地新华书店经销
2016年4月第1版　2024年1月第6次印刷
开本：710×1000　1/16　印张：15.75
字数：220千字　定价：48.00元

我们生活在这个世界上，不可避免地要与别人打交道，沟通对于我们的生活质量和一天的心情指数起着至关重要的作用。别人的一个微笑或者一个理解的眼神都可能让我们欢喜一阵子，更别说你一言我一语，畅快而舒适的交流，就更能让我们心情愉悦，瞬间充满正能量。所以说有效并且高效的沟通对于每一个现实生活中的人来说都是极其重要的，流畅的沟通有时候比吃佳肴、穿美衣更让人期待，更能给我们带来满足和快乐。

当然，沟通并不是天生的能力，也不是一天两天就能够练成的本领。有些人从小在周围环境的熏陶下，察言观色和讲话的能力都很出众，也就很容易交到朋友或者与新的伙伴打成一片。而有些沟通能力差的人，很多时候只能巴巴地看着这样的交际高手，不知道自己怎样做才能够和他们一样：随时都能够清晰地表达自己，随便一两句话就能与别人产生共鸣，随便聊聊天就能吸引他人的注意力……如何能够很轻松地做到与他人无障碍交流，这是一个困扰着很多不善于沟通的人的问题。

我们都知道，成功地与他人沟通往往能够让你事半功倍，甚至一跃成为成功者中的一员。但是沟通并不仅仅是说话那么简单，这里面还包含了一定的心理学技巧。心理学在现今社会已经不再神秘，大多数人都能够了解一些简单的心理学，可是怎样把心理学和高效沟通结合起来，就又是一门学问了。简单来说，在沟通中运用心理学，就是要做到能够“读心“”识人”和“攻心”，前者用来看透他人、洞察世事，后者用来掌控他人、影响结果。

俗话说“人心隔肚皮”“知人知面不知心”，一般情况下我们与人交流，都会从外表入手，观察对方的言谈举止、着装打扮等，很多细节都能够透露出一个人的习惯、爱好，这也就为接下来的沟通提供了话题和切入点。当然，身处现代社会，信息的多元化和交往的便利性造就了人心的复杂化，再熟识的人也可能对你撒谎，再简单的事情也有人不愿对你透露，想要在各种社交聚会中不被遗忘和抛弃，想要在极短的时间里了解他人，做出有利于自己的判断和举动，我们就必须学会这种读心和识人的技巧。

在这个交往频繁、沟通为主的社会，掌握有效沟通的技巧是十分必要的。本书就从心理学与高效沟通这两个方面入手，系统地阐述了如何在人际交往中灵活运用心理学和社交技巧，才能让自己有一个成功的人际关系。希望在本书的引领下，读者朋友能够对人际交往有一个全新的认识，能够最快速地成为一个沟通高手!

编著者

2016年1月

上篇　知己知彼，与人沟通先要了解他人

中篇　用心交流，三言两语沟通即见成效

下篇　分清场合，与不同的人都沟通有道

上篇

知己知彼，与人沟通
先要了解他人

第01章 观其服饰，沟通先从外在入手

服装品位显示个性特征

服饰指的是衣服以及和衣服相匹配的所有的装饰品与配件。服饰美指的则是服饰领域中所呈现出来的美，具体地来说，也就是人们的衣着打扮所表现出来的美。从本质上来说，它不是自然的美，而属于技术美和现实美的范畴。很多时候，我们无法改变自己的容貌，也无法使自己具备“清水出芙蓉，天然去雕饰”的美。但是，我们却可以通过穿衣打扮来使自己的外在美更加耀眼夺目，从而展示属于自己的风采。如今，随着社会的发展，经济的腾飞，人们的物质生活水平越来越高，不仅能够吃饱穿暖，而且可以使自己更加美丽，有着得体的妆容和适宜的服饰。简而言之，现代社会，服饰已经成为了现代人精神风貌的表征，成为人们美化生活、美化环境、美化社会的一个重要手段，更成为一种高品位、高层次的审美引导。假如你有着热情奔放的内心，即使你没有妖艳的容颜，那么你同样可以用服饰来彰显自己的内心；假如你有着安静入水的内心，即使你的容貌不是那么让人赏心悦目，你也同样可以用服饰来营造出一种感觉，使人觉得你的气质就是淡淡开放的白玉兰那般皎洁美好；假如你极具个性，那么你也可以通过穿着与众不同的服饰来抓住人们的眼球，使人看到你的时候有着耳目一新的感觉。

常言道：“花靠叶衬，人靠衣装”。服饰是人对自身外在美的一种设计，是人体除了天然皮肤之外的又一层“皮肤”，是流动着的“软”雕塑，能够雕琢人们的气质、性格特征、别样情调和与众不同的风格。在人潮汹涌的大街上，正是因为有了这些形形色色的服饰，这个世界才显得缤纷多

彩，我们也才能在看到人的第一刻就对其产生第一印象。在人的各种社交场合中，外观的作用是非常重要的，其中，服饰更是能够体现出人们90%的外观。从某种意义上说，穿着、打扮不仅仅能够美化一个人的仪表，反映一个人的修养、情趣、素质、品味乃至人格和尊严，而且也能够反映出一个民族、一个国家的政治、经济、文化、科技等众多方面，从而反映出整个民族的素质。著名作家郭沫若曾经说："衣裳是文化的表征，衣裳是思想的形象，社会主义带来了永恒的春天，我们必须有适应季节的衣裳。"很多人喜欢通过字迹来了解一个人，因而有"见字如面"的说法，其实，在社会交往活动中，很多人都是通过观察一个人的服饰来初步了解一个人的，说是"见衣如面"也不为过。

到了一家新单位之后，小娜很快就成为了焦点人物。其实，这都得益于她与众不同的着装风格。她身材高挑，皮肤白皙，天生就是个衣服架子。她长得就像是模特，似乎每一个地方都是她展现自己的舞台。她很现代，骨子里透露出不安分，但是她却偏偏穿着一身民族风的服装，绣花的真丝上衣，阔腿的亚麻长裤和手工缝制的布艺靴子。这使她一看就是一个极具个性的人，而且站在人群中亭亭玉立，使人耳目一新。一次，公司的一家合作单位来公司洽谈合作的具体事项，在听到小娜的发言之后，对方老总居然指定小娜担任项目负责人，因为他说小娜的性格非常适合策划和负责他们这个古朴清新而又富有现代生活气息的楼盘广告。就这样，资历尚浅的小娜轻而易举地得到了这个千载难逢的好机会，而她的表现也确实没有让合作方失望。她的性格就像她的穿衣风格一样，古朴和现代混搭，雅致和创新混搭，这使她获得了成功。

很多时候，穿衣服就像是做人。一个人有着怎样的性格，往往会在潜移默化之中选择最适合自己风格的衣服。小娜正是因为用服装很好地诠释了自己的个性，所以才能够让别人一目了然地了解她，认识她，记住她。从而，她也为自己赢得了很多的机会。

我们不仅要学会像小娜一样用服装来展示自己的个性，也要学会通过别人的穿衣打扮来了解别人，这对于我们的人际交往是很有好处的。

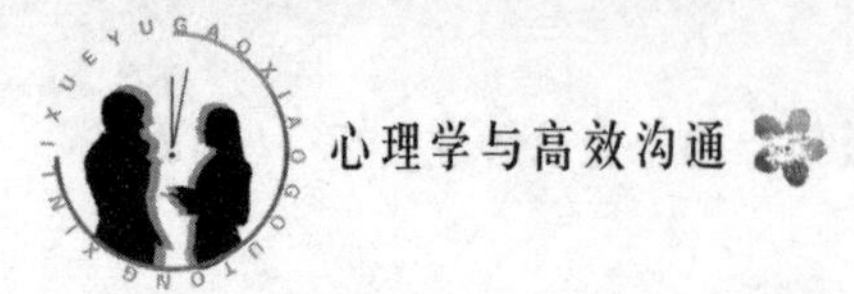

妆容表现出内心情感

在西方社会，在参加宴会、朋友聚会或者是出席其他重要场合的时候，假如一位女性素面朝天地出现，往往会使人觉得她对人缺乏尊重。因此，在出席任何场合的时候，西方女性都会精心化妆，使自己拥有得体的妆容。在她们的生活中，化妆就像穿衣吃饭一样自然，是日常生活中必不可少的步骤。在国内，虽然很多服务行业也都开始要求从业人员必须以淡妆出现，但是，化妆还是没有普及到每一个女人的生命之中。尽管如此，化妆在女性生活中的地位已然越来越高了。很多女性即使平日里素面朝天，在出席重要场合的时候也会以得体的妆容出现；有些女性在外资企业工作，受到西方文化的熏染，越来越重视妆容的重要作用；更多的女性仅仅是出于爱美之心，也总是化妆。近年来，妆容的种类也越来越多，很多时尚的女性紧跟世界的潮流，走在时尚的前沿，及时地与国际接轨，使自己具备世界范围内流行的艳丽妆容。其实，不管是出于哪个方面的原因，我们都应该重视妆容在日常生活中的作用。试想，面对一张清新艳丽的脸庞，面对一张苍白的疲惫的脸庞，你更喜欢哪一张？相信不管是男人还是女人都会毫不犹豫地选择第一张脸庞，毕竟它能够使我们感受到更多的活力和魅力，感受到生命的美好，感受到活着的幸福。不论如何，我们都要热爱生活，因为生命是值得尊重的。

因为妆容的种类越来越多，风格各异，所以不同的场合往往需要不同的妆容。例如，参加葬礼和参加婚礼的妆容肯定不能是相同的，参加朋友聚会和参加商业会谈的妆容也应该是截然不同的。不仅如此，在人们心情不同的情况下，潜意识地给自己的妆容也是不同的，所以，有的时候，我们可以从一个人的妆容看出一个人的内心情感，从而更好地了解她，走近她。可以说，在每个女人的脸上，都能够洞察出她妆容的心声。会化妆的女人往往感情丰富，她们的一笔一刷表现出了自己内心的点点滴滴，或者快乐，或者忧伤，回忆总是能够慢慢地把她们心底的感情凝结成不一样的妆容。当面对一个女人的时候，千万不要忽视她们的妆容，而应该试着从她们的妆容中感受她们的内心世界，那么，你就会发觉不仅睫毛膏有自己的故事，口红也有别

样的心情。唇彩也有它小小的回忆。

尽管林倩很想隐藏自己失恋的事情，但是，办公室里还是渐渐地传开了关于她失恋的消息。林倩质问唯一知道自己失恋事情的同事有没有散发这个消息，同事万分冤枉地说："咱们是好朋友，你已经叮嘱我不要把这件事情告诉别人了，我怎么还会四处乱说呢！我发誓，这件事情绝对不是我说的。"吃午饭的时候，另外一个同事用满怀同情的目光看着林倩，好心地安慰林倩："你最近是不是心情不太好啊，晚上要不要一起去唱歌，放松一下！"林倩谢绝了同事的好意，她很纳闷地问同事："你是怎么知道我心情不好的，是谁告诉你的？"同事夸张地说："这还用别人告诉我啊！当然是你自己告诉我们的！傻子都能看出来你心中的落寞！"林倩还是疑惑不解地看着同事，同事小心翼翼地说："你看啊，你以前的妆容明媚，你喜欢用桃红色的或者是金粉色的腮红，如今呢，你已经很久都没有腮红了。你甚至没有化妆，只是用了一点儿粉底，这使你的脸色显得非常苍白，整个人也显得很疲惫。其实，我还是更喜欢你以前的妆容，看到你，我就会感觉到爱情的甜蜜。但是，如今……"同事迟疑了一下，说，"我几乎可以断定你失恋了，因为'女为悦己者容'，你现在不化妆的样子几乎百分之百说明你失恋了。"原来如此。看到失恋的自己在同事眼中是如此苍白无力，林倩才意识到问题的严重性。她可不想因为一个负心的男人影响自己的工作和生活，想到这里，她几乎有些释然了。次日上班的时候，那个曾经让同事们耳目一新的林倩又回来了。她的皮肤粉嫩粉嫩的，长长的睫毛下一双乌黑晶亮的眼睛闪闪动人，再加上眼线精致的勾画，她的眼睛简直活力十足。当然，她也没有忘记给自己涂抹上金粉色的腮红，这使她就像是明媚的秋天一样湛蓝清新。看到林倩的妆容，关心她的同事们不由得都放下心来，她们知道，林倩重新找回了自我，彻底地从失恋的阴影中摆脱出来了！

女人的妆容，爱情的淡容，真希望我们能够也给爱情一把刷子，一个睫毛膏，一个粉底，从而让爱情绽放美丽炫目的色彩，让爱情变得更加甜蜜，让果味的唇彩味道弥漫每一个女人的爱情世界。女人是情感动物，很容易受到感情的影响，就像事例中的林倩一样，面对失恋的打击，在不知不觉之中，她无心对镜，似乎已经没有需要她变得赏心悦目的那个人了。正是因为如此，她失恋的消息才会在办公室里不胫而走。幸运的是，同事的关心和好心使林倩意识到了自己的状态很糟糕，在恢复明媚妆容的同时，她也治愈了失恋的伤。

作为女人，我们一定要重视自己的妆容，使自己时时刻刻都有一个好心情，使自己永远对生活充满了希望和期冀!

小饰物是内心的外在表现

如果说服装和妆容能够使我们初步了解一个人的内心世界和情感，那么，那些不起眼的小饰物则更能够表现出一个人的内心深处。很多时候，我们会根据时间、地点和场合的需要来穿衣服，搭配合适的妆容，有的时候，我们还因为种种原因掩饰自己的内心。不过，小饰物会泄露我们心底的秘密，或者表现出我们不愿意为人所知的一面。众所周知，小饰物是非常小的装饰品，例如手机链、耳钉、项链、戒指、耳环、胸花或者是头饰等等。在选择这些小饰物的时候，因为它们主要起到搭配的作用，而且不想服装和妆容那么显眼，所以大多数都会遵从自己内心的声音，因此，这些小饰物更能表现出人们内在的深层的心理，有的时候甚至还会表现出人们的潜意识，甚至主人本身在选择这些小饰物的时候也没有意识到它们即将传达的信息。

毫无疑问，自然之美总是让人沉醉，不过，一些人为的修饰却能够令人在自然的基础之上更增添几分靓丽。要想在细节处装扮自己，佩戴饰物无疑是最好的方式。在选择饰物的时候，首要的原则就是要与自己的个性匹配。因为饰物是极具个性的东西，不像有些衣服或者妆容那样是放之四海而皆准的。通过观察一个人佩戴的小饰品，有助于我们更加快速准确地判断他的性格特征。

有些人喜欢用珠宝当装饰品，他们往往有完美主义情节，凡事都竭力追求完美，而且，他们的自我表现欲望不是那么强烈，更在乎自己能够完全

融入某一种氛围之中，与其他人打成一片；有些人很在意衣着搭配，喜欢佩戴胸针，他们非常重视自己在他人心目中的形象，内心深处希望自己能够引起别人的注意，但却又习惯于用谦虚的态度来掩饰自己的这种心理；有些人喜欢戴手镯，他们大多精力充沛、很有朝气和活力，而且充满了智慧，非常自信，喜欢积极主动地追求自己想要的东西；有些人喜欢佩戴体积小、不太起眼的珠宝首饰，他们谦虚而又稳重，内心非常平静，在任何事情面前都能够保持顺其自然的心态；有些人喜欢佩戴体积大、璀璨醒目的珠宝，他们大多爱招摇和卖弄，富于热情，不管走到哪里，他们都能吸引许多人的目光，并且把自己的热情传染给别人；有些人喜欢具有民族情调的装饰品，他们个性鲜明，特立独行，为人处世立场坚定，有自己独特的想法和见解……

当然，饰品的种类还有很多，而且即使是同一种类的饰品，不同的款式和质地之间也是有细微差异的，从而反映出人的心理也是完全不同的。在人际交往的过程中，我们可以观察别人佩戴的饰品，从而更好地了解别人，促进交往。

只要看到张骁，你就知道她是一个非常特别的人。她穿着一身具有民族风情的衣服，而且还在手脖还缠绕着一根骷髅头的项链当手镯。事实也确实如此，她非常有主见，特立独行，就像校园里的一面旗帜，不管到哪里都引人侧目。在大学毕业的时候，张骁没有接受学校保送她读研的机会，而是选择了去希腊留学。很多人留学都去美国、英国、法国等，但是唯独张骁选择去希腊。原来，她对考古情有独钟，她想去希腊与人类的先祖对话。尽管老师和父母都希望她能改变主意，但是却没有人劝说她，因为他们都知道，张骁决定的事情从来不会轻易改变。

在众多饰品中，骷髅头无疑不是一个大众化的选择。很多人戴着它会觉得别扭，有的人即使看看它也会觉得难以接受。但是张骁非但选择了这个饰品，而且打心眼里喜欢它。这和她大学毕业后选择去希腊有什么必然的联系吗？也许有，也许没有，不过，她是一个特立独行的人，这一点是毋庸置疑的。

看看你自己的饰品吧，也许即使作为主人，在选择它的时候你也没有意识到自己的深层心理呢。在和人交往的过程中，要想更好地了解他人，你可以认真观察他们所佩戴的饰品，因为那是他们内心深处的外在表现。

手表体现出男人的内心世界

相比起女人众多的饰品来，男人可选择的饰品则少了很多。有的时候，行走在熙熙攘攘的大街上，看着一个高大魁梧的男人戴着一根粗粗的金项链，我们会在他原本文质彬彬的外表下感觉到一丝粗鲁，因为那根粗粗的金项链似乎瞬间降低了他的品位，使他有了些许暴发户的味道。由此可见，男人戴饰品比女人更讲究，万一戴不好，就会导致事与愿违。

在男性众多的饰品中，腰带、领带和手表无疑是最安全的选择。它们不会像金项链那样给人以不好的感觉，而是能够提升男人的品位，使人瞬间感受到男人强大的气场。作为小提琴家，盛中国出生于音乐世家，他很庆幸这一点，更庆幸自己和音乐中的皇后——小提琴结缘。他从事着世界上最美的事业，当然，在音乐的道路上，他曲高和寡，因而很孤独。对于音乐，对于小提琴，对于自己举世瞩目的身份，盛中国说："音乐家就像一座火山，需要在日常生活中不断地积累，只有在火山喷发的那一刻才会无比激昂。那一刻就是我们站在舞台上献给观众最美的音乐的时刻。这就是人们所说的激情。"和大多数男人一样，盛中国也有自己最喜欢的装饰品——手表。盛中国说："一块小表包括了男人的方方面面，手表是表达男人内心世界的窗口。我个人喜欢古典表，皮表带，不太喜欢贵金属材质的表链。古典的东西是不会随着时间的推移被淘汰的。"盛中国认为，手表是最不张扬的装饰品。大多数时候，手表总是默默地隐藏在男人的衣袖之中，只有在不经意的举手之间，手表才会若隐若现。而正是这种含蓄和温婉，使手表成为成熟的有品位的男人的首选。手表的品牌、造型、质地往往能够反映出一个男人的品格、趣味和经济实力。盛中国喜欢手表，除了有些固定购买的品牌之外，

他最大的乐趣就是在全世界范围内寻找形形色色的古董表。在他的收藏中，欧米茄的老表所占比重最大。经过几十年时间的沉淀，那些表拿出来还个个光鲜，其中大多数都是18K 黄金古董表。这恰如优秀男人的品质，历久弥新，永不过时。盛中国拿出3 只古董欧米茄手表，并且笑着说："因为担心被梁上君子光顾，所以我把这三只表分放在3 所房子中，这样，即使万一遭盗了，也不至于损失太惨重。"这3 只手表个个都有自己的故事，1 只是郭沫若先生在毛主席去重庆谈判时赠送给毛主席的，盛中国有与其完全相同的一款。还有1 只手表上没有欧米茄的品牌标志，只有英文字母，他觉得很特别，所以不惜花费重金买下来作为收藏之用。从盛中国收藏的手表之中，我们不难发现他是一个内心非常沉稳的男人，而且就像陈年的酒一样历久弥新，经过岁月的沉淀之后越发香醇。

当然，并非所有的手表都能够彰显男人的内心和品质。当男人为自己精心挑选一块手表的时候，一定要选择那些品牌的表，这样，他才能更加理解手表的内涵和文化，从而更会欣赏和鉴赏手表。那些廉价的仅仅作为计量时间所用的手表是不在此行列之中的，如果一个男人戴着一块非常平庸且廉价的手表，那只能说明他是一个普普通通的男人，需要一块手表来计时，仅此而已。如果想通过这块普通的手表看出男人的内心，那么只能观察手表的款式。当然，这也同样是很肤浅的。在众多手表中，真正懂得手表的人都钟情于机械表，这些看起来非常原始的表沉淀了人类的文化和精神。有很多手表的品牌都值得我们信赖，诸如劳力士、宝玑、欧米茄。宝玑的文化含量最高，内涵丰富，它特别注重手表设计与艺术、文化的结合。相比之下，劳力士更像是一个工业产品，它精确、结实，大产量，品质深入人心，它是工业社会不断完善发展的产物。在这几个品牌之中，欧米茄无疑是一个具有艺术性的品牌。很多人喜欢收藏欧米茄的古董手表，它们完全可以当成艺术品来赏鉴。

尽管很多人都不看好小米和林峰的婚姻，但是小米还是坚定不移地嫁给了林峰。其实，很多人都曾经告诫小米说，有钱的男人不可靠，但是小米心里清楚，林峰虽然年轻有为，事业有成，春风得意，但是他却是一个内心非常沉稳的人，他很清楚自己想要的是踏实平凡的生活，而不是像在狂风暴雨的海上冲浪一样的刺激和新鲜。小米为什么如此确定林峰的秉性呢？这一切都因为小米看到了林峰的手表。虽然身家过亿，但是林峰却戴着一块丝毫不起眼的劳力士。这是劳力士的经典款，给人一种大气稳重的感觉，就像一个成熟的男人，散发出无穷的魅力。后来，一次购物的时候，林峰还要买一块手表，于是小米就试探性地让营业员拿出来一块镶钻的表，谁知道，林峰看了一眼就连连摇头，说自己不喜欢上面闪闪发光的钻。后来，林峰还是挑选了一块没有什么出奇之处的表。小米知道，表如其人，看林峰的手表，就知道他内心的品质。正是因为如此，再加上一段时间的相处，小米义无反顾地决定要嫁给林峰。

对于男人来说，手表是身份和价值的体现，在岁月的磨砺中，成熟的男人已经褪却浮躁与虚华，所以他们愿意自己的手表躲在袖子里不显山不露水，而只在不经意的一抬手之间让人洞见其深藏的“厉害”。作为一个男人，应该养成豁达开朗的性格，要知道，有容乃大真男人，只有这样的男人，才能经过岁月的沉淀，最终真正拥有一块属于自己的高品质的品牌手表。

领带折射出男性的性格

对男人来说，饰品的选择是很少的，其中，领带是一种可以引人注目而且可以频繁变化且不至于过分张扬的饰品。尤其是在穿西装的时候，领带更是一种必不可少的饰品。当系上一条领带之后，原本非常沉闷严肃的服饰会在瞬间显得活泼跳跃起来，使沉稳的男士不乏味，使追求时尚的男士变得更加优雅。领带虽然只是细细的一条，但是却从男人的脖子下面一直延伸到腰带上面，能够很好地调节男士整体着装的色彩和节奏。因为领带，不管是什么样的衣服，也无法掩盖它们流露出的那一份变化，那一份色彩和那一份雅致。在这方面，男人们有着无穷无尽的想象力，因为饰品的选择范围很小，所以很多男人都在领带的搭配上挖空心思，希望以此将自己丰富的内心世界表达出来。于是，世界上就有了很多关于领带的约定俗成的看法。以领带的底色为例，有人说蓝色代表含蓄、飘逸和诱惑；红色代表炽热、爱恋和关怀；而黑色 则代表深沉、稳重和执着。再以领带的花纹为例，其象征意义可谓不胜枚举。有人说，圆点代表倾慕，方格代表智慧，斜条代表洒脱。因此，男人对于领带的钟爱便显得理所当然，并且具有坚实的心理基础。

不知道从什么时候开始，男人对于领带的戴法有着非常严格的清规戒律。刚开始的时候，领带是必须和西服、皮鞋配套的，西方的绅士们更是将此奉为金科玉律，甚至还有人觉得必须将西服三件套穿齐了才能佩戴领带。如今，随着社会的发展，潮流的多样化，时尚的定义也越来越宽泛，很多穿夹克衫、穿风衣、着便鞋或运动鞋的人也在自己的脖子上系上了一条领带，并且表现出了别致的韵味。这种随意的搭配使领带的表现力更加丰富，从而更加体现出时代所崇尚的人格的独立与精神的自由。正如女人对于时装的不懈追求一样，男人对于领带也有着同样的不懈追求。他们求新求变，求一份自由潇洒与不羁。曾经有一位服装设计师说过，男人的一套西装应配备至少十条领带。由此可见，在审视男人的服饰时，我们无疑应该关注他们的领带。从某种意义上来说，领带就像是男人内心世界的小小窗口，我们可以从中看到男人内心世界中那一方变幻莫测的天地，从而更好地了解男人，与男人交往。

在舞会中，清心认识了一个很不错的男孩，而且她答应了他的邀约。今天就是约会的日子了，清心虽然觉得很快乐，但是又似乎有些紧张。他们先一起去看了场电影，看完电影之后，他们走进一家高级的餐厅用餐。在浪漫的烛光中，男孩突然告诉清心："你比我想象的更加迷人。"清心害羞地躲避着他的目光，突然之间，她的视线停留在他的领带上……那是一条非常花的领带，浅粉的底色，上面有着碎碎的花朵图案，而且很抽象，图案层层套叠，看不清楚，而又很有立体感和层次感。清心对男孩说："你的领带很别致。"提到领带，男孩眉飞色舞，他滔滔不绝地说："是的，我很喜欢这条领带。而且，我的所有领带都是这种风格的。我不喜欢那种非常沉闷的领

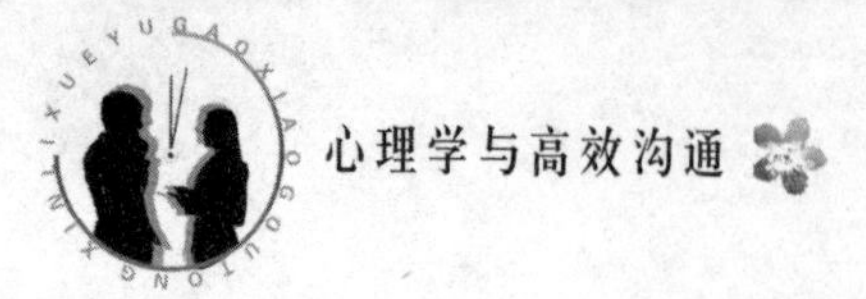

带，因为千篇一律，毫无新意。这条领带是我在商场里转了好几个小时才精心挑选到的，我一见就很喜欢。我觉得这种领带能够给生活注入活力，带来激情。”清心若有所思地点了点头，淡淡地说：“看得出来，你是一个很热爱生活的男人。”这次约会结束之后，清心再也没有接受过这个男孩的邀请，更没有和他约会过。也许，男孩自始至终都不会明白，清心有着领带情结，她不喜欢打花领带的男生，因为觉得他们在追求生活激情的同时总是有点儿喜新厌旧的嫌疑。

也许是巧合，然而事实却与清心的推测不谋而合。在很短的时间内，这个男孩就和另外一个女孩子拍拖了，而且很快又与这个女孩子结束了彼此之间的关系。清心很庆幸，自己通过领带避免了一场伤人伤己的闪电恋爱。

也许只是巧合，也许是不谋而合。其实，清心的推测未必百分之百地正确，但是，很多时候，领带确实能够折射出一些男人的内心。世界上的事情很难两全其美，那些喜欢传统样式与颜色的领带的男人虽然有些沉闷，但是却非常有责任心，成熟稳重；那些喜欢花领带的男人虽然非常富于激情，但是却会使恋爱变成烈火与干柴的偶遇，来得快去得也快。作为女人，应该想清楚自己在爱情中想要得到什么，然后再通过各个方面的考察去综合衡量男人是否符合自己对于爱情的希望和憧憬，这样才能使恋爱变得更加甜蜜。对于身上很少有饰品的男人，女人完全可以在观察其服饰之后，认真地观察其领带。因为越是小的细节，越容易表现出一个人无法掩饰的内心。

提包透露她的内心世界

不管是男人还是女人，似乎都离不开提包的陪伴，尤其是女人，因为有很多需要随身携带的物品，所以提包更是必不可少的饰品，同时也极具实用价值。就像为自己选择衣物和首饰一样，女人在选择提包的时候也有着自己的喜好。不同性格特征的女人往往习惯不同风格的提包，假如了解了这一点，男人就能更好地了解女人，更融洽地与女人相处。

众所周知，闺密是女人必不可少的朋友，也是女人的知己。不管生活中有了高兴的事还是伤心的事，女人都会在第一时间内通知闺蜜，从而与闺蜜一起分享。有人把手提包比喻成女人无言的“闺密”、贴身的知己，由此可见，手提包在女人生活中的重要地位。手提包对于女人来说有着重要意义，高兴激动的时候，女人可以把它当成是发泄兴奋的工具，不至于手舞足蹈的时候一不小心把家具砸碎；哭泣烦恼的时候，女人还可以把它当成是依托，不至于不知所措地站在那里。化妆的女人都知道，在日常生活中，女人总是要时不时地为自己补妆，这样才能保持妆容的完美无瑕。当女人自信地从手提包中掏出化妆盒进行一番美丽的“描绘”时，她甚至还会从容地用挑逗的神态给男人抛个媚眼。对于女人来说，手提包也意味着隐私，女人的手提包中简直装着女人的世界，没有手提包的女人或者是忘记手提包的女人总是非常惶惑的，那是缺乏安全感的表现。

手提包不仅对于使用它的女主人有着非同寻常的意义，对于其他与女人交往的人来说，它也同样具有很大的作用，因为透过它，人们能够读出女人的内心世界。首先，从手提包的外表来说，喜欢用小坤包的女人往往心思细密，她们为人处世小心翼翼，生活中则精致小巧，就如那小小的包一样；喜欢用大包的女人性格往往比较开朗，她们喜欢把所有东西一股脑地塞进自己的包包里，待到用的时候再去找；喜欢鲜艳颜色手提包的女人希望能够引起别人的注意；喜欢暗色包包的女人非常内敛，性格沉稳，不愿意过多地成为别人注目的焦点。其次，从手提包的内部来说。假如你有幸看到女人手提包的内部，那么你则更进一步地接近了女人的内心。在手提包小小的空间里，倘若口红、眉笔、香水、钥匙、钱包、电话本、手机等都排列地井井有条，那么则说明它的主人不仅非常女性化，而且做事很有条理，喜欢秩序井然；假如你打开包之后看到的是一番凌乱的景象，毫无疑问，这个包的主人是一个粗线条的女人，一定很好相处。当然，我们并不能仅仅凭着手提包就去判断一个女人，而应该把手提包作为一个参考要素，再加上自己对女人的了解和感受，来综合地考量一个女人究竟属于哪种类型，从而决定应该以何种方式与其相处。

在众多的应聘者中，娜拉很奇怪自己为什么能够最终得到这个工作机会。要知道，她在众多的应聘者中既不是最优秀的，也不是学历最高的。不过，面试有一个环节倒是很奇怪，这也是使她百思不得其解的地方。在面试的最后一个环节，面试者要求所有的女孩把自己的提包打开，并且一一展示自己随身携带的物品。当然，个别隐私物品可以一带而过。就这样，十个从100多个初试者中过关斩将的求职者一字排开，开始介绍自己的手提包。直到工作了一段时间以后，娜拉才从主管口中得知自己为什么能够被聘用。原来，娜拉应聘的是文秘的工作，需要处理公司的很多杂事，保管很多文件。在最后一个环节，面试者发现有至少一半的应聘者背的都是大包，只有娜拉和另外一个女孩背的是小包。在展示的过程中，面试者进一步发现，娜拉的包虽然小，但是女孩子的必需品却一应俱全，而且全都整整齐齐地排列在包里，分布得非常合理。这样不仅使包看起来丝毫不显得臃肿，而且使狭窄的空间得到了充分的利用。另外一个背小包的女孩的包内则显得有些凌乱，而且物品也没有娜拉这么齐全，可以看出来，这个小包是她临时取用应急的。其他背大包的女孩呢？有的包里非常乱，有的包里还装着一些不用的杂物没有清理，有的包里根本找不到自己想要找的东西。正是因为这个面试程序，使面试者最终毫不犹豫地决定聘用娜拉，因为公司需要一个能够将所有杂事都干得井井有条而且能把所有文件都放在该放的地方的人。

娜拉没有想到，自己居然因为手提包而被聘用了，得到了一份心仪已久的工作。她没有使公司失望，上任之后，娜拉很快就熟悉了工作的流程，并且把一切事情都处理得井井有条。不管是谁需要什么文件，只要是娜拉负责的，她总是能够第一时间把文件找出来。不管是领导还是同事，都非常喜欢娜拉的工作作风。

每份工作都有不同的要求，有的时候，我们希望员工不拘小节，富有创新精神，有的时候，我们则希望员工能够一丝不苟，按部就班。文秘的工作非常琐碎，娜拉认真的工作作风和严谨的工作态度恰恰使她能够胜任这份工作，并且得到大家的一致好评。

看看你的手提包吧，是不是包如其人呢？其实，每个人都有自己的个性特征，在生活中，我们应该扬长避短，使自己得到更好的发展。在与别人相处的过程中，我们也可以通过细心地观察别人的方方面面来了解别人，促进彼此之间的交往。

鞋和腰带透露出的信息

不管是男人还是女人，腰带和鞋子都是必不可少的饰品。尤其是男人，因为可供选择的饰品太少，所以更应该把关注的重点放在鞋和腰带上。也许有些男人认为没有必要花太多心思在这个方面，但看着女人们在腰带和鞋子的选择和搭配上潮流尽现，花样百出，你怎么能不心动呢？而且，鞋子对于一个男人来说至关重要，往往能够使男人一身的装扮显得更加尽善尽美。至于腰带，则更是男人必不可少的装饰品。即使穿着再高档的服饰，假如鞋子和腰带没有搭配好，那么男人的服饰就会在瞬间黯然失色。由此可见，细节也是至关重要的。

不同的鞋子和腰带往往给人不同的感觉，而且，在选择鞋子和腰带的时候，往往能够表现出男人不可掩饰的内心。因为越是细节的东西越是发乎本心，无法掩饰。时下，潮流尽现，对于潮男来说，腰带和鞋子在整体的服饰效果中特别重要。鞋子的重要作用毋庸置疑，行遍万里路，如果没有一双适脚的鞋子肯定不行。而且，鞋子是一个人的重心所在，还会对整体的服饰搭配起到关键性的作用。此外，腰带是男性的必备佩饰之一，其材质有布质、皮质、金属及其他材质，不同材质或材质之间的搭配又能够体现出多种元素，例如，皮质加金属能够表现出朋克风格，而事业有成的男士则大多数选择高档的皮质腰带。有的时候，从一个男人的头、腰和脚，我们就能看出他的内心世界。

皮特是玩摇滚的，这一点，在我见他第一面的时候就有这种感觉。尽管我当时没有确定他是玩摇滚的，但是这种感觉却非常强烈。他穿着一身机车服，腰间系着一条金属光泽的腰带，材质也是金属的。他的脚上穿着一双马丁靴，鞋底缀满了铆钉。他来应聘快递的工作，但是我发现他并不适合这份工作，因为我确定对他而言这份工作过于枯燥乏味。我建议他找找其他的工作，他说可以考虑。在分别的时候，我还是没有忍住地问他：“你喜欢摇滚吗？”正准备出门的皮特回过头来，他的眼睛熠熠闪光，他很惊喜地问：“你怎么知道？”我笑了笑，说：“仅凭你的腰带和马丁靴，我就感受到了你身上扑面而来的摇滚气息。其实，你可以去乐队试试，也许那更适合你。”皮特笑了，他说：“我也是这么想的。”他高兴地离开了，似乎是为我发现了他身上的摇滚气息才这么高兴的。

很多时候，我们可以掩饰自己的内心，在某一个特定的场合，我们甚至可以伪装自己。但是，那些我们非常心爱的饰物会出卖我们，因为它们是我们在潜意识的驱使下精心挑选出来的。其实，不仅仅是皮特，很多人的腰带和鞋子上都有着自己内心的痕迹。一个商务型的男士很少有机会穿马丁靴，即使穿，或许也无法穿出那种桀骜不驯的味道来，因为他的内心就是严谨的、一丝不苟的。还有腰带，什么样的腰带配什么样的人，抑或说，什么样的人就会为自己选择什么样的腰带。说法不同，但是最终的结果却是完全一致的。这就像是一种宿命，偶然之中有着必然。

从近些年的流行趋势看，鞋子的款式呈现出了更多的元素和风格。然而，很多男士却只钟情和局限于某一种鞋子。鞋子非常重要，它能凸显一个人的品位，是男人得力的时尚工具。不管是鞋子还是腰带，都应该与自己服饰的整体色调保持一致，既不要显得太沉闷，也无需过于突跳。总而言之，千万不要小看腰带和鞋子，尤其是对于男人而言，它们往往会泄露你心底的小秘密。

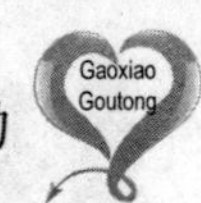

第02章
解读表情，细微变化反映内心波动

察言观色由眼睛开始

早在一千多年前，孟子就从识人的角度说：“要想观察一个人，再没有比观察他的眼睛更好的了。眼睛无法掩盖一个人内心的丑恶，只有心中光明正大，眼睛才会明亮；若心中不光明正大，那么眼睛就昏暗不明，看人的时候躲躲闪闪。因此，听一个人说话的时候，应该留心观察他的眼睛，这样一来，他的善恶真伪就无处可以隐藏。”意大利文艺复兴时期的画家达芬奇也从人物画的角度说，“眼睛是心灵的窗户。”日莲宗的《妙法尼》也曾经说过：“巨人也好，侏儒也罢，其志气乃表现在一尺的脸上；一尺脸上的志气，则尽收在一寸的眼睛之中。”由此可见，在观察一个人的时候，与其察言观色，不如观察他的眼睛。

随着科学技术的发展，经过研究，科学家发现瞳孔不会“说谎”，它是生命机能灵敏的显示器，是大脑的延伸。瞳孔对兴趣的反应灵敏到了使人无比震惊的程度。实验证实，对于两幅相同的画，人们无法分辨出其中细微的差别，不过，瞳孔的反映却能显示出来。“经常读书且善于思考的人，眼神中就会有一种特殊的光芒。”迄今为止，林肯所说的这句话仍然鼓舞着人们用读书来充实自己的心灵，使自己的眼睛熠熠闪光。没有任何两个人的眼神是一样的，对于眼神的细微捕捉，使人们能够准确地把握别人的心理，例如，在危急情况下，人们总是习惯于通过注视对方的眼睛来了解对方心理的变化。举例而言，在情势瞬息万变的赌场上，赌徒根据庄家瞳孔的变化来投注；在珠宝商场之中，珠宝商也往往会根据顾客瞳孔的大小变化来开出价

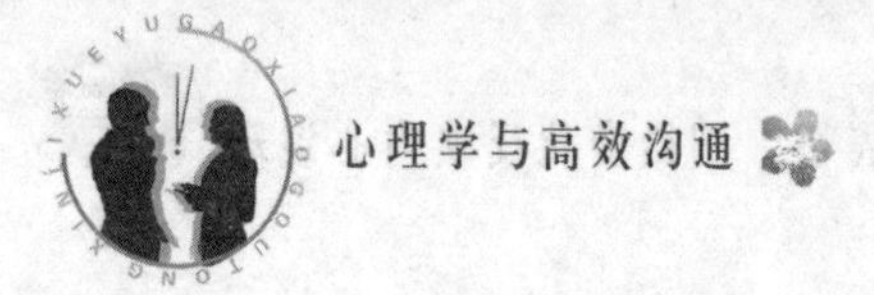

格。由此可见，眼睛确实是人类心灵的窗户，能够折射出人们内心深处最微妙的变化。因此，在人际交往的过程中，若你想真正地了解一个人，就应该注意捕捉这个人的眼神极其细微的变化，从而更加深入地了解他。

内心真诚、胸怀坦荡的人在看别人的时候往往非常沉静，他们的眼神清澈如水，毫无遮掩地一直看到人的灵魂深处；心怀不轨的人眼神总是躲躲闪闪，鬼鬼祟祟，很多警察正是通过眼神识别出了小偷或者是罪犯的身份；心中有疑惑的人眼神也会情不自禁地带着探寻的意味，因为他们时刻想要寻找到答案；怀有赤子之心的人眼神就像孩童的眼神般澄澈，使人觉得无比安静、踏实；撒谎的人不敢用眼睛直视别人，因为他们总是心里发虚，不知道应该如何面对别人的真诚……这就是眼神的魔力。如果你想了解一个人，首先要捕捉他的眼神，这样你才能无限贴近他的心灵。当然，眼神是千变万化的，眼神的变化也是极其微妙的。因此，我们在观察别人眼神的时候一定要细心，要认真，要严谨。有些眼神的变化非常快，而且持续的时间很短，甚至达到了转瞬即逝的程度，只有细心的人才能够及时捕捉到。

不用询问，只需要看着他的眼睛，我就知道杰克。这次的期末考试，杰克肯定又没有考好。我悲哀地想着。因为他的眼神已经一览无余地让我看到了真相。今天下午放学回家之后，杰克没有像往常一样扑进我的怀中拥抱我，而是用他褐色的眼睛游移不定地看着我，似乎在寻找着什么。我随口问道："期末考试的成绩出来了吗？"杰克的眼神躲闪着，盯着不远处的地方，很快地说："还没有呢，老师说，也许还要再等两天。当然，也许明天就会出来的，也说不定。"杰克很反常，他不是个会说谎的孩子，我总是能够从他的眼睛里看到真相。我佯装无事地安慰他："哦，那就再等两天吧。其实你不必紧张，因为成绩只代表你的过去，态度才决定你的未来！"第二天，我还是没有问，我佯装忘记了这件事情。不过，杰克却主动把试卷拿给我看。原来他考了七十几分，情况还不算太糟糕，我的心情稍微放松了些。我让杰克自己发现问题，补足差距，我相信他一定能做得很好，我也相信他不会再因为考试成绩的事情对我撒谎，因为我的态度已经给他吃了一个定心丸。

在面对别人的询问时，撒谎的人很难做到眼睛直视着别人。当然，若是心理素质非常好的人，也有可能会眼睛直视着别人撒谎的。但是，即便如此，他的眼神也一定会显得生硬呆滞，很不自然。虽然知道杰克撒谎了，但是妈妈却选择没有戳穿他，因为她知道保护孩子的自尊心和消除孩子的恐惧心理更重要。

在生活中，我们的心理随时随地都处于细微的变化之中。此时，我们的眼睛会折射出我们内心深处的活动。当然，我们也可以通过这个途径去了解别人。有的时候，人们甚至可以通过眼神与动物交流，由此可见，眼睛是心灵的窗口。

从笑态了解他的性格

在生活中，总是有那么些事情会使我们觉得伤心，使我们情不自禁地哭泣，但是，也有些事情会使我们或者会心地微笑，或者开怀大笑。可以这么说，每个人的一生都离不开哭和笑，尤其是笑。一个人也许一辈子都不会哭，但是他却不会一辈子都不笑。如果一个人始终不笑，那么生活对于他就失去了意义，幸福也就失去了源泉。在这个世界上，每个人都是独一无二的个体，这也就决定了每个人的哭和笑都是与众不同的。要想了解一个人，我们可以从观察他的笑态入手。众所周知，人们只有在非常放松且愉悦的情形下才会笑，而在这种状态下，人的戒备心理也是最弱的，他们很容易毫无保留地袒露自己的内心，使自己变得更加真实自然。所以，笑态也是最能够表现人的内心状态的。要想更加深入地了解一个人的性格，我们可以更好地观察他的笑态，从而走进他放松状态下的心灵。

笑有很多种，不同的人笑的风格是不一样的，即使是同一个人，在不同状态下的笑态也是不一样的。有些人喜欢开怀大笑，他们非常爽朗，真诚而又热情，往往行动迅速，处事果然，尽管外表坚强，但是内心有的时候却很柔弱敏感；有些人喜欢捧腹大笑，他们往往能够最大限度地理解和宽容别人，富于幽默感，能够给周围的人带来快乐，他们心无城府，乐于助人，为人也比较正直；有些人一笑起来就停不下来了，甚至笑得花枝乱颤，眼泪都出来了，他们往往感情细腻，对待朋友非常真诚，愿意为了自己所爱的人牺牲自己的利益，是典型的性情中人；和前面这几种笑起来毫无保留的人不同，有的人即使笑的时候也是小心翼翼的，他们生性保守，戒备心理很强，不会轻易地付出真心，但是一旦认准了一个朋友，就会无怨无悔地付出，这种人虽然刚刚认识的时候看起来很冷漠，其实却是面冷心热的好朋友；有些人总是面带微笑，他们心态平和，很善于隐藏自己，从他们一成不变的笑容上，人们很难看透他们的内心；笑的时候用双手遮住嘴巴的人往往内向腼腆，性格温柔，他们很少告诉别人自己的真实想法，习惯于活在自己的世界之中，不会主动地向别人倾诉，更不会主动攻击别人，他们是非常温和的；还有的人笑起来断断续续，其实，这并非是一种真笑的状态，而是一种假笑，很多时候，他们之所以笑，是为了敷衍别人或者是掩饰着自己的内心，他们的城府很深，要谨慎与之交往。

笑的种类还有很多，在与人交往的过程中，我们要结合具体的情境具体分析，既不能忽视笑态的折射作用，也不能单纯地以笑态作为依据去判断一个人。只有结合众多情况认真分析，用心感受，我们才能够更加了解别人的内心世界。

张明是我们办公室的开心果，几乎每个人都很喜欢他。其实，他丝毫没有什么特别之处，除了他的笑声以外。我很少看到一个人每次都像张明那样笑得那么投入，不管是什么事情，只要是有任何可笑的地方，张明就会立即哈哈大笑起来。他笑的时候简直是心无杂念，似乎一切烦恼都在笑声中离他远去了。有的时候，他会笑得弯了腰，还会笑出了眼泪。刚开始的时候，同事们以为张明是故意装作那么可笑的，后来，时间长了，大家才知道他的确是觉得非常好笑，而且是发自内心地哈哈大笑。因为张明心无城府，待人真诚，所以，渐渐地，同事们都愿意和他交往，觉得和他在一起的时候非常轻松，而且总是笑声不断。

从张明的笑声中，我们感受到了他的真诚和直率。在沉闷的办公室中，

张明的笑声就像炎炎夏日里的一丝清凉，又像寒冷冬日中的一缕阳光。正是因为有了他的笑声，办公室的气氛才显得不那么沉重，同事们之间的关系才会在笑声中变得越来越融洽。他的笑声能够感染大家，使每一个人都心无芥蒂地笑起来。

这就是笑态的魔力。很多时候，笑声之所以具有无穷的魔力，其实也是因为笑态的影响。在欢乐和放松的情况下，人们才能够更好地面对生活，对生活和生命充满热爱。你想了解他吗？那就观察观察笑着的他吧，他的笑容会告诉你一切秘密！

从表情了解他的内心

有人说，表情是人们内心的晴雨表，同时也是现在的社交活动中能够超越文化和地域的一种交际手段。很多时候，因为语言不通，我们无法和其他国家与地区的人交流，但是，一个偶然的机会，人们惊讶地发现来自不同国家的婴儿们却能够很好地交流。这是因为婴儿之间的交流不需要借助于具体的能够表情达意的语言，而只需要借助于自己的表情和身体语言。因此，人们发现，即使人们来自不同的国家，有着不同的肤色，说着不一样的语言，也可以用表情来传递彼此之间共同的心愿。不过，表情并非是内心的完全表现，很多时候，因为种种原因，人们会试图掩饰自己的内心，所以导致自己的表情具有迷惑性。假如一不小心，我们就会被各种人们可以伪装出来的表情所蒙蔽，因而导致判断错误。

很多人将表情当成人们的“面具”。众所周知，人的脸部有43块肌肉，基于人们对“甜”和“苦”的本能的生理反应，所以形成了“愉快”和“不愉快”两种最基本的人类表情。心情“愉快”的人面部的肌肉会自然松弛，而心中“悲哀”的人则会情不自禁地伤心落泪。很多时候，语言的表白是乏力的，表情甚至能够比言语更明显地表达人们心理的动态。不仅人与人之间能够感受到对方的表情所表达的感情，有的时候，动物与人之间也能够通过表情来表达微妙的感情。例如，动物在遇到敌人的时候会龇牙咧嘴，以便能够威慑敌人，让敌人不敢靠近。在最近上映的李安执导的电影《少年派的奇幻旅行》中，少年派与一只老虎一起漂流在大海上，为了驯服老虎，便对老虎做出了非常凶狠的表情，最终成功地威慑了老虎，吓退了老虎，征服了老虎。由此可见，表情是很多生物所共有的。不过，人类与动物的表情有着一些不同，即动物不会隐藏自己的心思，而是毫无保留地把自己的所有心思都写在脸上，但是人类则不可能把所有情绪都一览无余地表现在脸上。对于人而言，表情既是心情的写照，也是一种有效的沟通和交流的方式。很多时候，如果一个人正在撒谎，那么他的表情也会相应地撒谎，为了配合谎言而做出一些虚伪矫饰的姿态，目的在于使人们相信他的谎言。

尽管人们极力地掩饰自己的内心世界，给自己戴上表情的“面具”，但是面部的细微表情还是会出卖人们的心灵。因此，要想了解一个人内心深处的真实想法，我们就要学会细致地观察人的表情，从而读懂其潜藏在心中的秘密。早在古代社会，中国人就研究出了以脸型、相貌等占测一个人的性格与命运的相面术，尽管结果未必完全准确，但是还是有一定的科学依据的。把这个技术运用到现代的社交活动中，我们则可以通过一个人的表情和面相来大致推测一个人的性格，从而更好地了解对方，更好地与对方相处。

梁惠王非常有野心，想要建功立业，因此广招天下高人名士。有人曾经多次向梁惠王推荐淳于意。所以，梁惠王几次召见淳于意，而且每一次都屏退左右与他倾心密谈。不过，梁惠王前两次召见淳于意的时候，发现淳于意总是沉默不语，这使梁惠王非常难堪。事后，梁惠王不满地责问推荐人：“你说淳于意才华横溢，有管仲、晏婴的才能，其实并非如此。也许，我在他眼里是一个不足与言的人，要不他面对我的时候为什么总是一言不发呢？”

推荐人以此言问淳于意，他笑着回答说：“事实的确是这样的，虽然我很想与梁惠王倾心交谈，但是第一次的时候，梁惠王脸上有驱驰之色，我想他一定在心中暗暗想着驱驰奔跑之类的乐事，因此我就没有说话。第二次，我见他脸上有享乐之色，我断定他肯定在想着声色一类的乐事，因此我也没有说话。”

那人把淳于意的话原封不动地转达给梁惠王，梁惠王经过仔细回忆，果然如淳于意所言。自此之后，他非常叹服淳于意的识人之能。

李楠赶到面试地点的时候时间已经有点儿晚了，她急急忙忙地挤进了一个货梯，裙子不小心被一辆小车刮了个口子。情急之下，李楠想不到什么补救的措施，只好既来之则安之了。她用手捂着裙子的缺口小心翼翼地往应聘地走去。时间刚刚好，下一个就是李楠了。见到面试官之后，李楠虽然准备得很充分，但是却始终神色慌张。坐在椅子上之后，她裙子上的大口子就捂不住了，她很担心面试官会看到。看到李楠的表情，面试官终于忍不住问李楠是不是遇到什么困难了，李楠支支吾吾地把刚才的情况讲了一遍，面试官建议李楠还是先回家解决衣服的问题，再找一个合适的时间过来面试，因为她现在紧张的状态很容易影响面试的效果。

在第一个事例中，淳于意正是从梁惠王的表情上看透了他的内心世界，所以两次都默不作声，因为梁惠王心不在焉。在第二个事例中，尽管李楠极力掩饰自己的情绪，想以最好的状态参加面试，但面试官还是从李楠的表情上感觉到了她的异常，因而询问李楠是否遇到了什么困难。由此可见，很多时候，我们并没有办法毫无痕迹地掩饰自己内心的情绪，所以或多或少地会表现在表情上。细心的人总是能够捕捉到这种微妙的表情，体察别人的内心，从而更好地了解别人。

撒谎时摸鼻子的小动作

通常情况下，人们触摸鼻子的时候是用手在鼻子的下沿飞快地摩擦几下，有的时候，甚至只是略微轻触，其他人往往很难觉察到这个动作。和男人比起来，女人在做这个手势时的动作幅度更小，这可能是因为女性必须顾及到自己的妆容，不想把脸上的妆容弄花。渐渐地，人们开始了解到摸鼻子的人很有可能是在说谎，当然，也可能是他们鼻子痒痒想打喷嚏，这是没有办法绝对避免的。所以，即使我们可以通过观察一个人是否在摸鼻子来侧面判断他是否在说谎，也不能绝对地据此作出判断。此外，当一个人处在焦虑不安或者愤怒的情绪之中的时候，他的鼻腔血管也会有些膨胀，导致出现触摸鼻子的情况。由此可见，观察一个人是否在摸鼻子只是一个有用的鉴定对方是否在说谎的辅助手段，而不是一个完全判定的手段。借助这个手段判断一个人是否在说谎的时候，应该记住这样的一个规则，即单纯的鼻子发痒只会引发人们反复地摩擦鼻子，而这个动作和人们整个对话的内容、频率和节奏之间没有任何关联。相反，如果你发现这些事情之间存在某种联系，那么你就必须仔细甄别他所说的话的真伪性了。

这个周五，老公打电话给我说他要加班到凌晨，然而，他说话的时候非常迟疑，完全不是平日里的语气。我知道，他在撒谎。在电话里，我并没有揭穿他，而是于下班之后来到他的公司楼下等着他。他下班之后，我悄悄地跟踪他，因为我想知道他最终去了哪里。我发现他只是跟好朋友们聚会。他之所以选择向我隐瞒真相，可能是因为我曾经说他们是“狐朋狗友”。凌晨的时候，他意犹未尽地回到家里，我没有睡觉，一直在等他，并且贴心地准备了宵夜。我假装毫不知情，凝视着他的眼睛问他：“今天工作是不是很辛苦？”他情不自禁地摸了摸自己的鼻子，眼睛看着别处说：“我努力工作都是为了让你和孩子过上更好的生活，我一点儿都不觉得辛苦。”

我知道，男人说话的时候摸自己的鼻子，则意味着他是在说谎。对于老公的谎言，我一笑置之，并没有选择当面戳穿他。在现实生活中，假如我们碰到的是没有恶意的小谎言，那么最好不要介意。也许，面对撒谎的爱人，我们更应该做的是检讨一下自己，问问自己爱人为何要选择对自己说谎，这样才能使自己更完善，使夫妻生活更加和谐。

在上述这个事例中，妻子之所以能够确定丈夫是在撒谎，是因为她已经通过跟踪的方式了解了丈夫下班之后的去向。毫无疑问，撒谎确实是诱使人摸鼻子的一个原因之一。为了仔细并且深入地研究这一现象，美国的神经学者阿兰·赫希和精神病学者查尔斯·沃尔夫深入研究了比尔·克林顿就莫妮卡·莱温斯基的丑闻事件向陪审团陈述的证词，他们发现，在陈述的过程

中，克林顿说真话的时候几乎从不触摸自己的鼻子。但是，只要一撒谎，他的眉头就会在谎言出口之前情不自禁地微微皱一下，而且他还会高频率地触摸鼻子，达到每隔四分钟左右就会不由自主地触摸一次鼻子，在陈述证词期间，他触摸鼻子的总数居然高达26次。

摸鼻子——你在撒谎吗？在日常生活中，要想避免谎言被识破的尴尬，我们就要真诚地对待别人，而不要恶意地欺骗别人。同样，在人际交往的过程中，要想识破别人的谎言，我们就应该综合各个方面的情况来判断别人的内心状态。当然，说话的时候摸鼻子也是一项不容忽视的考察指标。

表露情感的面部表情

所谓表情，其实就是人们的情感的外部行为特征。在人际交往的过程中，表情的作用非常重要，不仅可以传达信息、交流情感，而且也是了解他人主观心理状态的客观指标之一。人们常说的“察言观色”，就是借助表情的辅助作用，在他人的举手投足之间洞悉他人的内心深处的动态与微妙变化。通常情况下，表情并非仅仅指面部表情，也包括言语表情和肢体表情。在这里，我们即将重点讨论的是面部表情。作为面部表情，顾名思义，就是通过眼、眉、嘴和面部肌肉的变化来表现人的情绪状态。其中，尤其以人的眼神变化最为重要，最为微妙细致，最为传神。其次，嘴角和眉头肌肉的变化也能够生动地传情达意。

达尔文在《人类和动物的表情》中指出，现代人类的表情和姿势是人类祖先表情动作的遗迹，在最初的时候，这些表情动作具有一定的适应意义。因此，在人类发展的过程中，这些表情动作就成为遗传的东西而得以保存下来。举例而言，在远古时代，人类祖先在愤怒的时候会咬牙切齿、鼻孔张大，在现代社会中，这种表情同样是一种非常常见的适应动作。正因为表情有其生物学的根源，因此，诸如喜怒哀乐等最基本的情绪都属于全人类共有的原始表情，这些表情没有地域和国界的限制，是放之四海而皆准的。

人的面部表情非常微妙，变化迅速、细致而又快捷，因此可以真实准确地反映情感，传递很多语言无法准确传达的信息。通常情况下，面部表情可以分为下面的几种类型：

1. 愉快的表情

这种表情通常在人们心情愉悦的时候出现，具体表现为微笑、大笑、狂笑等。

2. 悲苦的表情

人类社会的发展总是伴随着喜悦与痛苦，因此，悲苦的表情和愉快的表情一样常见，具体表现为悲哀、伤心、痛苦等。

3. 丑恶的表情

人类有很多劣根性，在这些劣根性的驱使下，人的本性中有着恶的一面，所以，人们常常在嫉妒心理的驱使下嫉妒别人，表现为嫉妒的表情；有的时候，人们迫于无奈，总是说着言不由衷的话，心不甘情不愿地做着一些事情，表现为伪善的表情。

4. 正义凛然的表情

和人性本恶一样，也有人说人性本善，这是因为人的本性中有着很多善良的品质。这些品质促使我们成为一个善良的人，能够正视一些邪恶的力量，并且为了伸张正义而努力，这就是正义的表情，例如仇视一个恶人，指责一个心术不正的人，反抗邪恶的势力等等。

5. 恐惧、惊异的表情

生活在这个世界上，还有很多人类未曾了解的事情，所以，在生活中，人们总是会遇到一些使自己非常恐惧和惊讶的事情，因而表现出惊异、恐惧的表情。除此之外，很多美好的事情也会使人产生惊异的感觉，例如很多人在见到人间天堂——九寨沟的美景时总是情不自禁地露出惊异的表情，叹为观止！

6. 思考的表情

人类社会之所以能够不断地进步和发展，就是因为人是一种善于思考的动物，这也是人与其他动物之间的本质区别。在日常生活中，面对很多事情的时候，人们总是情不自禁地陷入思考之中，或者深思熟虑，或者略一深

思，大多数人都有的回忆也是一种思考的状态。

一个间谍被抓住了，不管经受了怎样的严刑拷打，他始终都没有暴露自己的身份。最终，正当准备放了他的时候，军官想出了一个办法，决定再进行最后的努力。军官让士兵把间谍带去洗漱干净，并且为他准备了整洁的衣衫。穿戴整齐的间谍被军官邀请一起共进晚餐，在开始吃饭之前，军官为自己对间谍的误解表示歉意。间谍始终紧绷的神经松懈了下来，席间，他虽然仍然保持着警惕，但是却能够与军官谈笑风生。看似不经意间，军官谈起了一个国家的著名的间谍集会，突然，军官惊喜地发现面前的这个间谍陷入了回忆之中，他的表情非常奇怪，似乎无限回味那个盛大的集会。军官心中窃喜，他当即断定，自己面对着的这个人就是一个地地道道的间谍，而且他也曾经参加了那个著名的间谍集会。就这样，军官并没有放这个间谍走，而是借此机会识破了间谍的身份。

在这个事例中，间谍久经考验，但是却最终因为情不自禁地陷入了回忆而暴露了自己的身份。很多时候，我们可以经受住一些明显的考验，但是却会在不知不觉之间陷入对一些事情的回忆之中，并且因此而暴露自己的内心状态。

根据科学人员的研究，人们发现在交往的过程中，在传达信息的时候，表情所在的传情达意的作用是非常重要的，有的时候，它的作用甚至比语言更加重要。即使在语言不通的情况下，表情也能够帮助人们进行沟通和交流。所以，我们应该了解各种各样的面部表情，这对于人际交往是非常有好处的。

眉态反映微妙的心理

面部的表情是非常微妙的，其中，眉态的传情达意作用也不可小觑。很多人在说话的时候会情不自禁地挑动自己的眉毛，这其实是在表达自己内心的一些动态。即使有些人不经常挑动自己的眉毛，当心理活动非常剧烈的时候，他的眉毛也会不由自主地表现出一些情态。古代的时候，曾经有一些关于眉毛的成语，例如，眉飞色舞，就是形容人说话的时候心情愉悦的，这个词语可以传神地表达出一个人说话时的情态。实际上，在与人交谈的时候，总是会不断地挑起眉毛，也许他并不自知，但是其他人却可以从他的眉态上看出他的内心动态。例如，有的人每当说到兴高采烈的地方就会眉飞色舞，有的人抱怨或者是唠叨的时候会皱起眉毛，有的人在思考的时候会使眉毛蹙成八字的形状。眉毛的动作是非常丰富的，每一种眉毛的动作都会表现出人们相应的情绪，例如惊讶、欢喜、亢奋、愁苦、错愕、快乐、傲慢、疑惑、恐惧、愤怒等。

当一个人的眉头紧紧地皱在一起的时候，说明他正处于忧虑之中，他非常想摆脱眼下的困境，但是却苦于一些因素的限制而无法如愿以偿。

当一个人的眉毛非常舒展的时候，说明他的心情很愉悦，心境平和。

当一个正在大笑的人轻微地皱眉的时候，则说明他在欢喜之余有着些许的惊讶或者是疑虑。

当一个人的眉角向下低垂的时候，说明他情绪低落，沮丧而失落。

当一个人在说到某些内容的时候眉毛扬起并于瞬间落下的时候，说明他很想强调自己所说的内容是值得人为之惊叹的。

在偶然见面的时候，若一个人在见到你的时候眉毛连闪，说明他见到你的时候心中充满了激动和喜悦，也许他很早就想见到你了。

当然，眉毛的动作是很多的，而且非常细微。只要你是有心人，在与人交流的时候就可以捕捉到别人眉毛的细微变化，从而使自己更好地了解与洞察对方的心理变化，使彼此之间的交流变得更加通畅和谐。

毕业好几年了，作为大学时代的初恋情人，他们毕业后就各奔东西，相约为了事业而奋力拼搏。几年之后，在一个陌生的城市，倩突然听到身后有人在叫她的名字，她猛然回头，居然发现他就在身后笑盈盈地看着自己。他的眼中泛出惊喜的光芒，他的眉毛上挑，偶尔还会悸动一下。他就这么站着，凝神地看着他。从此以后，他们再也没有分开过，是命运安排他们重新相遇。很多年后，他问她："在咱们再次相见的一刹那，你是不是就已经决

定天涯海角都和我在一起了。”她娇羞地说：“是的，因为在看到你脸上神情的一刹那，我就知道你心中对我的爱和渴望从来没有改变过，既然命运安排我们再次相遇，那么我就要珍惜这份难得的缘分。”

几年没有见面的初恋情人，在见面的刹那间，她就已经熟知了他的心意，这期间，除了他喊她的名字之外，他们没有进行任何的语言交流，这一切都要归功于面部表情的传情达意功能，尤其是他的眉毛惊喜地上挑着，而且因为激动不时地悸动。这一切都让她心动不已，所以才会坚定不移地和他在一起。

很多时候，我们无需使用语言，因为语言在有的时刻是苍白乏力的。我们的表情会很好地表达和诠释我们的内心，给人以真实可信的感觉，使你与别人的交往变得更加顺利。

第03章 捕捉目光，分析对方的“心灵之窗”

眼神泄露他的内心秘密

心灵是眼神之源，眼神是心灵之窗。科学家经过研究发现，眼睛是大脑在眼眶中的延伸，眼球底部的神经非常密集，有很多三级神经元，它们和大脑皮质细胞一样具有综合分析能力，再加上眼球的活动、瞳孔的变化直接受脑神经的支配，因此眼睛能够自然而然地反映出人的感情。而且，在眼球后方感光灵敏的角膜中含有1.37亿个细胞，它们时时地把接收到的信息传送到脑部。这些感光细胞非常灵敏，在任何时间内都可以同时处理150万个信息。这就意味着，即使是一闪而过的眼神，也能够在很短的时间内发射出千万个信息，因而能够表达丰富的情感和意向，泄露人们心灵深处的秘密。因此，尽管是简单的眼皮的张合、眼球的转动、视线的转移，眼与头部动作的配合，也能够产生非常复杂并且奇妙的眉目语，帮助人们传递信息，进行交流。科学家还发现，瞳孔的变化是一种本能，是人所不能自主控制的，因此，瞳孔的收缩和放大能够真实地反映出复杂多变的心理活动。如果一个人的内心感到气愤、消极或者是厌恶，那么他的瞳孔会收缩得很小；相反，假如一个人觉得愉悦、喜爱、兴奋，那么他的瞳孔就会扩大到平常大小的四倍；遇到不感兴趣的事情时，人们的瞳孔几乎毫无变化，这是因为他感到无聊或者对眼前所见到的事物漠不关心。

很多时候，我们不喜欢与陌生人进行眼神的交流，或者即使偶有眼神的交流，也是转瞬即逝的。这是因为我们不愿意别人洞悉我们的内心，不愿意陌生人从眼睛走进我们的心灵。眼睛是心灵的直通车，每个人都应该重视自己的眼神在与人交流的过程中所起到的作用。同样的，要想更深入地了解一个人，我们也应该主动地与其进行眼神交流，从眼睛进入到他的心灵。眼神会泄露你内心深处的秘密，把你用语言竭力掩饰的真相赤裸裸地展示在别人面前。所以，我们要慎重地用眼神与人交流，更要怀着一颗真诚坦荡的心与人交流。

在初次见面的时候，或者在与人面对面地交谈的时候，我们可以通过观察一个人的眼神来了解他的很多方面，诸如性格、为人等等。当然，即使眼神是了解他人的一个很重要的途径，我们也不能完全仅凭眼神来判定一个人，而要综合各个方面的情况进行考量。通常情况下，我们可以从一个人的眼神中读出很多信息，这一点是毋庸置疑的。一般情况下，胸怀坦荡的人不会畏惧与别人眼神的对视，相反，心怀不轨的人或者是做贼心虚的人则往往无法正视对方的眼睛。曾经有人把自闭症儿童和正常儿童进行了对比试验，实验结果证实，自闭症儿童不愿意与别人对视，即使与别人对视，对视的时间也比正常儿童的短了很多。这是因为自闭症儿童关闭了自己的心灵，所以才出现这种现象。总而言之，在现实生活中，若是一个有心人，就能够从眼神之中发现很多别人内心的动态，从而更好地与人交往。在现实社会中，很多刑侦人员也正是通过观察一个人的眼神发现了潜在的罪犯。

在一辆公交车上，一个便衣警察突然扭住一个男子不放，并且问车上的乘客是否丢失了什么东西。在警察同志的提醒之下，乘客们都开始检查自己的提包，有两个女士惊呼自己的钱包不见了。警察从男子的口袋中摸出了两个钱包，果然是那两个女士丢失的钱包。乘客们纷纷称奇，两位丢失钱包的女士则连声向警察表示感谢。乘客们不解地问警察：“在没有人发现丢东西的情况下，您是如何断定这个人是小偷的呢？”警察笑了笑，说：“与罪犯打交道多了，我就自然地能够发现他们的眼神的异常。正常人的眼神非常清澈，而且很坚定，不会游移不定，但是小偷的眼神则鬼鬼祟祟，非常警惕，而且流露出一种贪婪。在偷了钱包之后，他们的眼神更加紧张，总是四处偷窥别人，以便寻找机会脱身。在公众场合，你们也应该多多观察身边的人，尤其是要观察他们的眼神，这样才能更好地保护自己的人身安全和财产安全。”听了警察的话，乘客们恍然大悟，纷纷表示以后要多多留意身边的人的眼神。

在这个事例中，小偷行窃的时候并没有被抓住现行，但是却在得手之后准备逃脱的时候被警察抓住了。这是因为他鬼鬼祟祟的眼神出卖了他，暴露了他内心深处的忐忑不安。

在现实生活中，我们无需用看待小偷的心态去看待一切人，不过，为了洞察别人的内心，我们倒是可以学习警察通过观察眼神了解别人心理的技能。

眼球的位置表达出的意义

在生活中，在与人交往的时候，尤其是与人面对面地交谈时，我们难免要与别人进行眼神的交流。那么，为了表示自己的真诚，我们是低头不看别人呢，还是直愣愣地盯着别人看呢？这两种方式显然都不是最好的选择。避而不看别人，会使别人无法感受到我们的真诚，直愣愣地盯着别人看，则又会使别人感受到一种局促和压迫，从而产生不好的感觉。那么，面对面地交流时，我们应该把眼球放在哪里才能表达自己的真诚呢？

当与别人面对面地交流时，我们既不能盯着别人看，也不能避而不看别人的眼睛，更不能使自己的眼神游移不定。因为游移不定的眼神会给人一种不值得信任的感觉，从而使别人怀疑你，对你产生警惕心理。我们的眼神中应该投射出热情、坦诚和执着，这往往比语言更能够使别人对我们产生好感和信任。那么，我们应该把视线停留在对方身上的哪个位置呢？首先，我们要勇敢地迎接别人投射过来的目光，不管这种目光表达的信息是疑惑和不满，还是肯定和赞许，我们都要直接面对。一般情况下，在进行短暂的眼神交流之后，我们就应该移开自己的目光，以免彼此之间产生尴尬。研究证实，在与交谈对象进行眼神交流之后，我们应该及时把目光移到对方的双眼与嘴部之间的三角部位，这里是停留眼神的最佳位置，不仅能够使对方感受

到你的真诚，而且也可以向对方传达出礼貌和友好的信息。在交谈过程中，有些人会把目光放在别人的脖子与胸部之间，这是一个容易引起歧义的位置，尤其是当交谈对象是异性的时候。还有的人把目光放在交谈对象身边的物品上，这则容易使人觉得你对眼下正在进行的话题毫无兴趣，没有继续谈下去的欲望。也有人盯着自己的脚尖或者是手看，这样的人往往给人一种性格内向，胆小怯懦的感觉，无法使人感受到他真诚而有力的目光。所以，真诚的你应该把目光放在交谈对象的双眼与嘴部之间的三角位置，这样才有利于你们之间谈话的进行与感情的沟通。

在众多的应聘者中，面对着面试官炯炯如炬的目光，只有黎明坚持下来了，因此，他最终从几十个应聘者中脱颖而出，争取到了工作的机会。其实，这是面试官采取的压迫面试，这种面试的目的就在于测试应聘者的心理素质。大多数人在面试官的要求下看着面试官的眼睛，但是却很难坚持下去，最短的甚至只坚持了几秒钟就移开了自己的目光。只有黎明，他始终在看着面试官的眼睛，并且适时地把目光转移到面试官的双眼和嘴部之间的三角位置上，这样一来，既不会使彼此觉得局促和压迫，又能够继续给对方以被注视的印象。后来，面试官说，只有经受得住目光压力的人，才能在与人谈判的时候镇定自若，谈笑风生，掌控全局。原来，他们招聘的是公司的首席谈判师。

其实，与人谈话的过程也是一场博弈，随着彼此的远近亲疏的关系各不相同，人们之间的博弈的程度也是不一样的。朋友之间交流的时候，眼神传递的更多的是信任与理解；亲人之间交流的时候，眼神传递的更多的是关心与体贴；而在商务谈判桌上，彼此之间的交谈则无异于一场没有硝烟的战争，稍有不慎就会导致满盘皆输。而在这种剑拔弩张的谈判中，眼神则是一种无声胜有声的语言，是一种有力的谈判武器。能够游刃有余地用眼神与对方交流的人，才能够拥有强大的气场，掌控谈判的局势。

真诚的你应该把眼球放在哪里？相信大家现在已经知道答案了吧！

了解眼部不同表情的含义

很久以前孟子就说："存乎人者，莫良于眸子。眸子不能掩其恶，胸中正，则眸子瞭焉；胸中不正，则眸子眊焉。听其言也观其眸子，人焉庾哉。"这句话的意思是说，通过观察人的眼睛，可以知道一个人内心的善恶，因为眸子无法掩饰人的内心。虽然当时的科学研究还远远不如现在这么透彻，但是这句话却不是孟子在胡说，而是有着一定的科学依据的。人类眼部的表情是非常微妙的，而且眼部微妙的表情往往无法掩饰，因此，你可以通过观察交谈对象的眼部表情，读取到很多有用的信息，当然，这么做的前提是你必须了解不同的眼部表情所代表的不同含义。

通常情况下，眼部的不同表情可以分为以下几种：眼睛上扬，这是一种假装无辜的表情，当有人误解你的时候，如果你做出这种表情，那么则意味着你是无辜的；眼睛向下睥睨，则表示轻蔑、不屑一顾，眼睛的这种动作往往还会伴随着嘴角的下撇，表示瞧不起或者是蔑视；眼睛斜瞟，这种眼部的表情有两个含义，一种是害羞的女人斜眼看自己心爱的男人，另外一种是表示厌恶和憎恶；眼睛弯弯，这种眼部表情表示微笑，细心的人可以发现，即使把一个人的眼睛以下的面部蒙起来，而只观察对方弯弯的眼睛，你也能发现这个人在微笑或者是大笑；眼睛下垂，这种表情表示人心机很重，不愿意直视别人，也或者是性格内向，胆小怯懦，不敢抬眼看人；有的人眼球转动的速度很快，方向也在不停地变换，这种人往往感觉敏锐，反应很快，而且很情绪化，容易受到情绪的驱使；相反，有的人眼球显得比较呆滞，眼神的转动不够灵敏，他们往往老成持重，很少因为别人而改变自己的心意，性格温和。当然，眼睛的不同表情还有很多，我们应该根据具体的情形具体分析不同的眼部表情所代表的含义，而不能妄下论断。

今天放学的时候，儿子被老师留下来了，并且受到了批评，原因是儿子课间的时候带领几个同学用铅笔盒模仿机关枪的样子打闹着玩儿。听了老师的话之后，我有点儿不以为然，毕竟，在我们年少的时候，上房揭瓦、上树抓鸟都是很正常的事情，现在的孩子被管得死死的，太可怜了，就连课间拿

着铅笔盒比划着当机关枪玩都要被叫家长，我的心里不禁有些同情六岁的儿子。尽管如此，我还是给了老师面子，当着老师的面简单地说了孩子几句，无外乎是“以后不要这么做了”之类的话。离开办公室之后，我问儿子：“是谁想出这个主意的？”儿子看着我胆怯地承认：“是我。”我说：“以后在学校不要这么玩了……”接下来该说些什么，我一时之间没有想好，不过，我却控制不住地想笑，虽然我努力地绷着脸，因为我知道自己不能和老师唱反调。但是很快，我居然开始笑了起来，儿子眼中的怯意消失不见了。我纳闷地问：“你不害怕了？”儿子高兴地说：“妈妈，你在笑！”我佯装无辜地说：“没有啊，你都被老师批评了，我为什么要笑？”儿子狡黠地笑了笑。原来，儿子从我的眼中看出了笑意，我的眼睛出卖了我。看着儿子轻松愉悦的样子，我也觉得很轻松，本来就没有什么大不了的事情，我希望孩子能够有一个无忧无虑、轻松愉快的童年。

只有六岁的男孩，就能从妈妈努力绷紧的脸上看出微笑的意蕴，是因为妈妈的眼中有笑意。由此可见，在成人世界中，在与人交往的过程中，如果你足够细心，你就能够从交谈对象的眼中得到很多有用的信息。

如何与对方实现眼神的交流

在人与人的交往过程中，眼神的交流是非常重要的，有的时候，眼神的传情达意作用甚于语言。所以，我们应该重视眼神的交流作用，与人面对面交谈的时候多多与对方进行眼神的交流。不过，眼神的交流虽然在熟识的人中非常常见，但是在初次见面的人中，进行眼神交流是有很多注意事项的。不管是躲避别人的眼神，还是直接盯着别人看，不管是目光游移不定，还是一直执着地盯着别人，都是不可以的。这样非但不利于彼此之间的交流，反而会对交往起到反作用。

在第一次见面的时候，每个人的不同的眼神往往能够折射出其内在的心理，倘若你能够细心观察，就会更加深入地了解对方。初次见面时，先移开

视线的人，内心深处往往希望自己能够处于优势地位；被对方注视时马上移开视线的人中，大多数人都非常自卑，或者自身有一定的缺陷；看异性一眼后立刻故意移开视线的人，其实对于对方有着浓厚的兴趣；斜眼看对方的人表示对对方非常有兴趣，但是心里又很矛盾，不想被对方识破自己的心思；翻眼看人的人往往比较尊重与信赖别人；俯视对方的人其实是想表现出自己的威严；眼神游移不定且眼珠转动的速度很快、频繁变动方向的人大多性格内向，敏感细腻……只有了解了这些眼神的特点及其代表的含义，你才能够更加深入地了解对方，从而更好地与对方实现眼神的交流。要知道，自卑的、内向的人非但不喜欢直盯着别人看，也同样不喜欢被别人紧紧地盯着看；同样，对于那些热情开朗的人而言，他们喜欢注视着，也喜欢被你注视，因为你的眼神不会使他们觉得局促不安，反而使他们感受到一种信任……

除此之外，对于初次见面的人，在进行眼神交流的时候，除了要了解不同的眼神所代表的不同性格特征外，还要了解很多注意事项。首先，人与人之间的交往要建立在相互尊重的基础之上，在看一个人的时候，我们的眼神应该真诚坦荡，千万不能猥琐，更不能肆无忌惮。其次，不要长时间地注视一个人，更不要死死地盯着一个人看，否则很容易使人反感。在与对方进行眼神交流之后，我们可以移开自己的视线，将其停留在对方眼睛下面与嘴巴之间的三角区位置。最后，也不要把目光离开交谈对象，否则容易使对方觉得你心不在焉，或者根本就不想继续你们正在谈论的话题。如果我们能够细致入微地观察别人的眼神，了解别人的心理动态，然后再恰如其分地用眼神表达自己的思想，那么我们就能够更好地与初次见面的人交流。

亚南是个大龄剩女，虽然有着“高学历、高收入”的优势，但是“高年龄”却成为她奔向幸福的瓶颈。很多男人一听到她36岁的高龄就望而生畏，即使是她的同龄人。从去年开始，亚南就开始了断断续续的相亲过程，一次次的相亲使她练就了慧眼识人的本领。在最近的一次相亲中，尽管大家都说那个男人是个打着灯笼都难找的钻石王老五，而且那个男人也对亚南表示出了明显的好感，但是亚南却坚决地拒绝了他第二次约会的邀请。在父母的再

三追问下，亚南终于说出了自己拒绝这个男人的理由，那就是她觉得这个男人“贼眉鼠眼”。原来，这个男人的眼神总是游移不定，而且第一次见面就把目光肆无忌惮地在亚南身上来回地打量，感觉就像是一只饿狼看着一只肥肥嫩嫩的小绵羊。亚南可不想把自己未来的幸福寄托在一只饿狼身上，所以她坚定不移地选择了拒绝。

也许亚南的感觉不是完全正确的，但是，一个人的眼神的确能够反映出很多的东西。尤其是对于初次见面的人来说，任由自己的目光肆无忌惮地在一个陌生女人的身上扫视，这无疑是一种非常不礼貌的行为。正是因为如此，所以亚南才拒绝了那个男人第二次约会的邀请。

当然，在用心观察别人的同时，我们也应该及时调整自己的行为，这样才能够有礼有节地与初次见面的人交往，给别人留下良好的印象。

第04章 解析动作，了解身体表达的真实想法

手势是一种很好的表达方式

手势属于典型的身体语言，早在原始社会，在人们还没有发明语言的时候，就已经开始凭借着手势与其他人进行交流。即使在现代社会，哑语也是聋哑人群进行交流的最主要的手势。

在日常生活中，常见的手语有以下几种：

（1）竖起大拇指。通常情况下，竖起大拇指表示顺利或者是夸奖别人。不过，因为地域的差异，也有很多例外。例如，在德国，竖起大拇指表示数字“1”，在日本则表示数字“5”；在美国和欧洲的部分地区，竖起大拇指是想搭车的标志；在希腊和澳大利亚，竖起大拇指的意思与夸赞相去甚远，而是表示骂人。

（2）V形手势。二战时期，英国首相丘吉尔是第一个使用这种手势的人，如今，这种手势在全世界范围内广泛流传，每当表示胜利的喜悦时，人们就会情不自禁地做出V形手势。

（3）OK手势。把拇指与食指相接成环形，其余三指伸直，掌心向外。这种手势起源于美国，表示“顺利”“很好”“同意”，不过，在法国，这种手势表示“零”或者“毫无价值”，在日本则表示“钱”，在巴西表示卑鄙下流，是骂人的意思。

（4）用手势和别人打招呼。用手势和别人打招呼的方式有好几种，其中有挥手致意，表示问候别人，向别人致敬。也有的人会掌心向下招呼别人，一般情况下，这种手势适用于熟人之间在非正式场合的会面，显得比较亲切

随意，而且多用于长辈对小辈或者是平辈之间，小辈是不能用这种手势和长辈打招呼的，否则就是不礼貌的表现。在很多欧美国家，这种手势专门用于招呼宠物。

（5）打响指。在高兴或者是亢奋的时候，很多人都喜欢打响指。作为打响指，就是用手的拇指和食指弹出“啪啪”的声响。这种手势所表达的意思十分复杂，一般情况下是表示高兴，或者是表示对别人的赞许，不过，这种手势往往带有一种轻浮和调侃的感觉。因此，这种手势通常用于比较随意的场合，若在正式场合中打响指，则很容易被认为是缺乏教养的表现。

虽然手势能够表达的含义很多，但是同时也有很多禁忌，例如在正式场合不能反复地玩弄自己的手指，不能用手在某个物体上扣扣索索，更不能把手随意地抱在胸前，或者是插在裤子的口袋里，这些都是没有礼貌的表现。在社交场合中，我们既要了解禁忌，用手势辅助自己表情达意，也要增强对手势的理解，结合具体情境解读别人的手势所包含的意思。倘若手势运用不当，就会给你的人际交往带来很多大的困扰。

琳达和刚刚约会几次的男友一起参加朋友的婚礼，在婚礼上，当新郎和新娘手挽着手出现在红地毯上的时候，男友情不自禁地打了一个响指。在这个庄严肃穆的时刻，男友的响指简直响彻全场，很多人都惊讶地扭过头来盯着他看。琳达的脸都涨红了，她为男友感到丢脸。后来，她渐渐地疏远了男友，再也不愿意和他一起出席任何重要的场合了。

小米最喜欢看男友打响指，尤其是在酒吧里的时候。舞池中摇曳的灯光映衬着他们的脸，每个人都无比地放松和惬意。当一瓶饮料喝完了，男友就会打起响指，侍者应声而至，男友会吩咐他再拿一些饮料或者是啤酒来。看着男友一气呵成地完成这些动作，小米简直很难将他与白天工作状态中那个严谨认真、一丝不苟的工作狂人联系起来。不过，她很喜欢男友的状态，工作的时候全心全意地工作，休闲的时候身心放松地休闲，这才是享受生活。因为响指，小米越来越迷恋男友，他们之间的感情也越来越深厚。

同样是响指，打在不同的场合，给了人完全不同的感受。琳达因为男友不合时宜的响指而和男友分手，小米却因为男友潇洒的响指而越来越迷恋男友。这就是手势的魅力，如果能够洞悉它，你就能够更好地表现自己，给别人留下良好的印象。

通过握手看出对方的态度和立场

作为一种人际交往形式，不管是在私交场合还是在公务场合，握手都是不可缺少的礼节。同时，假如从其所表达的思想感情内容的角度来看，它也具有很强的信息传递功能。因为彼此关系的性质不同，因为彼此交际的背景不同，同样是握手，却往往有着截然不同的含义。很多时候，从握手的轻重、力度和频率，我们能够感受到一个人内心深处的感情和一些微妙的无需言表的信息。在握手的时候也是有很多礼仪的，在了解礼仪的基础之上，我们还可以结合自己的实际需求，借助于握手更好地表达自己。一般情况下，握手的时候先伸手的人往往比较主动、热情，慢出手的人则有点儿不情愿、冷漠；握手的时候，假如握得非常紧，并且在握手的时候始终都在用眼睛盯着对方的脸，那么对方就能够感觉到你从心底里欢迎他，尊重他；与此相反，假如你在握手的时候力度很小，宛如蜻蜓点水，而且眼睛也在看着其他的地方或者其他人，那么对方一定会感觉到你的漫不经心和轻视的意味，因而觉得尴尬难堪。由此可见，不同的握手方式往往会带来不同的结果。正是从这个意义上说，握手不仅是一种纯粹的礼仪形式，而且也是一条沟通思想感情的渠道，一种非常生动的交际语言。

一般情况下，握手可以分为礼仪性握手、表情性握手和斗智性握手。所谓礼仪性握手，顾名思义，就是出于礼节的考虑握手，这种握手往往比较程序化，彼此之间只是僵硬地握手，没有任何感情因素掺杂其中。表情性握手则显得更加富于人情味，能够使人从心底里感到温暖。例如，在探望一个失去亲人的人时，我们在与其握手之后最好不要立即松开手，而应该继续紧紧地握着对方的手，这样，虽然你没有明确说出什么安慰性的话语，对方也同样能够感受到从你的心底里流淌出来的温暖。斗智性握手的意思也是很明显

的，在社交场合中，尤其是在商业谈判中，握手也是一种微表情。也许旁观者很难从你们之间的握手上看出端倪，但是真正握手的双方却可以从对方握手的力度上感受到一些深刻的内容。

在握手的时候，我们应该把握握手的时机，因为并非什么时候都适合握手。一般情况下，握手都发生在刚刚见面或者即将分别的时候，商务会谈中，在成功签约或者是达成某种意向的情况下也会握手以示庆贺。握手也是有次序的，所谓握手的次序，通俗地说，就是应该由谁来发起握手这件事情。通常，握手应该遵守“尊者决定”的原则，即由位尊者先伸出手来，位卑者表示响应。例如，在见到长辈的时候，年轻人不能主动伸手握手，而应该由长辈先伸出手来握手；男士与女士见面的时候，男士不能主动伸出手来握手，而应该由女士主动伸手握手。

1972年2月21日，周恩来与尼克松握手的一瞬间被无数镜头定格。毫不夸张地说，这张照片，自它被公布那一刻起，就注定成为摄影作品之经典。当美国总统尼克松紧紧地握住周恩来的手的次日，这张照片就登上了世界各大报纸的版面，被西方人冠以“经典时刻”“中美交往的珍贵瞬间”。其实，这种照片之所以出名，并不是因为高超的摄影技术，而是因为拍摄者准确地把握了中国当时的政治气候。

从这张照片上不难看出，与所有当时的西方摄影记者相比，拍摄者对当时中国政治时局有更深的理解与把握，而且通过拍摄把这种理解与把握酣畅淋漓地表现出来了。仔细观察这张照片，我们不难发现，周恩来有些往后仰，而尼克松则显得稍微有些主动。但就这一刹那间动作的捕捉，大部分摄影记者都很难完成这样的任务。其实，周恩来总理曾经私下叮嘱过照片的拍摄者老杜，让他一定要拍出美国人是“主动前来”拜访的味道的照片。只有这样，才有可能避免被“四人帮”抓住“倒向美帝国主义”的政治把柄。由此，我们也可以看出周恩来对这次会晤的态度。在这握手的一瞬间，世界都从中解读出了不同的深意。

其实，不仅是国家领导人在非常时机下的握手别有深意，就是普通老百姓，在人际交往中也会有很多需要握手的时候，更有一些需要用握手来表情达意或者表明自己的态度和立场的时刻。在这种情况下，我们不妨也仔细认真地琢磨琢磨自己该以怎样的姿态握手，从而更好地表达自己，处理好纷繁复杂的人际关系。

腿部和双脚的动作的暗示语

在人际交往的过程中，因为对于交往对象的眼睛和脸部关注得越来越多，所以人们更加注意控制自己的面部表情和眼神，相比之下，很少有人会注意到别人的腿部和双脚，因此，有的时候，腿部和双脚的动作更容易暴露你内心的秘密。

杰弗里·贝蒂教授是曼彻斯特大学心理学系主任，数十年来，他始终在研究人的“脚语”。英国《每日邮报》援引他的话报道，一般情况下，我们会注意人的表情和手势，但是我们却没有意识到我们的脚在不知不觉之中“说”了很多内容。要想了解一个人的内心世界，我们可以通过观察一个人移动脚的方式进行。在很大程度上，脚部的秘密语言表露了我们的性格特征、情绪、对谈话对象看法和心理状态。双脚是一种神奇的渠道，尽管不用语言沟通，但是却能表情达意，甚至泄露我们内心深处的秘密。贝蒂分析说：“脚部让我们露出马脚的原因也许是因为它们是反馈最少的身体部位。在生活中，绝大多数人都知道自己的面部表情是什么，因此，他们会掩饰自己的眼神，为自己戴上微笑的面具；也有人常常注意到自己的手正在做什么，所以手势也是可以掩饰的。不过，和面部表情、眼神和手势不同的是，除非我们刻意去想，不然，我们完全不知道自己的脚在干什么。”换言之，我们很少关注远离头部的身体部位，而把更多的注意力放在了自己的脸部，因此，有很多人都会有意识地控制自己的头部姿态和面部表情。甚至，我们还可以通过反复操练熟练地掌握一些表情。例如，我们即使伤心，也可以伪装成坚强的模样，我们会在满腹心事的时候表现得若无其事，等等。过生日的时候，即使你收到了一份不太合乎心意的生日礼物，你也一定会满脸堆笑地表示感谢，但是，我们却几乎忽略了自己腿部和双脚的动作。这就意味着人们的腿部和双脚是丰富的信息源，经常会在不经意间泄露出人们内心的秘密。因为大多数人都不太关注腿部和双脚的动作，所以根本不会考虑掩饰或者伪装这部分的肢体动作，与此相反，这种掩饰和伪装时不时地就会在人们的脸部上演。

假如约翰是个细心的人，那么他完全可以发现莉莉在整场约会中的细微变化。遗憾的是，约翰不是那么细心，所以他始终在继续着自己无聊乏味的话题。约翰叉开双腿坐在椅子上，一只手在盐瓶上轻轻地摩挲着，一只手漫不经心地扯着自己的领带。他根本没有注意到，在刚刚开始约会的时候，莉莉的双脚一前一后地放着，而且脚尖指向他所在的方向。然而，经过了一个多小时之后，约翰冗长的叙说还没有结束，而坐在他对面的莉莉已经于20分钟以前调整了自己的坐姿，她的双腿始终保持着交叉的姿势，而且身体略略后倾，而她的脚尖则正在指向距离自己最近的一个出口的方向。

看到这种情形，你想到了什么？你能想出莉莉的内心经历了怎样的变化吗？没错，刚开始的时候她对约翰的叙述充满兴趣，而且很愿意听约翰讲述自己的故事。但是，约翰一个多小时的讲述却使她渐渐地失去了兴趣，我想，此时此刻，确切地说应该是从20分钟以前，莉莉已经厌倦了约翰的讲述，而想要迫不及待地离开。如果你是约翰，如果你能从莉莉的腿部和双脚的动作洞察她的内心，那么你就会及时地中断自己的谈话，重新唤起莉莉想要沟通的欲望，或者索性结束谈话，让莉莉自由地离开。

在人际交往的过程中，很多时候，人们的身体语言会在无形之中表达人们内心深处的想法，即使他并没有把这些想法以语言的方式表达出来。所以，我们应该细心地观察自己的交谈对象，尤其是他的腿部与双脚的动作，因为那些动作更加贴近他的心灵。

笑声表现出不同的性格

很多时候，人们总是喜欢伪装自己，即使心里想的完全不一样，表面上也会装作道貌岸然的样子。或者心里明明很生气，却佯装无所谓。其实，这就是人的本性，心口总是难一。对此，很多从事人力资源管理工作的人都发现了一个奇怪的现象，即在高兴的时候，人们总是更容易表露自己的真性情，这也是古人为什么创造出了“得意忘形”这个词语的原因。这个词语生动形象地说明了人们在开心、放松的状态下更容易表现出自己真实的面目和性格。因此，要想了解一个人的真性格，我们不如关注他在开心时候的样子，尤其是他的笑声。

在生活中，每个人的性格都是不同的，所以每个人的笑声也是完全不同的。有的人喜欢掩嘴而笑，有的人总是笑不露齿，有的人则喜欢无所顾忌地开怀大笑，即使笑态不是那么的温文尔雅，他们也喜欢开怀大笑的时候那种酣畅淋漓的感觉，还有的人喜欢咯咯咯地笑，就像是一只可爱的小鸡。在这些形形色色的笑声中，如果你是一个有心人，你就会发现这些笑声隐含着不同的意义。

一般情况下，喜欢开怀大笑的人性格开朗，心胸开阔，而且非常正直。每当别人取得好成绩的时候，他们只会真心的祝福，而不会心生嫉妒。他们很幽默，积极阳光，而且很富有同情心，从不吝啬帮助别人。喜欢偷偷地笑的人往往性格内向，感情丰富，非常敏感，有的时候也会有些自卑，缺乏自信，凡事都很低调，为人不张扬。笑声富有感染力的人有一颗童心，他们就像孩童一般冰雪聪明，想象力丰富，创造性也很强，常常会做出一些惊人的举动。他们非常积极乐观，在面对困难的时候从不轻言放弃。在生活中，还有一些人喜欢附和着别人笑，他们的性格大多温顺善良，不会固执己见，总是从善如流。不过，他们比较情绪化，很容易受到别人的影响，心理波动比较大。还有些人笑的时候非常雅致，非但严格遵循笑不露齿的原则，而且也不会发出声音，他们看起来温柔和善，使别人觉得非常舒服。他们心思细腻，很浪漫，总是喜欢营造浪漫的氛围。笑的时候以手掩嘴的人性格内向，比较保守，从不轻易向别人透露关于自己的信息，而是喜欢默默地观察别人。他们的自我保护意识很强，也不会轻易地向别人透露自己的心思。在生活中，尽管大多数人在笑的时候都比较放松，但是还是有些人即使在笑的时候，也不忘记伪装自己，他们的笑声听起来非常假，没有感染力，更没有热情和激情，

他们的笑总是带着一种敷衍了事的意味，纯粹是为了迎合别人，或者是敷衍别人。这种人城府很深，心机颇重，对人的戒备心理和防范意识都很强。

志铭是一家房地产公司的销售部经理，作为销售团队的领导者，他身上肩负着沉甸甸的责任，每个月都面临着新的销售任务，这使得他的压力很大。而最让他头疼的是关于团队凝聚力的问题，社会是现实的，现实是残酷的，竞争激烈的工作使得同事们之间的关系看似和气，实则剑拔弩张。为此，志铭总是想法设法地使同事们放松下来，更好地团结协作。一次，志铭请同事们去唱歌蹦迪，在非常兴奋的状态下，同事们彻底放松下来，面对着其他同事搞怪的表演，他们一个个都笑了起来。借此机会，志铭默默地观察着他们。通过观察同事们在放松状态下的笑声，志铭更好地了解了他们，在未来的工作中，他根据对同事们的了解为他们安排工作，使他们人尽其用。果然，他们这个团队的销售业绩越来越好，凝聚力也越来越强。这全都归功于笑声的功劳啊！

在放松的状态下，人们的笑声往往能够表现出他最真实的性格。作为销售团队的负责人，志铭的当务之急就是了解自己手下的每一个人，借助于唱歌和蹦迪的机会，他做到了。正是因为如此，他们团队的销售业绩才会越来越好，同事之间的相处也才会越来越和睦。

通过肢体语言了解他人

肢体语言也叫身体语言，是指通过头、眼、颈、手、肘、臂、身、胯、足等人体部位的协调活动来传达人物的思想，是一种可以用来表情达意的沟通方式。从广义的角度来说，肢体语言也包括前文所阐述的面部表情；如果从狭义的角度来说，那么肢体语言则具体指身体与四肢所表达的意义。根据科学家的实验，人们发现一个人在向外界传达完整的信息的时候，单纯的语言成分只占7%，声调则占38%，剩下的比例高达55%的信息都需要由非语言的体态语言来传达。一般情况下，语言是经过人们有意识的组织才说出来

的，相比之下，肢体语言则往往是一个人下意识的举动，所以它很少具有欺骗性。因此，在人际交往的过程中，要想更好地了解你的谈话对象，你就应该更加关注他的肢体语言，从而了解他的真性情。

那么，首先，我们需要更加充分地了解肢体语言。每当谈到用肢体语言表达情绪的时候，我们自然而然地就会想到很多惯用动作的含义。例如，我们在兴奋的时候会情不自禁地鼓掌，我们在生气的时候会怒不可遏地顿足，我们在忧虑的时候会不自觉地搓手，我们感到灰心丧气的时候则会垂下头，我们在觉得万般无奈的时候则会摊开自己的双手，我们在感到非常痛苦的时候会捶胸。不仅当事人以此等肢体活动表达自己的情绪，别人也可由这些肢体语言辨识出当事人所想表达的心境。不过，事实证明，在用肢体动作表达自己的情绪时，当事人经常毫不自知。你可以仔细回想一下，当你与他人谈话的时候，随着谈话的进行，你时而摇头，时而皱眉，时而蹙额，时而摆手，时而双腿交叉，但其实，你做这些动作的时候都是毫不自知的。正是因为这个现象，心理学家提出了一个假设：如果你与人说真话，那么你的身体将无意识地与对方接近；如果你与人说假话，那么你的身体将不自觉地离开对方较远。此一假设验证的结果证实：和与别人说真话比起来，在与别人说假话时，受试者会无意识地与对方保持较远的距离，而且身体会略微向后依靠，肢体因为紧张而活动较少，只有面部笑容反而反常地增多了。这是因为说假话的人内心紧张并且想极力掩饰自己导致的。倘若你了解这个规律，那么你就可以通过谈话对象的这种反应来判断出他是在撒谎，从而更好地识别出对方的真心与假意。

当然，除了这种肢体语言之外，人们还有很多形式各异的肢体语言，例如，在面对面交谈的过程中，眯缝着眼睛表示怀疑、质疑，或者是反对。在某些情况下，不停地走动代表当事人的内心非常紧张，坐立不安。在谈话过程中，假如听话的人身体无意识地前倾，那么则表示他对此刻正在谈论的话题很感兴趣。与此相反，假如无意识地身体向后靠，则说明他对此刻正在进行的话题没有任何兴趣，甚至是感到乏味。总而言之，在与人交往的过程中，我们应该成为一个有心人，细心地观察谈话对象的种种表现，从而更好

地了解对方的心思，与对方更好地交流。当然，在很多无法用语言表达内心的时候，我们也可以用肢体语言向对方传递我们的心意，从而使对方更及时地更好地体察到我们的真心。

尽管是好朋友，但是娜也不想把一个宝贵的周末耗费在听莉莉哭诉上。刚开始的时候，娜还对莉莉充满了同情，但是很快，她就发现莉莉根本不想从她这里得到什么帮助，而只想一味地倾诉，无休无止。娜开始暗暗着急起来，她很想让莉莉停止，然后谈论一些有趣的话题。外面的阳光是那么明媚，沉浸在眼泪里不是很傻吗？但是娜不好意思直接说出自己的想法，毕竟莉莉是她最好的朋友。突然之间，娜非常乏味地打了一个大大的哈欠，莉莉似乎意识到了什么。她看到娜不停地在看时间，就问娜："娜，你看我，光顾着说自己的事情了。今天阳光很好，你是否要出去透透气呢？"看到莉莉这么说，娜赶紧接口道："当然，总是在屋子里待着，估计咱俩要发霉了。其实，我倒是建议你先把烦恼放一放，好好地玩一玩，也许你会在不知不觉之间发现问题已经迎刃而解了！"莉莉采纳了娜的建议，她擦干眼泪，和娜一起去了郊外。在明媚的春光之中，她黯淡的心情似乎也变得灿烂起来了。

面对自己最好的朋友，娜不忍心中断她悲情的讲述；面对明媚的春光，娜同样不想辜负。因此，娜使用了肢体语言，使莉莉意识到自己的哭诉使娜变得无比心烦，因此提议去郊外走一走，接受阳光的抚摸。就这样，原本对娜来说很难张口的问题被一个哈欠和频繁看时间的肢体语言解决了，结局皆大欢喜。

在人际交往的过程中，我们既可以使用肢体语言表达自己的心意，也可以通过观察别人的肢体语言来了解别人。其实，假如我们足够了解肢体语言，那么我们与人之间的交往就会变得更加顺利和通畅。

体型与性格之间有何联系

自古以来就有相面之说，并且主张面由心生，即认为人的长相和人的性

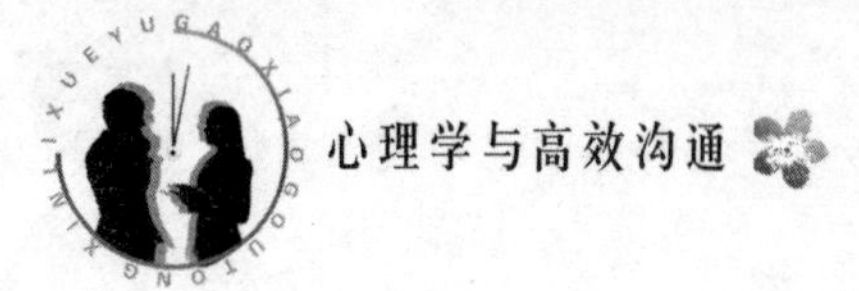

格之间有一定的关系。其实，不仅仅是人的长相和性格之间有一定的联系，人的体型与人的性格之间也有一定的联系。从最通俗的层面上来说，中国有个成语叫“心宽体胖”，假如一个人性格开朗，积极向上，即使遇到困难也能够想得开，积极应对，那么他一定是大肚能容天下之事的。相反，假如一个人整日悲伤哀叹，即使遇到开心的时候也总是想到消极的一面，如果遇到伤心的事情则无法自拔，那么他又怎么会有一个强壮健康的体魄呢？就像黛玉一般，看到鲜花凋零都能联想到自己的身世，扛着锄头去葬花，体质必然非常孱弱。

假如摒开一些个例，那么我们不难发现，人的体型和性格之间是有联系的。很多时候，相同性格的人的体型往往有一些共同的特点，正是这些特点为我们揭示了体型与性格之间的联系。通常情况下，人们的体型可以分为瘦长型、精干型、粗壮型和肥胖型四类。体型瘦长的人身体的高度和体态明显地不成比例，“瘦”的特征非常突出，往往给人以强烈的印象。这种人做事情特别认真，而且做事情之前往往会制定详细的计划，喜欢把事情全都确定下来，使其变得更加明朗化。他们的头脑也非常清楚，尽管有些时候显得不善言辞，但是却具有一定的奉献精神，愿意为别人或某项神圣而又伟大的事业付出时间和精力。体型精干型的人身体比例适中，显得比较协调，给人以健康、精力充沛的印象。他们理智而又富有激情，能够很好地处理生活和工作，而且非常善于驾驭各种不同的形势，在工作中往往是骨干核心人员，很容易走向成功。粗壮型体型的人偏胖，轮廓非常明显，他们的性格就像他们的体型一样非常鲜明，为人爽快，做事情总是简洁明了，不会拖泥带水。在与朋友交往的时候，这类人往往表现得非常讲义气，很够意思，因此人缘很好，身边往往围绕着很多朋友。肥胖型体型的人有的是天生就肥胖的，有的则是因为后天发福肥胖的。胖人因为体型的原因行动起来总是显得比较迟缓，很容易给人留下懒惰的印象，这种人往往性格和善，待人随和，很少发脾气，因此很好相处。

很多时候，我们既可以说是性格决定了体型，也可以说是体型影响了性格。因为不同体型的人往往属于不同的体质，而不同的体质又决定了人们的

性格属于不同的类型。不管性格与体型之间究竟是谁决定抑或影响了谁，我们都应该更加深入地了解性格和体型之间的关系，从而更好地与人相处。

在这几个进入复试的人员之间，经理经过一番仔细的考量，最终决定聘用看起来精明干练的李强。其实，他们这几个进入复试的人员的能力相当，水平不分高下，那么经理为什么决定聘用李强呢？就是因为李强的体型看起来非常匀称，是既强壮又不失灵活的那种。所以，经理认为李强在工作中也一定能够快速而又到位地完成工作任务。事实的确如经理所想的那样，李强不仅看起来精明强干，而且在工作中的工作效率也很高。他似乎有着无穷的精力，每天下班的时候，只要工作没有完成，他就会主动留下来加班。经理几次把艰巨的任务交给李强，李强都很好地完成了。进入公司不到一年，李强就因为工作出色被提拔为小组负责人，经理暗自感叹自己当初没有看错人。

在几个能力相当、水平不相上下的人中，经理之所以选择聘用李强，就是因为由李强精明强干的体型推断出李强的性格也一定是精明强干的。果然，李强在工作中雷厉风行，不负经理的厚望。

虽然由体型推断一个人的性格未必能够做到百分之白地正确，但是，体型与性格之间存在一定的联系这一点是毋庸置疑的。在与人交往的时候，我们可以根据具体的情况结合一个人的体型来分析他的性格，从而更好地了解他，与他交往。

第05章 观察喜好，兴趣爱好透露对方性情

通过兴趣深入了解他人

每一个人都有自己的兴趣爱好，一个人若是对什么都不感兴趣，那么他的生命大抵也就走到了尽头。这样的话绝不是危言耸听，不是有一句话叫做“了无生趣”吗？说的应该就是活着，却没有兴趣爱好的人了。

每个人的兴趣爱好都不尽相同，有人喜欢琴棋书画，有人喜欢旅游运动，甚至抽烟喝酒也能称之为一部分人的兴趣爱好。但是无论何种爱好，却都能折射出一个人个性心理的一个方面。俗话说：“物以怡情”，或者叫做“玩物怡情”，长期的爱好能够培养一个人独特的性格和性情，而这个人的性格和性情又能通过他所喜欢的东西所体现出来。所以，通过观察一个人的兴趣与爱好，我们就可以较为准确地把握一个人的性格与品位，从而更加接近和了解这个人。爱好与兴趣是外在的东西，而性格与性情则是通过这些外在的东西所体现出来的。这就能够解释为什么现在的一些企业招聘时，对应聘人员的兴趣爱好都十分关注，因为通过不同的兴趣爱好，他们可以判断出不同的性格，从而决定这个人更适合什么样的工作岗位。大多数的管理者都认为性格比能力更加重要，因为能力不够，可以通过学习或培训得到提高和改进，但性格则是长期形成的，在短时间内很难改变，正如俗话所说：“江山易改，本性难移。”所以企业招聘时往往将性格测试放在首位，而对于一个初次见面、或者还尚未谋面的人，如何得知他的性格与性情，兴趣爱好的调查就是其中一项重要的手段。

美国一家著名的跨国公司建立亚洲地区的分公司时，招聘了大量的新成

员。经过层层筛选和严格考察，被录用人员的名单已经确定下来了，但是工作的分配却还没有最终定论。总公司主管人事的副总戴维交代秘书玛莎，把录用人员闲暇时喜欢阅读的书籍进行分类汇总，然后向他汇报。

闲暇时喜欢阅读的书籍不就是业余消磨时光的东西吗？这和分配工作又有什么关系呢？玛莎有些疑惑，但还是按照吩咐做了，把每个人喜欢看的书籍进行归类总结，然后再将喜欢看同一类书籍的人归为一类，进行详细的汇总后，交给了戴维。

戴维拿到报告后，根据调查表所显示的信息进行了工作分配。他将喜欢阅读时事报纸和新闻杂志以及传记类的人员分配到总经理办公室，因为这类人关心政治和时事，意志力比较坚定，也有较强的决策能力，适合做公司的管理工作；把喜欢阅读侦探小说和历史书刊的人员分配到技术部门，因为这类人有很强的创造性，敢于挑战，善于解决各种各样的难题并且永不气馁；将喜欢看言情小说等情感类读物的人分配到人力资源部，因为这种人在注重感情的同时，无论对人对物都有很强的洞察力和协调能力，有很敏锐的直觉以及乐观的精神；最后，分配到市场部和公关部的是一些喜欢看漫画、周刊和八卦杂志等书籍的人，因为这是两个需要和人打交道的部门，而这类人的开朗热情、直爽可爱很容易博得客户的喜爱，他们博闻强记，各类笑话、典故信手拈来，对活跃气氛、拉近人与人之间的距离很有一套。

果然，这些人到了不同的部门，都如鱼得水，将自己的特长发挥得淋漓尽致，各项工作开展得有声有色，公司很快就步入了正轨。

戴维是一个非常聪明的上司，他懂得如何透过外在的兴趣爱好发掘一个人深层次的个性特征，然后再根据这些个性特征合理地安排工作，使这些人在适合自己的工作岗位上最大限度地发挥自己的才能。生活中，这样聪明的人比比皆是，他们会通过观察一个人的爱好来了解一个人的内心，从而更好地和这个人打交道。俗话说："投其所好。"只有了解这个人喜欢什么，对什么感兴趣，你才能找到话题，从而拉近你和对方的距离。

古人有词云："未谙姑食性，先遣小姑尝。"聪明的新嫁娘为了讨取婆婆的欢心，但却不知道婆婆爱好什么，所以就让小姑品尝，从而掌握婆婆的

喜好，此时再进行感情投资就易如反掌。所以，了解一个人，就要先了解他的兴趣与爱好，这样你才能真正走进他的内心，认识他、了解他并亲近他。

音乐反映一个人的个性心理

音乐是人们借以表达情感和思想的一种方式，不同的音乐会对人的情绪、心理和性格产生不同的影响。有的人将音乐视为知己和一生的追求，有的人将音乐作为自己的良师和净友，以激发自己的活力与激情，音乐，以其独特的艺术魅力感染着和它接近的每一个人。因此，无论是写作音乐的人，还是倾听音乐的人，都会在亲近音乐的时刻流露出真实的内心世界和个性心理。所以，了解一个人在音乐上的偏好，对于我们了解这个人的个性与性格有着十分重要的关系。

一个人选择什么样的音乐欣赏，就能显现出他是一个什么样的人。因此，根据音乐种类的不同，可以将喜好音乐的人分为大致以下几类：

喜欢流行音乐的人——这类人一般比较简单，或者说他们追求的是一种简单而没有负担的生活，他们渴望轻松快乐、自由自在，所以常常能保持一颗年轻的心。但是这种人常常容易成为感情的俘虏，缺乏主见。

喜欢古典音乐的人——这样的人往往是一个完美主义者，同时也是一个孤独的人，因为在现实生活中缺乏共鸣，所以将音乐作为人生的知己和伴侣。这类人理性多于感情，在起伏跌宕的感情生活中能够很好地把握自己。

喜欢乡村音乐的人——他们追求的是内心的平静与祥和，处世淡泊，待人真诚，性格温和亲切，向往诗一般的田园生活，并将此作为自己毕生的理想。

喜欢爵士乐的人——这类人比较富有情调，是别人眼中的“万人迷”。他们行事虽然有时荒唐，放荡不羁，但是对待他人却十分体贴周到。

喜欢摇滚乐的人——这类人通常是属于那些精力充沛却又无处发泄型的，他们性情乖张，在一定程度上对社会不满，希望通过音乐的途径来进行

宣泄。他们害怕孤独和寂寞，但是一般只喜欢和同类人交往，喜欢团队活动。但是因为容易冲动，所以常常会制造矛盾。其实他们的内心却充满着无措和迷茫，音乐同时也是他们满足个人欲望的一种工具。

喜欢交响乐的人——这类人通常自信满满或者踌躇满志，渴望跻身上流社会，处处显示自己的与众不同，为获得他人的赞同或者羡慕不惜付出高昂的代价。这种人性格上有乐观的一面，凡事只考虑积极的一面，但同时也很难经受失败的打击，失败后容易一蹶不振、妄自菲薄。

喜欢歌剧的人——他们是保守派的典型代表，无论外表多么新潮，其实内心却始终固守着传统。他们责任心强，待人做事一板一眼、中规中矩，有时还会因为担心处事不够圆满而产生焦虑感。

喜欢打击乐的人——这类人大多率直开朗，性格如同孩子般天真可爱，对生活和未来充满了信心和希望。他们善于赞美他人，同时也善于自嘲化解自身的尴尬，聪明风趣、积极向上，很容易讨人喜欢。

喜欢凄美哀婉歌曲的人——歌曲就是他们的心境。这类人通常都属于多愁善感的类型，见花落泪、见月伤心，而且喜欢回忆往事，甚至沉溺于往事而不可自拔。但他们多半都是善良之辈，懂得体恤他人，有一颗悲天悯人之心。

公司的彭总是一个在国外生活、学习了很多年的人，所以行为处事十分开明。每天下午三点钟，他都会叫秘书为办公室的人准备咖啡和点心，然后放一些轻松愉快的音乐，让大家舒缓紧张的工作情绪。

后来，办公室调来了一个名叫Jack的年轻人，他打扮新潮时尚，工作能力也很强，但是喜欢特立独行，不是很招大家的喜欢。尤其是在大家喝咖啡的时候，他总是自顾自地将音乐换成激烈的摇滚乐，还跟着节奏边哼边跳，使得大家很有意见。

有一次，当他再次将音乐换成摇滚乐时，小王终于忍不住了，他站起来把音乐换成了大家爱听的轻音乐。但是Jack立刻又换了回来。小王再换成轻音乐，Jack又一次换了回来。当小王第三次去换音乐时，令人意想不到的事情发生了，Jack竟然一拳打在小王的脸上，鼻血顿时顺着小王的脸流了下来。小王鼻梁骨折，Jack赔偿了大量的医药费和损失费，同时也失去了工作。

办公室的尔虞我诈、勾心斗角司空见惯，但是发展到暴力冲突的却是少之又少。那么Jack和小王之间的惨剧又为何会发生呢？其实，只要留意Jack喜欢听的歌曲，就可以知道Jack是一个性格叛逆、我行我素并且内心充满挣扎和矛盾的人。这样的人情绪容易冲动，很多时候血涌上头，会做出一些暴力的举动，或许事后会很后悔，但是当时却无法控制自己。对待这样的人，绝对不能用简单粗暴的方式以暴制暴，否则最后双方都会受伤。若是小王能多懂一些心理学方面的知识，那么就不会发生这样令人遗憾的事情了。

音乐在生活中时刻伴随我们的左右，当人们获取听觉和心灵的双重享受时，若是不忘细细体味音乐所流露出来的心理启示，那么生活会更加和谐美好。

从驾驭汽车看对方个性

随着中国经济的迅速发展，汽车已不再是一种奢侈品，而逐渐成为生活必需品走入了千家万户。但是在绝大多数男人的眼中，汽车绝不仅仅是代步工具那么简单，更显示了他们的身份地位和修养品味。他们对汽车的狂热程度和投注的心血，绝不亚于女人之于时装和化妆品。他们将爱车称为自己的“另一半”或者“小三”，更为夸张的是，有的男人说：“汽车比老婆和情人更忠实，因为老婆和情人还有出轨的可能性，但汽车却绝不会背叛你。”或许这有些言过其实，但是选择喜欢的车型却比选择老婆和情人更能透露出各人不同的性格，这一点却是毋庸置疑的。因为选择伴侣或许希望性格互补，一动、一静，一外向、一内向，相得益彰，但是你能想象一个严肃刻板的人开着一辆斯巴鲁翼豹STi在街上呼啸而过，或者一个嘻哈玩乐的人开着一辆皇冠或者风度的老爷车慢悠悠地爬行吗？因此，男人在选择自己所喜欢的车型时，就已经不知不觉显露了他们的个性与性格，这是具有一定的科

学性的。

有的男人迫于经济压力，不能随心所欲地选择他们所喜欢的车型，但是这却丝毫不影响他们对于某一款车的爱好。所以透过他们所喜爱的车型，更能清楚地了解这个人的性格与品位。虽然汽车的牌子和颜色各有不同，但是每一种牌子的车却都有相似的款型。喜欢进口及豪华车的人是现实的利己主义者，他们的生活重心是物质，内心深处对于成功有着极度的渴望，他们渴望出人头地、高人一等，所以希望以好车来彰显自己的身份与地位。喜欢越野车的人对于生活和事业有明确的目标，并为了实现这个目标敢于尝试常人所不敢走的路。他们的自主意识特别强，喜欢控制他人却不喜欢被别人控制，凡事都想争第一。喜欢功能性跑车的人属于热情而又奔放的一族，他们精力旺盛、反应迅捷，事事喜欢出风头，根本不知“低调”为何物。他们最看重汽车的操纵性，大功力马达的轰鸣声以及车辆启动时瞬间超越他人的快感可以极大地刺激他们的兴奋度。若是有足够的经济实力，这类人是车商最喜欢的顾客。因为他们做事冲动，对于自己喜欢的事物只要能彰显个性，刷起卡来就毫不犹豫。和他们相反的是一些做事低调沉稳的人，他们喜欢的车价位也不低，但是却内敛含蓄，绝不张扬。如同他们的人一样，让人感觉安全舒适。在这个浮躁的年代中，拥有和车子一般沉稳、冷静和持重的性格的人，是最受大众欢迎的。

虽然当年《非诚勿扰》中女嘉宾马诺一句“宁愿坐在宝马车里哭，也不愿坐在自行车上笑”招致全国人民的炮轰，但也不可否认，好车对于一个涉世未深的女孩来说，具有致命的杀伤力。

苏苏就是这样的一个女孩。她认为，如果说房子是一个男人经济实力的象征，那么车就更是其人格魅力的体现，开好车的男人自信、霸气，男人味十足。所以虽然她并非一个拜金主义者，但是当看到姨妈介绍的男友开着一辆红色的宝马X6时，她的芳心就瞬时被俘获了。

认识后的第一个周末，男友来接她去吃饭。正值交通高峰时期，路上车流如潮，虽然X6的性能卓越，但是也不得不如蜗牛一般慢慢爬行。男友明显地渐渐焦躁起来，他在车子启动时，常常猛踩油门，然后又猛一刹车，害得苏苏的头有几次差点撞到玻璃上。后来在过一个红绿灯时，车辆又排起了长龙，由于逆向车道上没有一辆车，男友突然猛打方向盘，从自己所排的车队中蹿了出来，开到了逆向车道上，然后加大马力向前冲去。不料还未冲到头，绿灯亮了，对面的车流涌了过来，X6将车道占据，又无法很快回到自己的车道上，从而导致了交通长达半个多小时的堵塞，直到交警前来，才得以疏通。

苏苏回来后，和男友坚决地分了手。她认为，若是一个人没有社会公德和尊重他人的习惯，那么再有钱，这个人也是不值得信赖的和依靠终身的。

苏苏的看法是正确的，她从男友开车的方式中，对男友深层次的人格与性情做了准确的分析。如同生活中很多习惯一样，开车的习惯也能反映出一个人的个性与心理。喜欢超车和猛打方向盘或者猛踩刹车的人，一般性格冲动，脾气暴躁，以自我为中心，很难顾及他人的感受和心情，会为了达到自己的目的而不择手段，就像文中苏苏的男友。也有的人开车时喜欢超低速行驶，这样的人在生活中看似胆小怕事，实则有很强的嫉妒心理。他们渴望超越别人，但是却不敢尝试，性格懦弱，缺乏自信，对于他人的成功只能望洋兴叹，同时也害怕承担责任；而那些按规定速度行驶的人，不用说则是中规中矩的老实人，他们信奉中庸之道，办事稳妥，不喜欢制造麻烦，但有时也未免有墨守成规之嫌。

可见，如果说汽车是一个人肢体的延伸，那么毋庸置疑，开车方式就是这个人无声的肢体语言。透过这些肢体语言，可以看出一个人深层次的性格特点，这也是了解他人的一个好方法。

运动是人心理活动的尽情展露

早在100多年前，现代奥林匹克运动会创始人顾拜旦就提出了“运动心理”这一学术用语，并且发展成了一门系统的学科，它主要是研究人在从事体育运动中所显露出来的心理特点及其规律。人的生命离不开运动，在运动

过程中人们所展现出来的喜好以及肢体语言，是人心理活动的尽情流露。北京体育大学运动心理学的张凯老师看了刘翔的跨栏之后，曾这样定论："刘翔之所以这么自信，说明他内心深处有很强的安全感，这来自青少年时期父母对他的支持。他一定是在宽松的环境中成长的，健康心智得以发挥。"事实的确如此。刘翔的父母都是普通工人，但是和大多数中国父母不同的是，他们从不给孩子更多的压力，无论在人生道路的抉择还是日常琐事的取舍上，他们都充分尊重孩子的意见。所以刘翔在大赛时，能够保持充分的自信，无论是获胜、负伤，还是在比赛失利的情况下，都能够顶住巨大的压力，全身心地投入到比赛中。

运动分为不同类型，选择不同类型运动的人，在性格上也有很大的不同。有的人喜欢野外生存、攀岩、蹦极等挑战生理和心理机能的极限运动，那是因为他们在生活中也充满了激情，属于活力四射的人。他们喜欢新奇，追求刺激，骨子里有一种冒险精神，有很强的开拓性和进取心。他们敢想他人之不敢想，敢为他人之不敢为，和这种人在一起，永远都不会觉得枯燥和乏味。有的人喜欢集体运动，如篮球、排球、足球等，这类运动除了个人技巧之外，更讲究团队合作精神，需要相互配合、团结协作，所以有人将其称之为"社交型的运动"。所以喜欢这类运动的人性格一般都比较外向，他们喜欢与人交往，害怕孤独和寂寞，能够遵守规则、体谅他人，有较强的凝聚力。实际上，对于运动的结果他们并不看重，他们看重的是运动过程中所得到的友情和乐趣。有的人和这两种人正好相反，他们不喜欢剧烈运动，更不会从事对自己的生命或肢体可能会造成损伤的极限运动，他们喜欢的是慢跑、骑自行车、走路、登山等节奏较慢的运动，他们的性格也和这类运动一样，不喜欢出风头，做事不紧不慢，有自己的人生原则，能一路上朝着自己的目标脚踏实地地前进，却也不会忘记沿途欣赏美丽的风景，为自己的人生增添一抹亮色。还有的人则喜欢竞技性的运动，如乒乓球、羽毛球、击剑等，这类人通常比较自信，喜欢竞争，更喜欢竞争所带来的功成名就的喜悦感。他们做事往往非常果断，很少拖泥带水，并且具有较强的判断力和敏捷性。

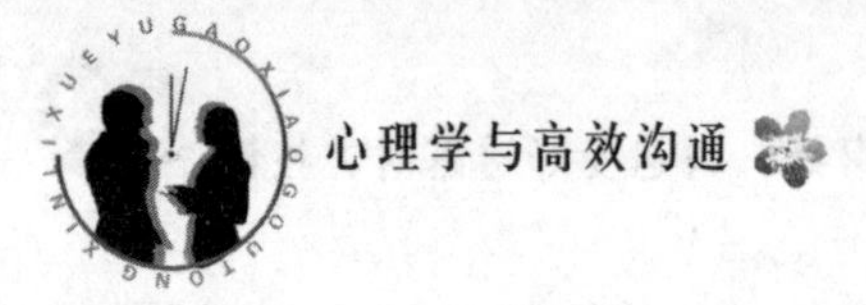

健身房的王教练发现，最近小林的表现有些反常。小林是他的同乡，平常很喜欢运动，下午没事的时候总喜欢到健身房锻炼身体。他平常选择的都是跑步、骑自行车、体操等运动项目，一边健身，还一边与周围的人说笑、谈天。但是最近一连几天，小林到了健身房，都一个人阴沉着脸，要么戴上拳击手套，对着沙袋狠命地击打，要么拿起哑铃，拼命练习举重，也从不和他人交谈。

直觉告诉王教练，小林一定是出了什么事情，他想找个机会和小林好好谈谈。于是在周末，小林走出体育馆时，王教练叫住了小林，说老家寄来了特产，请小林到他家好好喝两杯。

两杯酒下肚，小林打开了话匣子，原来小林女朋友的办公室新来了一个同事，那人仗着自己的家庭有点背景，明知已经名花有主，却依然横刀夺爱，追求起小林的女朋友来。小林明显感觉女友这些天对自己冷淡了很多，电话和约会都减少了。小林又气又急，一心想报复那个男的，所以这些天拼命锻炼肌肉，同时也在发泄自己的情绪。他昨天在女友的手机上看见一条留言，那男的说明天要来接女友一起出去游玩，小林已经打定主意，明天一早就躲在女友家附近观察，若是女友真的与那男人出去的话，他就立即冲上去狠狠地教训那两个人。

王教练听了，对小林说："如果你的女友真跟那男人出去，那么说明她根本不值得你爱。这个社会那么多诱惑，如果一个人的心智不坚定，那么就算这次你挽回了，下次她还是会给你带来同样的麻烦。为了这样两个没有道德的男女，你若毁了自己的一生，痛苦的将不仅是你自己，更有含辛茹苦将你抚育成人的父母，为了一个不爱自己的女人，你说你值得吗？"

小林听了，如同醍醐灌顶，恍然大悟。他敬了王教练满满一杯酒，说："王大哥，谢谢你。若不是你及时提醒，我险些酿成大错。你放心，我再也不会为了不值得自己爱的人做傻事了。"

王教练不仅是一个健身教练，更是一个懂得运动心理的心理专家。他从小林狠命击打沙袋等动作上，看出了小林积聚在内心的愤恨与仇视，从而及时了解情况，对小林进行心理疏导，进而避免了一场惨剧的发生。虽然每个人在运动中所投入的热情不同，得到的感受和收获也不相同，但是每个人在运动时所流露出来的思想感情和个性心理却都是真实的。所以只要能够多观察、多思考，人们对运动的这个人的心理状态和性格特征就一定能够有所了解。

从喜欢的宠物了解对方的心理

随着人们生活水平的改善和经济能力的提高，越来越多的人选择了养宠物。宠物与人朝夕相处、亲密无间，不仅为人们的生活增添了情趣，还有益于人们的身心健康。很多人在养宠物时得到的快乐是他们在与人交往中所得不到的，因此很多人将宠物不仅视为生活的伙伴，更将其当做精神的寄托。

有人说："物如主人形。"那么同样，从一个人所喜欢的宠物类型上，也能在一定程度上看出这个人的性格与心理。就像提起忠诚，人们会立刻想到狗一样，养狗的人也具有这一特质，他们待人诚恳、热情、大方，性情温和，没有什么棱角，因此也容易受到他人的影响，不能坚持主见，容易随波逐流。他们不太喜欢孤独和寂寞，渴望与人相处，更渴望获得他人的赞美与爱抚，和邻居、同事的关系都比较好。提起猫，人们立刻会想到"神秘"一词，这也是大多数养猫的人所具有的特质。猫的神态姿势高贵而傲慢，就像它们的主人一样，喜欢独来独往。这样的人比较自我，很有些孤芳自赏的意味，他们从来不会为了刻意讨好他人而改变自己，内心始终淡定平和，坚持自己的主见，喜欢自己所喜欢的，而对自己讨厌的人或事物也绝不会假以颜色。因为他们不懂虚伪，不喜欢应酬，所以在人群中往往并没有什么很好的人缘。人们常用"金丝雀"来形容关在笼里的鸟，所以喜欢养鸟的人，他们的心灵也是被禁锢的。他们看着笼中活泼好动的小鸟，而内心却充满了孤独和寂寞，虽然也向往外面广阔的蓝天，但是却没有勇气迈出这一步。他们更多的时候是自娱自乐，沉浸在自己的世界里。人们常说喜欢养鸟的人性格中具有两面性，有时喜怒无常，所以比较难以相处。而相比之下，喜欢养鱼的人就简单得多，他们虽然也生活在自己的世界中，但却能够自得其乐。和喜欢养鸟的人不同，他们比较自信，崇尚自由，向往无拘无束的生活。比起物质生活来，他们更注重精神情趣和情操陶冶，是一个很有情调的人。

小新从小在国外长大，考上高中的那年暑假和妈妈第一次回国探亲。他舅舅家有个比他大几岁的表哥，已经参加工作了，独自一人在西安生活。虽然两人从未谋面，但是由于在网上经常联系，所以彼此之间已经很熟悉了。因此小新提出到表哥那里玩半个月，并顺便逛逛西安古城时，妈妈很爽快地就答应了。

但是才过了四天，小新就回来了。打开家门的一瞬间，妈妈很平静地对他说："欢迎回家，小新。"小新很奇怪，他事先并没有告诉妈妈他今天会回来，为什么妈妈一点也不惊讶，而且好像在专门等他一样呢？妈妈看着小新满脸的诧异，笑着说："是不是表哥比较难相处，所以提前回来了？"这下，小新更惊奇了："你怎么知道？你不是也有很多年没见过表哥了吗？"妈妈问："你曾经告诉过我，你表哥喜欢养宠物，而且喜欢养一些新奇另类的宠物，对不对？"小新说："是呀，这次我去，看见他养了一条蛇、一只蜥蜴，还有一只蜘蛛。"妈妈笑着说："这就对了，喜欢养这些宠物的人一般性情都比较孤僻，别看你们在网上聊得很热络，但是一旦到了现实生活中，你就会发现他和你网上所熟知的那个人简直就是完全不同的另外一个人。这种人不太善于与人交往，行为处事说好听点叫做'特立独行'，说难听点就是'不近人情'。他们喜欢爬行动物和冷血动物，性格中也有与这种动物相类似的一面，他们会把自己封闭起来，很难对外人敞开心扉。所以我想，对于你这样一个贸然闯入的外人，他的本能反应就是排斥，尽管他内心可能并不想这么做，想好好招待你，但是没办法，谁让他们都是一些'智商高、情商低'的家伙呢！因此，我想你应该很快就会回来的。"

小新听得简直呆住了："妈妈，你真神，简直就像亲眼看见的一样，事实就是这样。"

妈妈狡黠地一笑："你忘记妈妈的职业是心理学专家吗?"

其实不仅仅是心理学专家才能根据人们所喜欢的宠物推断出这类人的性

格和心理，在日常生活中懂得通过观察宠物了解主人的聪明人也很多。比如婚姻幸福的朱女士经常以过来人的身份对年轻的未婚女性说：“找个喜欢养狗的男人做老公吧！”这是因为养狗的男人通常比较宽宏大度并且忠诚。还有一些名人也很喜欢养宠物，比如著名的摇滚歌星麦克. 杰克逊竟然喜欢养猩猩，这也符合他内心的某些特质。这位娱乐圈著名的歌星一生纠纷、传闻不断，正如猩猩一样有着强烈的表现欲望，厌恶平淡的生活，无时无刻不在渴望着吸引众人的目光，渴望成为世界关注的焦点。你看那些猩猩，当有人注意他们时，他们是不是往往表现得更为卖弄呢？

宠物身上能够折射出养宠物之人的心理特性，尤其是那些热爱宠物、将宠物作为精神寄托的人。但是万物均有一个限度，过之则犹不及。有的人将宠物当做唯一的知己，甚至胜于生命；还有的人漠视周围人们的不幸，无心慈善事业，却将上千万美元的遗产留给一只没有思想的宠物猫，那么这些人的心理健康就一定出了问题了。

饮食偏好是人性的深刻反映

自古以来人们都说：“物以类聚，人以群分。”而现在却有一种流行的观念——“人以食分”。这是有科学依据的，按照食物划分性格的方法，是美国亚伦·赫希博士经过25年的研究所得出的结论。他撰写了《你是哪种食物性格》一书，对人们的饮食偏好和性格特点进行了详细而精确的分析。他认为，不同性格的人们喜好吃不同类型的食物，这些不同类型的食物则反映了人们不同的性格。比如爱吃辣的人多是性格爽朗、脾气火爆，想到什么说什么，但是却也会固执己见、不顾他人的感受；而爱吃甜食的人则多半开朗乐观，脾气温和，做事随心所欲，没有什么原则。素食主义者大多是性情比较淡泊之人，喜静不喜动，喜欢在自己熟悉的圈子里与人交往，没有太大的名利之心；爱吃肉食的则正好相反，他们有较强的名利心，喜欢支配他人，个性很强，也有很强的进取心，渴望能够施展自己的才华和抱负；喜欢吃凉

拌食品的人是一个自然主义者，他们向往田园生活，对自己有较强的约束力，不爱表现，有些孤芳自赏的意味，令人不太容易接近；而偏爱吃火锅和烧烤食物的人则大多性格活泼好动，容易相处，也能很快同周围的人打成一片，对环境有较强的适应性。

过去曾有人将世间种族划分成两大类：一类是肉食主义者，他把其称为好战民族；另一类则是素食主义者，他将其称为爱好和平的民族。当然，这样的划分有失偏颇，但也无可否认，从人们所喜爱的食物能够流露出深刻的人性。食物中的"酸甜苦辣咸"五种味道，在人们的心情中都能找到相应的词来反映。人们开心的时候喜欢吃甜食，因为心情"像蜜一样甜"；看见自己的男人对别的女人献殷勤叫做"吃醋"，因为心里酸溜溜的；伤心时就算吃黄连也不觉苦，因为只觉得自己命比黄连苦；把具有和辣椒一样火爆脾气的人称为"小辣椒"，这些都是人性与心理在食物中的深刻反映。

平平一向是个聪明活泼的好孩子，但是自从上了小学，就一直问题不断。上课不是做小动作，就是和其他同学讲话，要么故意发出怪声，扰乱课堂秩序。作业不认真，经常出错，下课时喜欢和同学打闹，有时玩着玩着就认了真，甚至出手打伤了同学。老师的评语是："上课注意力不集中，脾气暴躁。"还有人说，这孩子是不是得了多动症？平平的父母焦急万分，带孩子到儿童医院进行诊治。

主治医生看了看平平的一口蛀牙，首先就问他的父母："孩子平时是不是很喜欢吃甜食？"妈妈回答说："是的。他不仅零食喜欢吃甜的，像巧克力、甜甜圈等，一天要好几包，就连吃菜也喜欢口味偏甜。白米饭几乎是从不肯吃的，都要用糖开水泡了才肯吃。"

医生说："这就是问题的症结所在。"

爸爸觉得简直难以置信："吃的东西跟孩子的性格有什么关系？"

"怎么会没有关系？关系大着呢！"医生解释说："人们，特别是孩子摄入大量糖分，超过身体所需时，就会难以消耗，产生大量丙酮酸和乳酸等代谢物。这些代谢物积聚在孩子的脑组织内，会损害孩子脑神经的正常工作，所以也就随之产生各种异常的精神症状。这在医学上被称为'儿童嗜糖

性精神烦躁症’，若不及时加以纠正，对他以后的一生都会有影响。”

平平的父母担心地问：“那能治好吗？”医生肯定地说：“只要及时调整孩子的饮食结构，合理搭配，应该没有多大问题，但是必须长期坚持，才能有所成效。”

在医生的建议下，平平的父母对平平的饮食做了及时的调整，一段时间之后，平平之前的症状得到了很大的缓解，又变成了一个人见人爱的好孩子了。

不仅性格不同的人会喜好不同的食物，反过来，长期进食某一类型的食物，对于培养或者改变一个人的性格也有很大的影响。文中平平各种症状的产生，其罪魁祸首正是日常生活中所摄入的过多的糖分。所以，要想改变某些不好的性格，有意识地多吃一些能培养相反性格的食物，就不失为一个很好的办法。比如，若是一个人性格暴躁、不稳定，容易发怒的话，就要减少高脂肪食物的摄入，要多吃含钙较多的大豆、牛奶、海产品等；对于胆小怕事、自信不足的孩子，家长则要多给他们含维生素A和C较多的辣椒、笋干以及新鲜的水果蔬菜等。

总之，饮食可以反映性格，饮食也可以改变性格。若是你对自己的性格有所不满，就可以试一试通过改变自己的饮食习惯来进行修正和改变，相信一定会得到意想不到的收获。

第06章 见微知著，观察细节侧面了解他人

电脑桌面表露的性格信息

在现代社会中，无论职场精英还是家庭主妇，桌上或者手中若是没有一台电脑，可真是不可思议的事情。既然谈到电脑，那么不可避免就会涉及电脑桌面的问题——即打开电脑显示器时电脑屏幕所显现出来的主屏幕区域。若是仔细观察，你会发现不同的人们会给自己的电脑设置不同的桌面，而这些形式各异的桌面却无意中成了泄露主人性格秘密的小小突破口。

研究性格和行为的心理学专家唐娜．道森曾经受美国微软公司的邀请，对一组办公室工作人员的电脑桌面进行了分析和研究，最终得出结论说："'桌面'是个人空间，能较为准确地反映性格……它就像人的穿着，是自我的外部延伸，能显现性格秘密。"通过分析总结，她将人们对于电脑桌面的使用所显示出来的性格分为7类：普通型、细节性、目标动力型、追求荣誉型、逃避型、艺术家型和社交型。可选用以作为电脑桌面的壁纸多如牛毛，但都不外乎以下几种：

选用电脑默认背景图片做桌面的——这种人一般比较注重自己的隐私，不喜欢显示自己，有心事也不喜欢向他人过多地倾诉，他们有自己的天地，也希望给自己多留出一些想象的空间。

选用自己或家人的照片作为桌面的——这种人多半是比较自我的人，他们的生活重心是自己，有了家人之后或者就转移到家人身上，对其他的人或事则不是那么热心。对他们来说，同事就是同事，很少能成为朋友。

选用集体活动时所拍摄的照片作为桌面的——他们是喜欢交际的人，热

情洋溢、活力四射，容易与人相处，具有团队协作精神。和他们共事的人很容易成为他们的朋友，而对他们来说，则是朋友多多益善。

选用优美的风景图片作为桌面的——这类人的内心一般比较向往大自然，他们渴望逃避现实，却又不得不继续生活在钢筋水泥的世界中，所以希望借以美丽的桌面放松自己被压抑的心情和压力。

喜欢用自己的奖品图片做桌面的——他们心中念念不忘自己光辉的历史，这样的桌面多少带有一点向他人炫耀的成分在里面，但是也不可否认这样的人通常都比较有抱负，工作努力，意志力坚强。

小华是一个大学刚毕业的职场新人，一心想在工作上做出点成绩，希望得到同事和上司的赞赏。但是在努力工作的同时，他却而感到前所未有的压力，整日忙得好像连吃饭睡觉的时间都没有，但是工作业绩上似乎毫无进展。他感到迷茫，却又不知问题究竟在哪里。

有一次，在大学心理咨询室做老师的叔叔来到他的卧室，看见他手提电脑桌面上的图标竟然占据了三分之二的电脑屏幕，不禁大为吃惊："怎么会有这么多图标？"小华不好意思地说："这样方便，快捷方式一点，就能进入工作状态。"叔叔问："那你感觉如何呢？"小华回答："每天忙碌，总觉得有做不完的事，时间一长就觉得烦躁。"

"那么你为什么不试着改变自己的工作状态呢？就从改变电脑桌面开始吧！除了'回收站'、'Internet'等每天必要用的图标之外，把别的都隐藏起来。这样，你每次打开电脑，心情就不会那么烦躁，然后再一件一件逐步完成当天要做的事情。把桌面换成你喜欢的风景，这样对营造轻松的心境也会有好处的。"

小华接受了叔叔的建议，果然不仅每天的工作心情大为改观，而且工作效率也大大提高了。

美国一家网站经过对70万注册用户的调查后得出结论：电脑桌面风格关乎一个人的性格、爱好和受教育的程度。那么既然"桌面"可以显示性格，也就能帮助改变性格，小华的叔叔作为一个心理工作者，对这一点自然十分清楚。所以他给小华的一个小小建议就改善了小华的心境与工作状态。这就像心理学专家唐娜．道森说的："一旦知道这点，人们可以借助'桌面'设置给自己正面心理暗示，培养良好的性格"。比如若是生活中不太会整理日用品的人，就可以通过学习管理自己电脑桌面来培养自己做事的条理性；而那些生性比较刻板、让人无法接近的人若想改变自己的性格时，也可设置一些诙谐有趣的桌面，让自己在严肃紧张的生活中多一些轻松和快乐的心情。

办公桌折射出来的小秘密

说起办公室里的"一亩三分地"，大家都知道指的就是每个人的办公桌。对于在职场工作的人来说，小小的办公桌不仅是工作和学习的地方，也是忙里偷闲、让身心能得以暂时小憩的港湾。然而，无论是价格昂贵的豪华红木老板桌，还是不值一提的平凡格子间，这个小小的私人领地都可以透露出你不想为外人所知道的性格小秘密！

无论什么人走进办公室时，看到他人办公桌的第一眼时，都会产生第一印象，而这个第一印象也往往就是对办公桌主人的初步印象。更有甚者，很多老板将员工的办公桌与员工的性格和办事效率联系在一起。这也难怪，假如一个人的办公桌永远都是杂乱无章、混沌不堪，就会给人一种此人智商和效率都不高的感觉，永远不知道什么是最重要的，一旦发生紧急状况就不知如何处理，常常眉毛胡子一把抓，那么又有谁愿意将公司的重任交给这样的人呢？还有，假如一个人的办公桌上常常堆满了自己的私人物品，化妆包、零食、时尚杂志甚至饭盒等等，那么很显然，这是一个公私不分的人，常常在办公的时间处理一些私人问题，那么试想又有哪个老板会给这样的员工升职加薪呢？也有一些人很聪明，他们会把自己的办公桌收拾得很干净，但是打开抽屉时，里面却依然混乱不堪，这样的人更多的是小聪明，而缺乏大智慧，他们喜欢做表面文章，时常搞一些小花样以博取上级的欢心，但是终究无法长久，缺乏脚踏实地的干劲会让他们最终无法取得大的成就。而那些将办公桌和抽屉都整理得井井有条的人则是最受老板青睐的员工，他们不仅在

工作上很有条理，办事效率高，而且组织能力也很强，有长远的规划和卓识远见，这样的人所显示出来的干练和秩序，会让人产生信任感，愿意给他们委以重任，而他们自己也就得到了发展的机会和美好的前程。

小雯和菲菲是同时进公司的，两人年龄相当，学历也相当，巧的是竟然分在同一部门，而办公桌也面对面。俗话说："同行是冤家。"两人都憋足了劲，准备在事业上一争高下。

转眼一年过去了，公司人事调整，有消息说因为部门的主管要调走，副主管升任主管，所以公司准备在她们两人中提拔一人做副主管。两人听了，更是鼓足了劲干活，都希望做出成绩，为升职加一分筹码。

当两份报告摆在人事经理面前时，人事经理犯了难：两人一样的优秀，业绩也一样突出，真是难决高下。总经理听说这件事后，对人事经理说："走，一起去办公室看一看。"到了办公室，小雯和菲菲都不在，出去办事了。总经理看了看办公桌，指着其中一张收拾得井井有条的办公桌问："这是谁坐的地方？"

"是菲菲的。"同事回答。

"那就是她了。"总经理转过头对人事经理说。

看着人事经理不解的眼神，总经理笑着说："对于职场人员来说，办公桌就是他们的脸面。虽然她们目前的工作业绩相差不大，但是两人的工作心态却相差甚远。你看，菲菲的办公桌整齐而简洁，这证明她平时非常珍惜时间，做事讲求效率，思维流畅并且顾全大局，不仅有很高的理想和追求，也有很强的实力，再繁重的工作她都能游刃有余。但是小雯的办公桌就不同了，不仅资料、文件等办公用品乱七八糟地堆在桌上，而且还和她个人的生活用品混在一处，这说明她做事缺乏严谨的作风，也没有整体性，虽然很忙，但是常常东一榔头西一棒子，轻重缓急不分。她的心理承受能力和应变能力都相对比较弱，并且没有什么开拓性。这样的人往往难当大任。"

人事经理听了，不由竖起大拇指说："没想到总经理您还是个'相面高手'!"

总经理是个"相面"高手，这当然是一句玩笑话，但是不可否认他绝对是个善于从细节中解读人的性格的高手。小小的一张办公桌出卖了小雯和菲菲的秘密，从而导致了两人截然不同的结果。小雯若是知道事情的真相，一定会对自己不注重办公桌细节的问题而懊恼不已。但如果她能够吸取教训，知道办公桌是自己留给他人的第一印象，从而开始整理好自己的办公桌，改变自己的个性，那么也算是有所得了。

透过办公桌的表象探查人的个性是大多数精明的老板所擅长的手段，若是你希望给你的上司和同事留下一个好印象，千万不要忘记一定要管理好你的办公桌，不要认为它是你的“私人领地”就可以肆意妄为，从而泄露了自己性格中的缺陷和秘密。

不可小视名片中暗藏的信息

有人曾笑言：不带名片的人，不是最高贵的就是最卑贱的。前者不带名片是因为他自认为身份地位高过常人，所以无需刻意结识他人，而且总有下属、助手为他服务，他无需为名片这类小事费神；后者不带名片则是因为自己身份地位卑微，结识他人的机会也实在不多，所以也就无需名片。然而，混迹于职场中的人大约没有几人是不随身携带名片的。名片是现代社会中人际交往必不可少的资源之一，通过一张小小的名片，可以很快掌握对方的一些基本信息，也可以将自己最希望显示的信息透露给对方，从而迅速拉近人与人之间的距离。但是名片的作用并非仅止于此。现代心理学家通过大量研究证实，小小的名片中暗含玄机，它不仅可以显现出名片主人一些表象的东西，还可以显露一些深层次的内容，如人的性格、个性与心理等。

有的人的名片非常简洁，除了名字，几乎没有其他内容，甚至连必要的电话、手机等联系方式都省略了，更不要说各种头衔之类的了。这类人的内心非常自信，甚至自负，他们做事仅凭心性，对他人的看法和意见毫不在乎，我行我素，讨厌被束缚，也看不起浮于表面的人。这类人通常都能取得较大的成就。与之恰恰相反的是名片上印满头衔的人，他们恨不得将自己所

有的身份都摆上去，生怕别人不知道他们多有本事、多能耐。这种人内心极度虚荣，有非常强烈的表现欲望和优越感。他们总希望在人群中自己是最耀眼的，若是别人不注意他的话就会感到非常的失落和不满。还有的人则介于这两者中间，没有过多的华而不实的东西，但是却凸显自己的称谓，这类人是脚踏实地的实干家，有着坚定的性格和突出的个性，但是却并非锋芒毕露，相反和他们交往的人往往会折服于他们的人格魅力，感觉如沐春风，十分舒适。

这天，大义公司的陈经理接到一个电话，对方自称是他的朋友，想从他们公司进一批货物。对方自报了姓名，可是陈经理一时想不起自己有这么一个朋友，于是约他下午到办公室谈，心想见了面说不定就想起来了。

可是下午人来了以后，陈经理还是毫无印象。来人却表现得十分热情，握着陈经理的手一个劲地乱摇，并且说自己两个月前和陈经理在朋友孩子满月酒的酒席上认识，当时就折服于陈经理豁达开朗的性格和大度非凡的气概，颇有相见恨晚的感觉。陈经理被这么一吹捧，对来人顿时产生了好感，再加上来人又拿出了陈经理的名片，就更加相信他们是通过一个共同的朋友认识的。于是迷迷糊糊地就签了合同，并且同意先发一部分货，剩下的货到时对方再一起付款。

事情的结局可想而知，第一批货物发出后，对方就如同泥牛入海一般，从人间蒸发了。陈经理这才意识到自己遇到了骗子，痛悔地说：“我以后再也不乱发名片了。”

陈经理的教训可谓惨痛，这全是小小名片惹的祸。可是现实生活中，喜欢逢人就发名片的人可真不在少数。无论认识不认识的，只要遇见了，第一件事就是掏出名片，发上一圈。他们这么做是出于强烈的表现欲，希望人人都认识他，甚至对他们另眼相看。他们发的名片实在太多了，所以也就无法弄清到底名片发给了些什么人。有些别有用心的人拿到名片后，就会利用名片中所透露出来的信息做一些坏事，就像文中的那个骗子一样，所以若是像陈经理一样喜欢像天女散花一样乱发名片的人就要小心了。还有些人则喜欢收集名片，似乎名片越多，就越能显示自己朋友遍天下。他们常常随身携带一大包名片，不论亲疏远近，全都说成是自己的朋友。这样的人往往也是爱表现的人，但是却华而不实，喜欢做表面文章，其实内心却极度的不自信。

小小的名片背后，隐藏着一个大千世界。形形色色的名片，构成一个五光十色的天地，显露出人们各自不同的性格与心理。拿一张名片，细细研究，从那几行字，甚至几个字中，你能看出活生生的人性和性格，实在是非常有趣的。

从购物方式观察女人的性格

购物对于大多数男人来说，是不得不为之的行为，一定是生活中缺少了某物，并且要是再不买的话就会影响生活、工作或者学习，才会急匆匆地跑到街上，找到自己想要的东西，然后买下就回家。若是成家的男人，则往往是这样的方式也省略了，他们缺少什么，一般只是直接告诉自己的另一半，然后坐享其成就可以了，谁让女人是“天生的购物狂”呢？这种任务交代给女人，想必是没有女人会拒绝的，她们仿佛天生就是为购物而生的。但是，虽然大多数的女人喜欢购物，但每个人购物的方式却各有不同，从而显露的性格也有很大的差异。

有的女人购物时喜欢单枪匹马，她们认为购物是自己的事，只要自己喜欢就行了，没必要听从他人的意见。就连老公或者子女，甚至是父母的东西，都是自己做主买下来，然后直接拎回家。这样的女人在生活中也是非常的独立自主，性格中甚至会有霸道的一面，外人很难左右她的想法。

有的女人购物时喜欢成群结队，起码要有一两个好友相陪，实在找不到同性的朋友，就非得拉上自己的老公或者男朋友，否则就变得好像不会买东西了。而且购物的过程中，他人的意见起着决定性的作用。这样的女人依赖性太重，做其他任何事情也是一样的毫无主见、缺乏判断力。

有的女人购物前喜欢开列清单，必定经过反复研究分析、比较权衡，才会按照购物目录将所需之物一一买齐。这类女人是最有理智、最有原则的女

人，她们稳重、谨慎，充满自信，无论做什么事请都井井有条，绝不会因为外界各式各样的诱惑而迷了心智。

有的女人见到自己喜欢的东西，就不管价格高低，也不管是否需要，就坚决要买，哪怕买下来事后后悔。这类女人属于脾气不太好的人群，有些任性妄为，固执己见，不愿意听从他人的意见，并且容易冲动，喜怒无常。

有的女人购物喜欢速战速决，小到一块手帕，大到一台家电，都是看中了就买，甚至都不愿意比较价格、讨价还价。她们的性格也像男人一样，风风火火、快人快语，爽朗而性急。

还有的女人原本并没有购物的欲望，逛街时看到打折力度大时就会买一些暂时看起来还用不着，但是以后却说不定有用武之地的打折商品。这类女人是比较典型的现实主义者，懂得精打细算过日子，说得不好听点，甚至有些唯利是图。她们常常会迷失于眼前的蝇头小利，在与人交往的过程中则显得有些急功近利、斤斤计较。

琳琳到表姐家去玩，一进门吓了一跳：客厅里、房间里到处堆满了购物袋，甚至还有些连包装都没拆过，就胡乱地扔在一边。看见琳琳来了，表姐也顾不得打招呼，埋头在网上忙着，琳琳凑过去一看，原来表姐又在网上拍了个包。琳琳问：“表姐，你是不是最近有什么心事？失恋了？”

表姐非常诧异，原来从大学就开始谈的男友最近突然提出了分手，然后闪电般地和他老板的女儿一起出国了。但是这件事她从没和任何人提过，琳琳是怎么知道的？

“你看你买的这一大堆用不着的东西！”琳琳说，“你根本不是为了买东西而买东西，你只是借这种方式来发泄心中的痛苦和愤恨。很多女人借由购物来平衡心理、舒缓压力、宣泄情绪，尤其是在失恋或者工作压力过大的时候。你看，你现在就是这样的一种状态，你买这些东西已经不是出于对它们实用性的考虑，甚至也谈不上喜欢不喜欢了，你只是企图通过疯狂采购这种行为来填补心中的空白和伤痕。其实何必为了这种见异思迁的男人而自暴自弃呢？你要知道，若是你任由自己的这种行为发展下去的话，就会像暴饮暴食和抽烟酗酒一样，很可能就会成为一种可怕的心理疾病……”琳琳接下

来对表姐进行了很长时间的劝慰，终于表姐的眉头慢慢舒展开了很多，到她离开的时候，还答应一起出门去吃火锅。

大多数女人喜欢购物，这原本无可厚非，但是若这种购物已经成为一种心理疾病时，那么对于女人来说，购物带给她们的就不再是快乐，而是痛苦了。虽然看起来通过购物，女人暂时舒缓了心中压抑的情绪和压力，但是一旦购物完成或暂时停止时，这种压力和空虚会再次卷土重来，甚至来势更加凶猛，于是女人便再度以疯狂购物来发泄情绪。这样周而复始，陷入一轮又一轮的疯狂和绝望之中。人们常常将这种女人称之为“购物狂”或者“购物癖”，就像文中琳琳的表姐，她们一旦开始购物就好像永远也无法停下来一样，虽然事后更多的是后悔和痛苦，但是却像有一只无形的手牵着她们一样，陷入无穷无尽的恶性循环之中。

通过疯狂购物舒缓压力、宣泄情绪就如饮鸩止渴一般，治标不治本，不仅会带来经济上的困扰，对身心的健康也会造成极大的恶果。所以要想克服这种心理上的疾病，最好的方式就是改变自己的生活习惯，将自己的注意力有意识地转向其他地方，如运动、旅游等。就算有非买不可的东西，也要改变购物方式，事先将想要购买的东西列出来，然后上街按照清单一样样购买，不在清单之列的东西坚决不去看、不去想，长期坚持，就会取得非常好的效果。

个人卫生习惯展示其内在修养

英国作家萨克曾经说过：“播种行为，收获习惯；播种习惯，收获性格；播种性格，收获命运。”由此可见，一个人的日常行为习惯对于其一生的命运和人生都有着很大的影响。卫生习惯也是如此。从幼儿园起，老师和家长就为培养孩子的卫生习惯而孜孜不倦地努力着，长大成人后，卫生习惯更是透露出一个人的性格性情与内在修养，它是一个人展现给大众的一张名片，也是大众了解此人的一个窗口。

一个人若是没有良好的卫生习惯，指甲乌黑、头发蓬乱，一张嘴满嘴口臭，衣服邋里邋遢、不修边幅，试想一下，谁会对这样的一个人产生好感？谁又会愿意与这样的人交往？人们对于这样的人初一见面时，就会产生很大的不信任感，一个对自己的形象都不在意的人，又会将什么放在心上呢？而一个连自己都照顾不好的人，又如何能让人放心地将重大的责任交付与他？虽然人们常说“不能以貌取人”，但是一个人的卫生习惯的确与他的个性性格和个人修养息息相关。不注意卫生习惯的人无意中就给对方透露了这样一种信息：要么是不自信，对任何事物都失去了信心；要么是从小没有受到良好的教育，缺乏必要的卫生知识。

还有的人虽然把自己打扮得十分光鲜，精心挑选的服装，精心设计的发型，全身上下一尘不染，但是一举手、一投足之间，恶劣的卫生习惯就将其缺乏修养的内心暴露无遗。你看他，一张嘴一口浓痰随地乱吐；说话间唾液横飞，直喷对方脸上；端起别人的茶杯就喝水，拿起别人的毛巾就擦脸；到别人家去，未经对方同意就直入卫生间，更有甚者方便完了还不晓得放水冲洗厕所。这样的人，哪怕你的外表再光彩照人，恐怕也无法给人留下良好的印象。大家对其的评价只有四个字：粗俗不堪。这一类男人也是大多数女人最无法接受的类型之一，他们的行为，完完全全暴露了其内在性格中的缺陷：自私、无礼、缺乏责任心和自控力，不值得信任。

黄老师要外出学习半个月，小刘老师前来代六（1）班的语文课并兼班主任。刚到班上，她就注意到了坐在最后一排一个名叫彭飞的男生。这个男生高高帅帅的，全身上下几乎都是运动名牌，但是却很邋遢，衣服领子、袖子上全是油渍，头发又脏又长，指甲缝里全是污垢，人走到他的周围，甚至可以闻到一股难闻的气味。他的座位旁边全是令人恶心的痰迹，吃饭、喝汤不仅发出很大的响声，甚至还像个小孩一样，饭菜、汤水撒得到处都是。

黄老师将班级资料交给小刘老师时，小刘老师突然问：“彭飞是不是学习成绩不大好？是个问题学生吧？”黄老师惊奇地说：“你怎么知道？你认识他？”小刘老师摇摇头说：“我注意到他的卫生习惯不怎么好，这样的同学一般都有特殊的家庭问题，并且心理上也或多或少存在一些问题。同学们

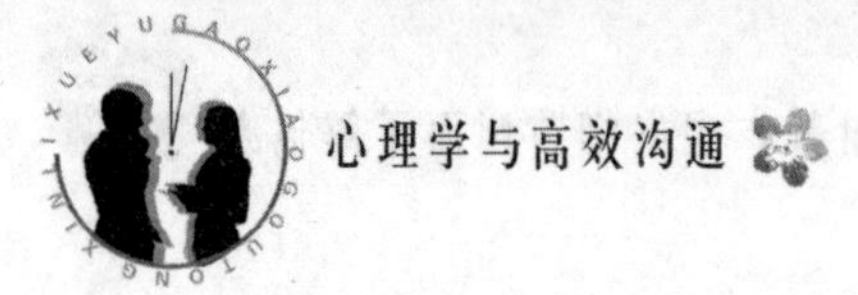

平常是不是也不太喜欢他？”

黄老师感叹地说：“岂止是不喜欢，简直见了他都要绕着走。没人愿意和他坐同桌，所以他就一人孤零零地占据了整张桌子。他成绩在班级是倒数的，脾气也不好，经常动手打人。他很小的时候父母就离婚了，谁也不要他，他就跟年迈的奶奶一起过。他的父母每年都给他很多钱，但就是不管他。奶奶年纪大，也管不了他，所以真正是个问题学生呢。”

小刘老师心中明白了。她召开了一个主题班会，就个人卫生习惯和人的修养、性格之间的关系让同学们进行了深入的讨论，她发现彭飞若有所思。然后她又找彭飞进行了几次深刻而又诚恳的谈话，要他改变个人形象和卫生习惯。她欣喜地发现，彭飞换上了干净的衣服，剪了头发、修了指甲，身上难闻的味道也不见了，随地吐痰和乱丢垃圾的坏习惯也收敛了很多，整个人就像改头换面一般散发出自信而又蓬勃的朝气。大家慢慢地开始接近并喜欢他了，他的脾气也变好了，还找到了新的同桌，学习成绩也开始有所提高。

生活中很多事情都是相辅相成的，看似不起眼的卫生习惯可以成就一个人的性格，也可以毁掉一个人的性格。文中的小刘老师敏锐地从彭飞恶劣的卫生习惯中洞察了他的性格缺陷，并及时加以纠正，从而帮助他找回了自信，重返集体的怀抱。由此可见，一个人的社会接纳度和这个人卫生习惯密切相关。一个人若是不注重卫生习惯和内心修养的培养，就会被他人和社会所排斥。而若是一个人长期被排斥，就会出现社交障碍，要么缺乏自信，胆怯懦弱，要么仇视社会、暴力报复。因此，良好的卫生习惯不仅是提升个人形象的有力武器，也是体现内在修养的关键所在。

中篇

用心交流，三言两语
沟通即见成效

第07章
开口沟通，解读语言背后的心理密码

说话主题能帮助你了解说话者的信息

人与人见面、认识之后，无论真心也好，假意也好，只要不是老死不相往来的那种，就必定会进行谈话。既然要谈话，就离不开话题的选择。做一个聪明的倾听者，认真分析说话人的说话主题，能够帮助你获取说话者的信息，了解他的内心世界和真实的个性。

有的人说话时最喜欢用的字眼就是“我”。无论说什么，开口必提“我”字。“我”的家庭、“我”的工作、“我”的朋友、“我”的爱好……无论什么内容，最终都回归到自己的身上。这样的人在任何时候都是一个极度自我的人，他们把自己看得重于一切，一切以自我为中心，喜欢自我吹嘘、盲目自大，希望时刻得到他人的赞赏和艳羡的目光。若是得不到众人的关注，他们的内心就会非常失落，甚至心生怨愤。这样的人其实是非常小心眼的人，无论他们将自己吹嘘得多么伟大、多么了不起，他们想得到的不过是别人对他们的肯定而已。

有的人则正好相反，他们不喜欢谈论自己，就算对方询问自己的情况，也是淡淡一笑带过，或者扯开话题，甚至干脆当做没听到。他们喜欢谈论的是和自己或者身边的人毫无瓜葛的话题，比如“今天天气真好”、“某地又发生战争”等等，这样的人一般城府较深，他们对任何人、任何事都抱有较强的防备心理，不轻易相信别人，更不轻易和他人结为朋友。在外人的眼里，他们都是比较神秘而且难以亲近的。

有的人不谈论自己，却专门爱询问对方的情况，甚至在和对方还不是很

熟的情况下，对一些比较敏感的话题也穷追不舍，比如询问对方的收入、夫妻感情等等。这类人也是大家比较讨厌的人群之一，他们以探听他人的秘密为乐，并且常常自以为是，对他人妄加评论，更有甚者还会据此散布谣言、说人闲话。若是与你谈话之人是这样的人的话，那你就一定要小心了。

还有的人不管谈及什么，都喜欢和金钱扯上关系，这类人则是典型的拜金主义者。在他们眼里，金钱是衡量一切的标准，所以，虽然他们表现出来的是势利，但是其实他们的心中极其缺乏安全感，对他们来说，金钱就意味着一切，失去了金钱就失去了一切。

另一些人对话题的选择毫无主见，无论对方谈什么，他除了应声附和，别无一丝新意。这样的人在生活中多半也是乏味而无趣的，没有主见，生性木讷。

李建、韩刚和肖民是公司里有名的“铁三角”，他们同时被招聘进公司，只不过李建在人事部，而韩刚和肖民则在财务部。他们三人年龄相当、资历相当，兴趣爱好也很相近，所以很快就成了走得很近的“铁哥们”。

公司人事调整时，想从韩刚和肖民两人中提拔一人做财务副主管。人事经理征求李建的意见。李建沉吟了一会儿，说：“虽然两人都是我的好兄弟，但是我觉得可能还是肖民更适合这个职位。因为财务部门涉及公司的内部秘密，需要沉稳而可靠的人。韩刚为人大大咧咧，尤其说话毫无顾忌，该说的、不该说的，只要别人用心，三下五除二就把什么秘密都套出来了，他是一个藏不住话的人。而肖民则正好相反，他是一个没嘴的葫芦，和别人谈话时，从不涉及到自己或者对方的任何隐私或秘密。你别看我和他这么熟，可他的情况我还真没了解多少呢！虽然从个人感情上可能我更喜欢韩刚，但是我认为肖民是更合适的人选。”

自然，最后肖民顺理成章地坐上了财务副主管的位置。

人们的心声常常通过谈话的内容表达出来，而其他人也可以从你说话的内容中揣测出你的心思与性格。俗话说：“言者无心，听者有意”，所以在与人交往时，一定要分清对象，选择恰当的话题，而不能像文中的韩刚一样，口无遮拦，把什么都说出来，这样不仅会显得你胸无城府，说不定还会被别有用心之人利用，所谓“祸从口出”正是这个道理。

当然，也有的人出于某种目的，会有意识地选择话题来掩盖自己的心思，或者表明自己的心意，这就需要人们撇开迷雾，听出弦外之音，真正认识和了解一个人。

说话态度与思想意识和品位之间的关系

语言是人际交往中最重要的桥梁，但是不同的人在说话时所采用的态度也各不相同。说话的态度受说话者内心感受的直接影响，而说话者的思想意识与修养品味又通过其说话的态度充分表露，所以认真观察人们的说话态度，对于认识和了解这个人有着非常重要的作用。

说话轻声慢语之人——他们的内心常常是温和而宽容的，能够体谅和理解他人。他们常常是一些性情淡泊、与世无争之人，不追逐名利，也不好表现自己，有较强的忍耐力和自控力，但有时会让人觉得有些过于柔弱。

说话粗声大气之人——这类人声如洪钟、豪爽粗犷。他们性情耿直、待人热情，说话做事直来直往，从不拐弯抹角、虚与委蛇。这样的人大多是直肚肠的人，很容易与人相处，但是由于说话态度过于直接，难免有时会伤害到他人的感情，自己却还浑然不觉。所以这些人直爽却又有些鲁莽。

说话细不可闻之人——这类人性格懦弱，胆小怕事，缺乏足够的自信和勇气。他们说话声音小，做人的胆气也小，任何事情都不敢据理力争，生怕得罪人，所以在生活中也常常属于被欺负的一类。

说话言辞闪烁之人——他们生性多疑，从不与人深谈，对自己的意见也常常遮遮掩掩，不直截了当地表明，更别提暴露自己的心意。他们狡黠、多疑，有很强的防人之心，与人交往时很难真心相待。

说话沉稳凝重之人——这类人话虽不多，但是却字字珠玑，很有分量。他们在生活中一般都是德高望重之人，对事情的理解深刻而又准确，并且态度真诚，尊重事实，是被大多数人所信任之人。

说话尖酸刻薄之人——这类人多半很难与人相处，人们见到这种人也往往是退避三舍。他们就像一只浑身是刺的刺猬，只要被他们抓住了把柄，冷嘲热讽、无所不用其极。这类人的心理一般比较阴暗，妒忌心较强，很少与人为善。

说话大吼大叫之人——这类人性格十分暴躁，有很强的支配欲，一切以自我为中心，喜欢将自己的意志强加于他人。这种人在生活中是典型的本位主义者，若是自己的意愿得不到满足就会狂躁不安，甚至有一定的攻击性。

林肯竞选美国总统时，他的对手是财大气粗的富豪道格拉斯。道格拉斯对出身贫寒的林肯不屑一顾，他说："我要让林肯这个乡巴佬闻闻贵族的气味。"他外出演说时，有豪华的专列，所到之处用大炮鸣响、乐队伴奏。相形之下，自己买票乘车外出演说的林肯就显得寒酸多了。

在伊利诺伊州，林肯和道格拉斯狭路相逢，进行了一场轰动全美的著名辩论。面对道格拉斯洋洋得意的炫富，林肯在演讲中说："有人问我有多少财产，我有一个妻子，一个儿子，都是无价之宝。此外，还租有一间办公室，室内有办公桌一张、椅子三把，墙角还有一个大书架，架上的书值得每个人一读。我本人既穷又瘦……实在没有什么可以依靠的，唯一可依靠的就是你们。"这番话朴实诚恳、感人肺腑，听众从中听出了林肯的情真意切，全都报以热烈的掌声。林肯一举拉近了选民与自己的距离，从而大获全胜。

和道格拉斯的狂妄自大、咄咄逼人相比，林肯的演说显得朴实无华，但却胜在用诚恳的态度打动了人心。这就是语言的魅力。有的人说话巧言令色，用华丽的辞藻、优美的修辞装饰，但是却唯独缺少诚恳的态度，从而令听众失去信任，难以产生情感与认知上的共鸣。同样的话，用不同的态度说出来，听的人会产生不同的感受，同时也会形成对说话者不同的印象。正所谓"良言一句三冬暖，恶语伤人六月寒"，所以说，说话的态度对人的影响是相当大的。恶劣的态度令人反感，使谈话难以继续；而好的态度则令人如沐春风，谈话顺畅。所以，无论在什么情况下，都要学会用心平气和的态度讲话，温和的语气，诚恳的态度，不仅能令谈话取得事半功倍的效果，也能展现出个人良好的思想意识与品德修养，实在是一举两得。

从言谈举止探知一个人的性格

但凡看过《红楼梦》的人，对“林黛玉进贾府”一章中这样几句话应该是印象颇深的：“（黛玉进贾府时）步步留心、时时在意，不肯轻易多说一句话，多行一步路。”曹雪芹寥寥几笔，一个生性敏感、谨慎多虑、高傲却又自卑的黛玉形象跃然纸上。可见，一个人的性格与性情，通过日常的言谈举止，会在不知不觉中显现出来。所以心理学家们认为，观察一个人的言行是了解此人的很好的途径之一。

大多数的人说话时都伴有一定的表情与动作，就算是照本宣科的播音员也会在不经意间流露自己的内心世界。有的人为了掩盖自己的真实思想，常常会说一些心口不一的话，那么只有透过现象看本质，通过人的面部表情与动作行为才能看到一个人的内心，了解他的性格与心理。

有的人说话时眼睛平视对方，表情平和，语速适中、语调平缓，这说明他的内心十分坦然，没有什么可隐瞒的。这种人心地坦荡、为人诚实，待人接物落落大方，是值得人相信的。

有的人说话时眼神犹疑不定，不敢与对方对视，并伴有拉头发、扯衣角之类的小动作，就说明这人的心地不够坦然，对自己没有足够的信心，要么就是正在撒谎，借小动作掩饰自己的内心。

有的人说话时喜欢伴有较大幅度的动作，耸肩、摇头、摆腰，并且面部表情夸张，语调激昂，语速较快，这说明说话者内心情绪起伏较大，有比较强烈的倾诉愿望。但这样的人说话比较容易言过其实，不足以全信。

有的人说话时喜欢伴有辅助性的手势，表示决心时握起拳头，表示愤怒时手掌用力下劈等等，这类人内心的情感通常比较丰富，容易激动，脾气也比较急躁，有时说话做事容易急功近利。

有的人一边说话，一边四处张望，这样的人容易将自己的好恶写在脸上，没什么城府，喜欢与人打交道，但是意志力不够坚定，做事常常三心二意。

还有些人说话时喜欢故意触碰对方的身体，好像和你非常亲热一样。这种人一般都是别有居心之人，他们企图通过手、肩、腿等身体部位的接触来显示与你的关系非常，从而令你放松警惕，得到他们想要的东西。

叶子第一次带男友回家，男友为了给未来的岳丈和岳母留下一个好的印象，特地精心打扮了一番，得体的西装，整洁的头发，高雅的礼物，浑身上下挑不出一点毛病来。

但是，男友走了之后，叶子问老爸对男友的印象如何时，老爸竟一口否决说："这样的人不值得你托付终身。"叶子有些委屈，说："你对他有多少了解？为什么判断一个人这样武断？"

老爸说："三句话可以看出一个人的性格，三步路可以看出一个人的修养。当我问他话的时候，比如问到他的家庭和父母工作情况时，他常常言辞闪烁，不敢直视我的眼睛。这说明他肯定有事隐瞒。我拿烟抽时，习惯性地问他要不要抽烟，他嘴里一边说'不要'，一边下意识地就伸过手来了，伸到一半又突然缩了回去。一个人家境不好不要紧，只要自己肯奋斗比什么都强，男人么，爱抽烟也正常，你老爸我都抽了快40年的烟了。但是一个心口不一的人是绝对不值得信任的。他在小事上说谎，那么大事也一定会有欺瞒。爱情也好，婚姻也好，最要紧的是诚信，你说呢？"

叶子若有所思地点点头。

说话看其相，举止观其人。叶子老爸通过短短的时间接触和几个细致入微的细节观察，就深刻洞察了叶子男友的性格与人品。服饰衣冠可以精心装扮，但是一个人的言谈举止却是长期以来形成的习惯，很难一下子改变，就算有心掩饰，也会在不经意间露出马脚。

语言的威力是巨大的，而言谈举止中所透露出来的一个人的性格也具有相当的准确性。因此，学会倾听他人的言谈，观察他人的举止，就可以深入人的内心，挖掘人的性格，透视人的思想。

无意之间说出的话最能透露个性

在交谈时，出于某种目的或者礼貌，人们往往会精心组织语言，选择字眼来将自己的意思表达出来。然而这些经过精心准备或者深谋远虑的话语往往掩盖了人的真实本性，相反，一些无意间所说的话却是最能够透露人的个性秘密的。那么人们在无意中最会说哪些话呢？

是啊、是啊——如果说这样的话的时候眼睛并不看着对方，而是漫无目的地四下张望的话，就说明他要么对你的话厌倦了，只想早点结束谈话；要么就是生性散漫，无论对方说什么，都无法引起他浓厚的兴趣。他在说“是啊”的同时，其潜台词实际是：“你说什么？我根本就没听到。”

或许、大概、可能——如果一个人总是无意识地说一些模棱两可的话，那么就说明他们要么对自己非常的不自信，属于无胆无识之人；要么有很强的防备心理，不轻易表明自己的立场，也不愿意得罪他人，多半是城府很深、世故圆滑之人。

我只告诉你一个人——如果一个人有意无意总是说：“这件事我只和你一个人讲，你可千万别告诉其他人哦。”那么你就一定要小心这样的人。他会和你说这样的话，那么对其他任何人也会说同样的话。这类人最喜欢刺探他人的秘密，对于蜚短流长津津乐道。这样的人是绝对不值得信任的。

真的，不骗你——这类人性情比较急躁，总是担心他人误解自己。他们对别人的评价和看法非常在意，所以对自己缺乏自信。他们之所以再三强调自己的真实性，就是希望自己得到认可，获得他人的信赖。

说话过程中经常夹杂英文单词和专业术语的——这类人处处显示自己的与众不同，事实上却在无意间暴露了自己爱卖弄、肤浅甚至自卑感非常强烈的性格。他们用这些晦涩难懂的言语来抬高自己的身份和地位，其实正是内心没有底气的象征。

县委人事调整，打算提拔一些年轻干部。在讨论副秘书长一职时，组织

部长对白县长说：“我看王君这人不错，文笔好，能力强，又肯钻研，头脑也灵活，业务素质非常好。”白县长笑着说：“业务素质好，但是思想素质却不过关啊！”

“此话怎讲？”组织部长有些疑惑。

“说来还真有些不好意思，”白县长笑了笑，“因为这话是我在厕所偷听到的。那天我肚子疼，正蹲厕所呢，王君和另一位同事一边说话，一边走了进来。他们在谈工作压力的事情，秘书工作忙，事情多，又在领导身边忙前忙后，自然压力也就大一些，偶尔发发牢骚也是可以理解的。但是王君说了这么一句话，我听着特别刺耳。他说：‘若不是图个好前程，谁愿意给人卖命啊？’原来他将秘书工作当成为自己‘搏前程’的跳板，而为领导服务则成了‘给人卖命’。他对工作不是出自真心地想去做好，更没有心怀百姓，这样的人怎么能够担当重任？就算给他委以重任，他手中一旦有了权，难免不会利用职权之便为自己谋取私利。虽然他的这句话是在发牢骚时无意中说出来的，但是往往无意之间说出的话才是真心话啊！”

“无意之间说出的话才是真心话。”白县长这句话的确非常有道理。人们常常喜欢用“童言无忌”来形容孩子说话真实可信，但究其原因正是因为孩子说话通常是不会精心组织、细心思虑的，所以说出的话往往都是内心最真实的想法。成人在无意间说出的话也正如“童言”一般毫无忌讳，没有经过大脑的精心准备，所以才更真实地反映了他的内心世界和个性心理。王君或许对他自己内心深处的真实想法还没有真正地意识到，但是发牢骚时的一句“无心之言”，却充分暴露了他的性格秘密，显示了他人性中的弱点。

人们在为自己言语伤害他人或造成误会时，常常会这样为自己辩解：“我不是有意说这样的话的。”但是请记住，对比你有意识、有目的的讲话，人们更愿意相信你无意间说出的话才是你心底深处真正的想法和意图，所以这并不是一个很好的为自己开脱的借口，相反，却更有可能暴露你深层次的性格秘密。

说话方式透露的人格特征

人们通过语言来交流信息、交换思想，但是不同的人在说话时采取的方式却各有不同，这不仅影响谈话质量和效果，同时也可以显现出说话者的性格与性情。尽管说话内容有千千万万，但是说话方式归根结底只有两种——一种是讨人喜欢的，另一种则是招人厌恶的。

会说话的人自然招人喜欢，他们知道逢人说话，见什么人说什么话。这样的人必定是聪明并且深谙处世之道的。他们并不会阿谀奉承、谗言献媚，但是也不会用难听或激烈的语言说出事实真相，因为他们知道，虽然人人都希望听真话，但并不是所有的人都能够接受真话的。所以他们会采取委婉的方式，用温和的语调、诚恳的态度说出心中想说的话。这是大家最喜欢的说话方式，这样说话的人也是最受大家欢迎的人，因为他们正直却不尖锐，睿智却不卖弄，温和却不愚钝，宽容却不软弱。

不会说话的人自然是采取的说话方式不讨人喜欢。他们要么直截了当、口无遮拦，不管场合地点，想说什么就说什么，也不顾听话的人是否尴尬、是否恼怒。他们常常标榜自己心直口快、热心热肠，但实际上却是鲁莽而草率的。他们要么遮遮掩掩、故弄玄虚，说话只说一半，拐弯抹角，这种人显然不够坦诚，很难与人交心，他们对任何人都有很强的防备心理。有的人说话常常采取命令式的语气，颐指气使、盛气凌人，这类人是典型的以自我为中心的人，自私、狭隘，妒忌心强，并且喜欢将自己的意志强加于他人头上。还有的人说话方式令人捉摸不定，他时而温柔体贴，时而暴跳如雷，这种人是属于神经质的一类人，他们内心敏感而又多疑，常常有极度的自尊和自卑，所以他们的内心其实是非常缺乏自信的。

小豪中专毕业后进了一家商店做营业员，主要负责男士剃须刀的销售。

工作的第一天，上班没多久，走进来一个大约30岁左右的男子。他走到柜台前，对小豪说："给我介绍一款剃须刀，我自己用的。"

小豪问：“要好的还是差的？”

那人说：“当然要好的。”

小豪从柜台里拿出最贵的一款剃须刀：“这是最好的。”那人一看标价，立刻叫了起来：“一个剃须刀要3000多？”

小豪也提高了声音说：“咦，你不是要最好的吗？早说嘛！几百块的也有，还有几十块的呢！”

顾客很生气，他把剃须刀往柜台上一扔，说：“小伙子怎么这样说话呢？我又不是非要在你这里买不可。”

“你到哪买都一样，都是这个价。”

顾客更生气了，这时经理恰好走了过来，赶紧把小豪拉到一边，亲切地说：“先生，他刚来，不懂事，您别生气。我给您挑一款，您看怎么样？”他从柜台里拿出一款剃须刀，说：“这一款是最新式的，又轻便又灵巧，质量也非常好。”

顾客一看价格，就叫起来：“这款才300多，相差也太大了吧？我要的是好的！”

经理微笑着说：“不过是品牌不同而已，其实它们的质量是完全一样的。您也知道，国外进口的品牌要加上很高的关税，其实和国产的成本相差不了多少。再说那款适合中老年人，您又年轻又潇洒，那一款拿在手上，多老气呀？而且您一看就是个正直的人，买这款还支持了国货呢不是？”

顾客一听就笑了，高高兴兴付了钱，拿着剃须刀走了。

美国成功学大师戴尔．卡耐基曾说过：“当今社会，一个人的成功仅有15%取决于技术知识，而其余85%则取决于人际关系及有效说话等软本领。”上文中顾客两次截然不同的反应以及完全相反的效果，就是因为小豪和经理采取了不同的说话方式而造成的。小豪说话的方式直截了当，毫不婉转，也丝毫没有顾及顾客的心理。尽管他说的都是实话，但是有时实话并不一定那么容易让人接受。而经理的说话方式则委婉得多，他摸准了顾客的心理，知道这是一个很爱面子、但是钱包并不一定很鼓的人，所以针对顾客的这个特点，介绍产品的性能和价格的话都是顾客爱听的、也容易说到他心底去的

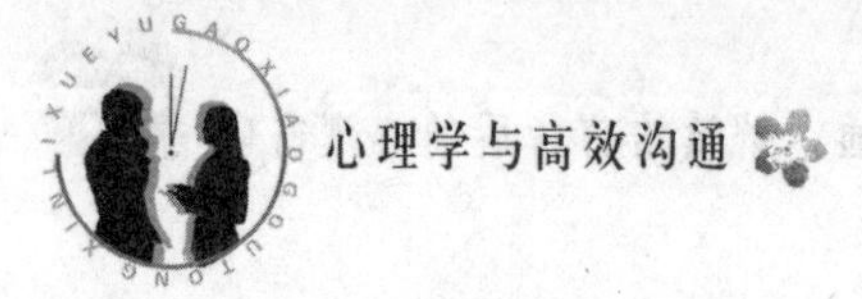

话。由此可见，小豪是一个涉世不深、心直口快甚至有些鲁莽的小伙子；而经理则显得柔和沉稳得多，并且善于揣摩他人心理，是一个懂得人情世故和处世之道的人。

所以，说话的方式是一种学问，更是一门艺术。说话不仅要用嘴，更要用脑。这样才能为你的人生开辟一条畅通无阻的道路。否则，若是你的说话方式不招人喜欢，你的个性自然也就不能使人欣赏，而一个处处不受欢迎的人是无法在社会上立足，更无法取得事业和人生成功的。

从幽默感看一个人的个性

幽默是一种人生的态度，是一个人的才华和智慧在语言中的体现。它是人的一种能力，可以化解尴尬和恼怒，也可以舒缓压力与紧张。幽默就如同人际交往中的润滑剂，它能使生活充满生机与趣味，能够拉近人与人之间的距离，也能将干戈化为玉帛。所以幽默感是人人都渴望拥有的，但究竟何为幽默？实在是一个很难下的定义。有人将幽默感等同于嘲讽、讥笑他人，或者认为搞怪、滑稽就是幽默，其实这都是幽默的认识误区。所以幽默感不仅与一个人的学识、才华有关，还能反映出一个人的个性与修养，有助于我们认识人性深处的思想意识和性格品味。

有的人的幽默感是与生俱来的，无论在什么样的环境下，他们都善于用幽默来打破僵局、活跃气氛。他们能用幽默的语言来描述生活中所发生的一切，也会用幽默的态度来解决发生的一切问题。他们才思敏捷，头脑灵活，具有丰富的想象力和创造力。这类人是最受人们欢迎的人，他们有着淡泊的心境、聪慧的头脑、渊博的学识以及潇洒的人生态度。

有的人的幽默感是经过后天培养的，他们认为自己缺少的恰恰是幽默感，所以才会在事先精心准备，记下某些笑话或者幽默，以便在某些场合时不时地讲上一段。这样的人其实内心十分严肃，富有理智，有很好的自控能力。但是他们过于讲求形式，对他人的看法十分在意，容易失去自我。

有的人善于运用幽默来自我解嘲，这样的人是真正有勇气、有智慧的人。他们敢于拿自身的缺点甚至缺陷开玩笑，说明他们具有常人所无法拥有的豁达、开朗和自信。他们生活态度积极，生性乐观，胸怀宽广，很有人情味，和这样的人交往令人心情放松、如沐春风。

有的人喜欢用幽默的方式来嘲讽、讥笑他人，这类人处处自以为是，对他人的过错吹毛求疵、含沙射影甚至落井下石。这样的人心理一般都是阴暗而卑鄙的，有着强烈的嫉妒心和报复心理，为人尖酸刻薄、斤斤计较，是人际交往中最不受欢迎的一族。

有一位著名的学者个子不高，但是学识渊博，著作良多。有一次在记者采访他，称赞他学术成就显赫时，他谦虚地说："和个子高的学者相比，我的优势就是五短身材，否则怎能著作等身？"话毕，全场的人都笑着鼓掌，为他幽默的自嘲和敏捷的反应所倾倒。

事后不久，这位学者要出国考察，在饯行的酒席上，夫人开玩笑地说："国外美女那么多，可别被花迷了眼。"旁边同事紧接着说了一句："他这五短身材，到了国外，是个人都比他高。嫂夫人放心，没人看得上。"此言一出，顿时全场寂然，大家面面相觑，学者本人也满脸尴尬，而夫人则已露出了不悦的神色。

俄国幽默大师契科夫说过："不懂开玩笑的人是没有希望的人！这样的人即使额高七寸——聪明绝顶，也算不上真正的智慧。"所以在生活中，很多人为了显示自己的智慧，常常开一些不合身份与场合的玩笑，还自以为很幽默，就像上文中学者的同事。学者说自己"五短身材"，是将自己的身体缺陷巧妙地引申发挥，体现了他敏捷的反应、洒脱的性情和谦虚的胸怀；而同事拿他的身材开玩笑听上去却是对他身体缺陷的嘲讽和挖苦，这不仅使他人尴尬，也令自己形象大大受损，更损害了人与人之间的感情。

所以说幽默是一种智慧，是乐观豁达的品格，是博大宽广的胸怀，真正拥有幽默感的人必定是意志坚强、成熟洒脱、宽厚仁爱、豁达大度的人；而那些心胸狭隘、刻薄善妒、目光短浅之人是永远也无法学会真正的幽默的。

第08章 发问沟通，巧用问题了解对方真心

人与人之间的交流常常始于问话，一问一答、我问你答，于是在问答之中，人们的信息和思想逐渐显露出来，从而加深了解、增进情谊。若是一个人有心掩饰，在他所说的言语中就很难体现其真正的思想感情和个性心理。于是在这种情况下，若是想了解一个人的真心，就要巧妙地借助问题才能一探究竟。

高效沟通，从提问开始

想要了解一个人的信息和想法，提问自然是一个最简单、最有效的方法，但是问话是你的权力，而回答则是我的自由。你的问题，若是我不喜欢，我可以不回答，或者回答似是而非、文不对题，这都是我的自由。若是遇到这种情况，问话者非但无法得到自己想要的真实信息，反而会使谈话气氛尴尬、陷入僵局，甚至还会伤及两人之间的感情。所以，如何问话、问些什么才能使对方打开话匣、敞开心门，是每一个问话者应该仔细思考的问题。

问话是一门艺术，语言文明、内容得体的问话令对方心情舒畅，自然愿意回答你的提问；而用词粗鲁、莽撞无礼的问话则会令人顿生反感，从而紧闭心扉，不愿与你交流。问话时若是只想自己心中所想，也不管问话是否合理、是否会涉及对方的隐私以及是否会伤及对方的感情，自己想问什么就问什么，这是谈话中的大忌。所以若想他人愿意向你倾诉，注重问话的艺术是

相当重要的。而问话艺术通常要注意三个方面的问题。

首先要注意问话的场合。有些话在公开的场合问时，对方可能出于某种原因会避而不答，但是若是换成私下询问，则有可能会很乐意告诉你。

其次是要考虑被问者的年龄身份和性格特点。人有千面，年龄、身份不同，性格、性情不同，乐意接受询问的方式自然也不相同。比如对于男人来说，年龄代表着阅历、成熟与魅力，所以他会很乐意回答你；而对于女人来说，年龄则代表着衰老与隐私，所以往往是避而不谈的。有的人性格开朗爽直，有的人则含蓄温婉；有的人清高傲慢，有的人和蔼可亲；有的人慢条斯理，有的人急躁毛糙，因此问话时的方式也要随之而改变，对有的人要开门见山、单刀直入，而对有的人则要婉转迂回、试探而进。

最后要顾及被问者的心理。无论什么问题，都会对被问者的心理产生一定的影响，或高兴，或悲伤；或尴尬，或愤怒；或沉重，或轻松。所以在提问时，一定要注意避免令被问者产生不愉快的心理和情绪，这样才会令被问者乐意回答，获得良好的提问效果。

有一次，一位电视台的著名主持人奉命去采访一位因某种原因住进了精神病院的患者，她原是小学教师。编辑在采访前已经拟好了采访提纲，其中有一道问题是这样问的："你是什么时候得了精神病？"主持人一看觉得这样的问法不妥，因为句中的"精神病"三个字很可能会刺激到患者，而且会令她感觉对方心中怀有歧视。因此，主持人临时决定改了问法："您住院已有多长时间了？""您在这里感觉怎么样？"这样的问话委婉温和，既让对方感到了自己对她的关心，也令其感受到了自己对她的尊重。所以患者回答问题时自然也就诚恳而坦率。接下来的采访十分顺利，两人就这样在友好而亲切的气氛中交谈着，言语十分投机，而主持人也顺利完成了采访任务。

人们常常以问话来开始一段谈话，进行沟通，但是若想要获得良好的问话效果，就一定要注意问话的方式、语气和语调等。问话是一门高级的艺术，它需要问话者良好的修养、尊重他人的习惯以及高超的提问技巧等。比如上文中的主持人就是一个非常懂得问话艺术的人，她在问话之前，充分考虑了被问者的心理特点，而不是公事公办、照本宣科。正是因为这样，被采访的人才感受到了她的真诚与尊重，才愿意打开心房讲真话，而主持人也得以顺利地完成了自己的任务。由此可见，在人与人之间的沟通中，是否能够运用问话艺术，将直接关系到你是否能够达到沟通目的，得到你所想要的答案。

有人说，你不知道问题的答案没有关系，因为总会有人能够解答，你要做的就是以正确的方法提出问题。但是你若要得到正确的解答，就一定要注意问话的艺术。因此，问话的奥妙就隐藏在千变万化的问话艺术之中，若想问话取得良好的效果，就务必要注意问话的艺术，做到因地而宜、因人而宜、因事而宜。

让对方知道你的真实意图

若要问人："这世上最琢磨不透的是何物？"相信大多数人的答案会是相同的——"人心"。或许只有天真无邪的童龄稚子才不会刻意掩饰自己的内心，但是在成人的世界里，随着年龄的增长、心智的成熟，出于某种目的或需要，人们越来越多地学会了掩盖自己的真实意图。人的行为和语言是外显的，而思想与性格却是内隐的。很多时候，人们所做、所说与其真正所思所想并不相同。因此，也正是出于这个原因，人们"将心比心"，在回答问话时，会常常企图通过问题的表面来探究提问者的真实意图。在这种情况下，问话者明确表达自己内心的真实想法和真正意图，才能使谈话得到应有的效果。

语言是人类沟通的桥梁，提问则是获取信息最简洁的途径。但是提问也需技巧，有人问话含混不清、意义模糊，常常令被问者摸不着头脑，自然也就不知如何回答你的问题，或者答非所问，从而影响交流的效果。比如有一位客人去饭店吃饭，他问服务员："今天的多宝鱼新鲜吗？"服务员当然回答："新鲜。"于是他吃到的是前一天剩下的多宝鱼。其实这位顾客的真实意图是想吃新鲜的海鲜，但是他却没有清楚地表达出来。如果他这样问服

务员："今天有什么新鲜的海鲜吗？"服务员必定会为他介绍各种新鲜的海鲜，而不只局限于多宝鱼一样了。

还有的提问者本意是好的，但是却由于忽视了对方的年龄、习惯、性格等，而使对方对自己的真实意图产生了误会，提问者不但无法得到自己想要的信息，还会使被问者对自己产生不好的印象，从而影响谈话效果，甚至影响了双方进一步的交流。比如有个人得知一位领导喜欢吃猪的大肠，就问："您怎么会喜欢吃这种东西？"他的本意是好的，因为猪大肠脂肪和胆固醇非常高，多吃对人体不益，这自然是出于对领导的关心。但是领导却误会了他的意思，以为他说的是："猪大肠多脏呀！你怎么会喜欢吃这种东西？"所以觉得非常恼怒，板起脸对他不理不睬。由此可见，清楚地在问题中表达自己的真实意思有多重要！

林航毕业后在一家咨询机构找到了工作，主要负责心理行为的调查工作。有一次，全市举行了一次企业技能培训，共有近万人参加。为了检测这次培训工作的效果，受市里委托，公司对参加培训的人员进行了一次问卷调查。因为主任出差了，所以出调查卷的任务就落到了林航身上。林航做了精心的准备，从各个方面、各个角度进行了详细的问卷调查。

调查工作结束后，经理将林航叫进了办公室，先对他的工作进行了肯定，然后指出了一个问题："在调查培训人员参加这项技能培训的目的时，你是这样问的：'你为什么要参加这次培训？'大家的回答几乎都是一样的；'因为公司让我来的。'但这并不是我们想要的答案，因为我们是想知道这次培训的效果如何。所以若是你的问题改成这样：'你希望从这次培训中学到什么？'我想你的问题就更加清晰，从而对人们参加这次培训的心理原因也能得到更加准确的答案。"

林航听了，心悦诚服地点了点头。

提出问题自然是为了得到答案，但是若你的问题对方不能准确地理解，或者会错了意，那么你的问话就毫无意义。就像上文中经理对林航所指出的失误一样，因为林航的问题模棱两可，被问者不知问话的真实意图是什么，所以给出的答案也不是出卷人所希望得到的答案。所以问话问到点子上，让对方清晰而准确地把握你的真实意图是非常关键的。深谙问话之道的人，总能提出明确的问题，而做到这一点的关键在于自己对于所提的问题有一个明确的目的，并善于组织语言，从而充分获取自己想要知道的信息。

人们在日常生活中，总是会碰到各种各样的问题，为了解决问题、交流信息，人们也总会提出各种各样的问题。要想得到自己所希望的答案，获取真实的信息，从而探出一个人的真心，问对问题就显得非常重要了。所以在提问时，务必要令你的问题清晰而明确，让对方清楚地知道你究竟想问什么，你的真实意图到底是什么，他们才能准确而清晰地回答你，交流也才显得具有意义。

学会巧妙地打破沟通的僵局

话题轻松、气氛融洽的谈话是人人都喜欢的交流方式，但是在很多时候，由于一言不慎，常常会使谈话陷入僵局；或者对方一开始就不愿意与你交谈，更别提打开心门、畅所欲言了。而人们在这样的情形下，是不可能显露出自己的真性情的。这时就需要谈话者具有机敏的反应能力，要敢于发问、善于发问，才能巧妙地打破僵局，令谈话顺畅地进行，进而令人们打开心扉，袒露心声。

僵局是人与人之间的一种微妙心理所造成的，产生僵局的原因有很多种，有的是因为彼此之间不熟悉，无话可聊；有的是因为两人意见相左，却又各持己见、互不相让；有的是因为一方无意中伤害了另一方的感情、自尊或者涉及对方的隐私，从而使得另一方不愿开口继续深谈；当然也不排除因为个性或者性格的问题，有些人本身就不善言谈，不知道如何令谈话继续。这时，就需要问话者敏捷的反应，能迅速揣测对方的心意，查明谈话陷入僵局的真正原因，再进一步借用巧妙的发问，用问题来打开僵局，令对方有话可说，有话愿说，从而进一步增进双方的了解。比如针对双方无话可说的情况，可以用试探的方法探究对方的兴趣爱好，选择对方感兴趣的话题继续谈

话；若是双方产生矛盾，则可以避开矛盾，主动让步，退一步海阔天空，同时转移话题，这样才会使谈话有继续的可能；若是自己的言语不当伤害了对方的话，则要真心实意地道歉，巧妙示好，才能令对方尽释前嫌、打开心结；针对对方不善言谈的情况，则要善于使用问话技巧，要问得巧，问得妙，问到对方的心坎里去，才能使对方打开话匣，畅所欲言。

三位北方人模样的顾客进了宁波的一家饭店，坐下后，点菜、吃饭，一切都很正常。但是当服务员将黄鱼端上来时，出现了问题。

顾客生气地问："我们明明点的是雪菜黄鱼，怎么做成黄鱼汤了？"

服务员看了看菜单，说："没错呀！这就是雪菜黄鱼！你们当时又没说不要汤的。"

"可我们那边雪菜黄鱼都是红烧的。"

"这可是在宁波，是江南。可不是大西北！"

顾客听了这话更生气了，嗓门也高了起来，非要退菜不可，但服务员不同意，双方一时陷入了僵局。这时，饭店的经理赶紧跑了出来，问明情况后，仔细打量了对方一眼，然后问："诸位兄弟是从西北来的？"

"是！"其中一位顾客没好气地说："俺们都是西安人。怎么，看不起俺们西北人？"

"哪里哪里。"经理满脸微笑地说："一向听闻皇城根下的人大气、豪爽，有不同于咱们江南人的气质，今日一见，果然名不虚传。兄弟是到宁波来游玩的还是公干？"

"我们是出差。"顾客的语气明显缓和了许多。

"有空的时候在宁波城里转转，虽然比不得你们六朝古都，但是江南也别有韵味。"经理用手指着那道雪菜黄鱼说："比如这道雪菜黄鱼汤，风味独特，是宁波的传统名菜，也是我们饭店的'镇店之宝'。诸位先尝尝怎么样？就当是我请远道而来的客人了。我这就吩咐厨房给你们重新做红烧雪菜黄鱼。"

这时，三位顾客已经完全平息了怒火，显得十分不好意思。自然，他们不仅没有要求退菜，也没有要厨房重新做，而是高高兴兴地吃掉了鱼汤，并且以后每次到宁波出差都固定到这家饭店吃饭，还为饭店介绍了很多客户。

常言道："话不投机半句多。"无论是生活还是工作中，人们在交谈时总会因为种种原因产生矛盾，一言不合，陷入僵局。僵局的出现，不仅使双方陷入尴尬的境地，还无益于矛盾、问题的解决。而上文中那位饭店的经理就凭借着自己细心的观察、敏捷的反应和高明的问话，打破了僵局。他先从对方来自何方问起，借势赞扬了他们的"大气、豪爽"，为之后的解决问题埋下伏笔；然后问他们是来宁波"出差还是游玩"，显得对对方十分的关心，进一步拉近了彼此之间的距离；最后一句问话则建议他们"先尝尝这道雪菜黄鱼"，然后吩咐厨房重做。这样一来，对方自然十分不好意思，就算冲 "大气、豪爽"四字也不能让老板再破费呀！所以不但谈话的僵局被打破，事情还得到了意想不到的完满结局。

由此可见，谈话中出现僵局并不可怕，只要你有敏锐的观察力、敏捷的反应力和高超的提问能力，就完全有可能转移话题，打破僵局，令对话在轻松友好的气氛中进行下去。

借三大话题与对方搭讪

交谈是了解信息、探究人心最常用的方法之一。但是，如何开始一场谈话，并令谈话顺畅且不至于出现冷场，是每个人都迫切想知道的。其实问题的关键只有两个字——话题。话题是一切交谈开始的基础，没有话题，就没有交谈的可能性。因此话题的选择至关重要。熟人之间的交谈或许还不用费多大的力气，因为毕竟互相了解，总能找到共同的话题。但是对于陌生人或者不甚了解的人来说，寻找话题就显得不是那么容易了。而且话题的选择也是相当讲究的，若是选择不恰当的话题，不但不可能开始谈话，甚至说不定会令对方产生反感，从而不愿与你交谈。

那么究竟怎样的话题才是合适的呢？有人说，世间话题千千万万，我怎知道哪个是合乎对方口味的？其实话题的选择并不难，能赢得对方好感并愿

意继续深谈的话题无外乎以下三大类：

一是对方感兴趣的话题。问话一定要建立在对方感兴趣的基础上，没有人愿意就自己不感兴趣的话题深入交谈下去，但一旦遇到自己感兴趣的话题，则会积极地加入进来。美国总统奥多. 罗斯福是一个知识渊博的人，哥马利尔. 布雷佛这样评价他：“无论是牛仔还是骑兵、纽约政客或者外交官，罗斯福都能和他谈得来。”原因就在于每位客人来访的前一天，罗斯福都会查阅客人的资料，找出对方最感兴趣的话题，因为罗斯福知道对方感兴趣的话题是打动人心的最佳方式。

二是对方所关心的话题。每个人的心中都有一个自我，都有自己所关心的对象和关注的焦点，若是能够准确地找出这个焦点，就可以迅速拉近双方的距离，因为没有人会拒绝他人真诚的关心。心理学家卡耐基曾经说过，要想成为谈话的高手，就必须用热情和生机去应对他人，对别人漠不关心的人是无法交到真挚的朋友的。不关心他人的人所提出的问题和所说的话都是以自己的立场为出发点的，又如何能指望对方对这样的话题感兴趣呢?

三是对方熟悉的话题。无论你有多想进行一场谈话，谈论对方不熟悉的话题是大忌。如果你总是问一些对方不清楚或者不熟悉的问题，那么往往会使谈话进入冷场或者陷入僵局。被问者除了无话可说之外，说不定还会心中暗生不满，渐渐产生恼怒之情，因为若总是一问三不知，那是多么有失脸面的事情啊。问话者自然也会自感没趣，从而导致“双输”的局面。而若是对方熟悉的话题，他就会有话可说，娓娓道来，从而令谈话双方都很愉悦。

程诚已经是第三次来拜访方总了，上次在一次朋友的宴席上认识了方总之后，程诚就向方总推荐了他们公司的保险业务，尽管当时碍于朋友的面子，方总留了名片，但是后来程诚每次来访，方总都显得比较冷淡。这一次更是直截了当地对程诚说：“你们公司的业务尽管还不错，但现在我并不需要。请你以后不要再来了，我平常都比较忙，没有很多时间。”

程诚很尴尬，还没开口说话，办公室的门就突然开了，闯进来一个中年女人，气呼呼地对方总说：“你那宝贝儿子又闯祸了，老师打电话来叫家长去学校，这次我说什么也不去了，要去你去！儿子又不是我一个人的。”方

总说了很多好话，才把夫人哄走了，到儿子学校去处理问题。

程诚看着方总紧皱的眉头，关心地问：“是孩子的事吗？”

方总沉重地点点头。程诚说：“孩子在成长时期总会遇到这样那样的问题，为人父母都是这样。特别是男孩子。但是您也不用太担心，人们都说越调皮的孩子以后出息越大。”

方总叹口气说：“是啊！现在又是处于叛逆期，尤其难管教。大人说什么都听不进去。”

程诚灵机一动，说：“我有一个好朋友，他儿子以前也非常顽劣、叛逆，闯了很多祸，怎么管教都没用。后来有人给他介绍了一个知名的心理和教育专家，对于处理这样的孩子特别有经验，他带儿子去咨询过一段时间，现在简直就像换了个人一样，又懂事，学习成绩又好，还准备明年出国留学呢。等下我回去把那个专家的号码要来，您也带孩子去试试看，肯定管用的。”

“是吗？真是太谢谢你了！”方总感激地说，“对了，你能把你公司的业务再详细和我说说吗？”

方总后来不但成为了程诚最忠实的客户，还将自己的朋友介绍给程诚，为程诚的业务拓展做出了很大的贡献。

发问是制造话题、延续谈话的最关键所在，但是提出的问题一定要问在点子上，一定要问到被问者的心坎里去。程诚成功的秘诀就在于他抓住了方总关心孩子的心理，从孩子教育上找到突破口，并主动为方总提供了解决问题的方案；方总自然也投桃报李，在事业上给予程诚很大的帮助。由此可见，话题的选择对于谈话的顺利进行是何等的重要。

当然，在选择话题时，一定要注意有些问题是不能问的，比如涉及对方隐私的问题不能问；行业机密不能问；太过宽泛令人无所适从的问题最好也不要问，等等。假如你不小心误入了这些“雷区”，就有可能导致谈话失败、交流失败。

要想了解对方，先释放自己的信息

一般而言，在交谈的过程中，通常是问话者占主导地位，而被问者则处于相对被动的地位。但是无论何人，都不喜欢被盘问或质问式的谈话方式及氛围。若是一方总在不停地提问，难免会有咄咄逼人之势，也难免会令被问者心生厌倦。如果你一直在发问，而对自己的事情或者意见却闭口不谈，就会令被问者认为你过于喜欢探听他人的私事或者内心世界，总是想窥探别人，从而心生反感；同时也会令对方认为你是一个防备心理很强的人，别人不容易走进你的内心，也不愿意和他人结交朋友。试问一个不愿向他人敞开心扉的人，如何能要求他人向自己敞开心扉呢？众所周知，谈话必须建立在平等的基础之上，只有坦诚相待，才能换去真心。所以若想了解他人，就一定要先让对方了解你。

没有人比自己更熟悉自己了。很多人在不知道如何开始一个话题时，把自己作为话题是一个不错的选择。适当地释放自己的信息，可以令对方增进对你的了解，同时也增加对你的信任。当然，以自己作话题并不是要你将自己的一切像竹筒倒豆子一般，把有关于自己的一切都说出来，你可以因人而宜、因地而宜，根据情形的需要，适当地暴露自己。只有当对方对你有了初步的了解时，他才能知道该如何与你对话，也才能知道如何选择话题。

当你就某事想询问对方的观点时，你也可以先简单地说明自己的观点：“我认为这件事处理得不错，但是或许还能有改进的地方，你觉得怎么样？”对方听了这样的话，会很乐意说出自己的想法，然后双方就可以就这个问题进行进一步的谈论，这样，谈话就可以顺利地进行下去。当然，在陈述自己的观点时，一定不要用过于强硬的语气，让他人觉得你在把自己的想法强加于他的头上；询问对方的观点时，语气也一定要诚恳，要显示足够的尊重，才能让他觉得你是在真正征询他的意见，从而令他敢于并乐于说出自己内心的真实想法。

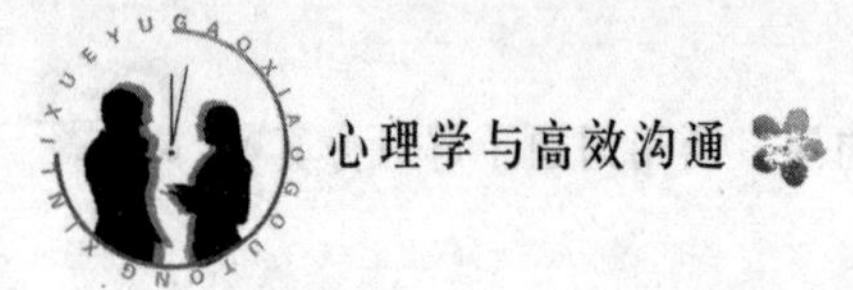

有一次，著名的新闻工作者张纯汉采访一位戏曲名家，别看这位戏曲名家在舞台上神采奕奕、光彩照人，生活中却是一个非常腼腆、不善言谈的人。谈话一开始有些冷场，这位戏曲名家很少开口，令采访几乎无法继续下去。这时，张纯汉急中生智，谈起了自己。他说自己也是位戏曲爱好者，无论在什么地方听见唱腔就会凝神细听，这样一下就拉近了双方的距离。后来在问到自己是怎样爱上戏曲这一行业时，这位戏曲名家说自己是因为受到父亲的影响而走上专业道路的。既然提到家人，张纯汉先简单地说了说自己在记者生涯中所遇到的工作与生活无法两全的难处，然后再趁机询问起对方若是工作与家庭产生矛盾时，她是如何处理的。因为他想工作和生活是任何人生命中永恒的两大主题，演员的工作性质与记者有相通之处，他们为了演出东奔西走，也必然会造成工作与家庭难以顾及两头的情况。果然这个问题问到了戏曲名家的心坎里，她就此打开了话匣，说了很多自己在从业时遇到的种种经历以及酸甜苦辣的诸多心情。她所说的正是张纯汉所希望听到的，于是他顺利地走近了这位戏曲名家，掌握了许多第一手资料，成功地完成了采访任务。

谈话的主要目的就在于交流信息，并在交流的过程中增进双方的了解。因此，若是想要借助谈话了解对方，恰当地先释放自己的信息是一个明智的选择。就像上文中的记者张纯汉一样，他非常了解不善言谈者的性格特点，让他们打开话匣是非常困难的事情，尤其是在面对一个陌生人时。因此他先从自己入手，从自身爱好戏曲谈起，再谈到工作与生活中的矛盾，找到自己与对方的共同点，然后再步步深入，最后终于得到了自己想要的信息。这样的问话是具有相当的艺术性的，同时也显示了问话者高超的问话技巧，真不愧为一位资深的新闻工作者。

由此可见，当你想要了解对方时，对方也必然抱有同样的心态，那么先从自身谈起，抛砖引玉，敞开心门，表现出你的坦诚与热情，对方就一定会以同样的坦诚与热情来回报于你。因此在找不到合适的话题时，又何必煞费苦心？你自己，就是一个最好的话题选择！

利用问话技巧，取得更好的谈话效果

工作学习需要技巧，行为处事需要技巧，言语交谈也是需要技巧的。同样的问题，或许一种方法会令人产生不快，不愿意回答你，但是若换一种方式相问，却能够令对方敞开心扉、愿意倾诉。心理学中有这样一个很有名的故事：两个烟瘾很大的教徒去问主教。一个是这样问的："我在做祷告的时候能吸烟吗？"主教一听，心想：嗬，做祷告的时候还想着吸烟呢？这对上帝也太不恭敬了，一点诚意都没有！于是斩钉截铁地回答："不行！"而另一个教徒是这样问的："我吸烟的时候能做祷告吗？"主教一听，心想：哇，吸烟的时候还能心中想着上帝，这个教徒实在是太虔诚了！于是满心欢喜地回答："当然可以。"其实两个教徒问的都是同一个问题，不过是问话中的顺序不同而已，但是被问者的心中却产生了对这两人截然不同的印象。这就是巧妙运用问话技巧所达成的不同效果。

问话时，词语的选择也是相当重要的。中国是一个十分讲究遣词造句、礼仪规范的国家，虽然很多词语意思相近，但是却不可以在不同的场合胡乱混用。根据不同的场合与不同人群，选择不同的词语来进行提问，产生的问话效果自然也就不同。比如询问年龄，对小朋友你可以问："今年几岁啦？"显得亲切自然；对老年人则要问："老人家高寿？"显得文雅有礼。对于女士，出于礼貌一般是不询问年龄的，若必须要知道，也可以巧妙地运用问话技巧来达到目的。比如对于一个看起来30出头的女士，你可以问："芳龄几何啊？快30了吧？"她会很开心地告诉你："我都35啦！"因为几乎所有的女人都希望自己比实际年龄小，采取这样迂回的问话方式，既达到了你问话的目的，又不漏痕迹地恭维了对方，自然使得对方很乐意回答你的问题。

某小区门口有两个卖韭菜饼的小摊子，她们是妯娌俩，一起从苏北到江南打工。两人一样的朴实勤劳，每天都是一起买菜、准备材料，也一起出

摊，一起收摊。可是三个月过去了，两人的收入却大不相同，二嫂挣的钱比大嫂多了许多。大嫂觉得很奇怪，她们俩用的材料都一样，分量也差不多，口味自然也没什么区别，每天准备的煎饼基本上都是卖完的，也就是说买的顾客人数也相差无几。但为什么自己的利润却比二嫂少了很多呢？

二嫂也觉得有些不解，她很爽快地对大嫂说：“我也说不出道理来，要不明天你叫大哥到我的摊子上看一下好了。”

第二天，大哥一大早就来到了小区门口，分别观察了她们两人的摊子，发现果然如她们所说的，买饼的人数差不多，用的材料也是一样的。但是最后收摊时，细心的大哥却发现了一个不同：二嫂筐里剩下的鸡蛋比大嫂少得多。这是怎么回事呢？难道爱吃鸡蛋的人都到二嫂那里买饼了吗？这好像也不可能呀！

于是大哥第二次又来小区门口观察她们卖韭菜饼，这次终于发现了其中的奥秘。大嫂对买饼的人是这样问的：“您要加鸡蛋吗？”顾客常常有两个回答：“要”或是“不要”；而二嫂则是这样发问的：“您要一个鸡蛋还是两个鸡蛋？”顾客的答案一般就变成了“一个”或者“两个”。这样下来，二嫂一天卖出的鸡蛋自然就比大嫂多得多了。后来，大嫂吸取了二嫂的经验，赚的钱也和二嫂差不多了。

一个卖韭菜饼的农村妇女自然说不出什么高深的心理学术语，但是聪明的二嫂对人们的心理却有着深刻的洞察。她采取先入为主的问话方式，巧妙地排除了对方“不要鸡蛋”的这种可能性，把答案固定在要“一个”还是“两个”上面，使得几乎每一个买饼的人都无一例外加了鸡蛋。二嫂的问话技巧不得不令人拍案叫好！由此可见，回答问话原本是被问者的事，但是高超的问话技巧却能在无形中控制被问者的答案，从而引导对方说出自己想要的回答。

在问话的过程中，恰当的语气和语调也是问话者必须掌握的技巧之一，它能够在一定程度上控制谈话的气氛。温柔和善的语气能让人感觉到提问者心存善意，而霸道蛮横的语气则令人心存不满，刁钻刻薄的问话更让人顿生反感。不同的心理令谈话者产生不同的反应，同时影响谈话气氛，而若是没

有一个好的谈话氛围，是无法取得良好的谈话效果的。因此，掌握问话技巧，巧妙地引导对方，对于创造良好的谈话氛围，取得良好谈话效果有着至关重要的影响。

读取对方意图，巧妙避开不好应付的话题

通过上文，大家已经知道问话有以下两个作用：一是获得自己想要得到的信息；二是打破谈话中出现的僵局。其实问话还有第三个作用，就是巧妙地转换话题，避开自己不好应付的话题，而把思路引导到自己想谈的话题上。这样做其实并不容易，因为若是直接打断对方的话，把谈话转到下一个话题的话，会显得很突兀，会让对方觉得你不够尊重他，甚至会让人误认为你是一个很自我的人，随心所欲转换话题。所以在这时，就特别要注意谈话的技巧，巧妙地转换话题，尽量做到不露痕迹、不伤和气，以体现自己良好的心理素质及品德修养。

不好应付的话题因人而异，自然数不胜数。在不同的场合下，不同的人都会遇到令自己难以回答的问题，不知变通的人往往会被这些话题弄得不知所措，无法回答，常常以“不知道”、“不清楚”来胡乱搪塞，不仅令气氛尴尬，也会令自己丢掉面子。甚至有的人遇到令自己难堪的话题时，会失去控制、勃然大怒，对对方痛加驳斥，甚至恶语相向，致使双方失和。其实难以应付的话题通常分为两类，一类是人们无心之失，在不经意间令你难堪或者刺痛你的伤处；而另一种则是心怀恶意，故意令你出丑或者令你伤心难过。对于这两种情况，首先要做的就是要揣摩对方心理，准确把握他的真实意图，然后再用不同的方法来灵活应对。对于前者，要做到不露声色，尽量以平和的语气或者幽默的态度不露痕迹地转换话题；但是对于后者，必要时则可用猛然出击的方式来进行打击式转移话题，当然也要注意措辞得当、态度合理，切不可以鲁莽、粗暴的方式使自己形象顿失，要知道对于不怀好意的对手来说，或许你的答案如何并不重要，只要令你失去方寸、陷入困境，

他的目的也就达到了。

下面有两个故事，都涉及了令人难以回答的话题，我们看看故事的主人公分别是如何应对的。

第一个故事发生在中国中央美术馆，当时一群中国画家正在接受一名外国记者的采访。当谈到了“女模特应具有为艺术献身精神”的话题时，记者问其中一位女画家：“假如让你当人体模特儿，你是否愿意？”对于一位女性来说，公开申明自己愿意做人体模特似乎并不是一件很容易的事，但是如果说“不愿意”，就会违背自己的职业道德。此时，女画家察觉记者其实并无恶意，于是莞尔一笑，打个马虎眼说：“私事也属于采访之列吗？我们还是继续来谈谈女模特的事怎么样？”女画家言之有理，外国记者自然不好继续追问，从而成功地避开了这个令人难以应对的话题。

另一个故事讲的是某国总统到另一个国家进行访问，刚下飞机，就涌过来一群记者将他团团围住，提出了各种各样的问题。其中有一个记者问道：“请问总统先生，您到这里会去逛妓院吗？”这个问题出其不意，总统为了维护自己的形象，表示自己对妓院之事毫不关心、一无所知，于是便反问道：“这里有妓院吗？”不料第二天，此国的大小报纸全都出现了这样的头条——《X国总统一下飞机就问本地是否有妓院》。

在第一个故事中，女画家巧妙地运用了反问将对方询问自己的话题轻轻带过，那是因为她能够感觉出外国记者所问的问题不过是随口一说，并没有恶意，只是因为自己是画家，而且又是女性，当然，她也一定感觉到了当时的气氛是友好而和善的，所以才会以友善的态度进行应对；而对总统提出这样一个问题的记者则显然用意险恶，若是总统当时能够意识到这一点的话，就不会陷入他所设下的圈套。他对记者的问题也同样采取了反诘的方式，但是他故作糊涂却并没有成功地转换话题，反而继续在这个话题上深陷下去。若是当时总统能够迅速取读对方的意图，用反击或者其他任何方式将话题转移到其他方面，或许就不会出现这样令人难堪的局面了。

每个人都会在生活或工作中与人交谈时遇到令自己不好应付的话题，每个和你谈到这类话题的人心中都怀有各自不同的目的。在读懂对方的心理

之后，可以采取必要的一些技巧来应对这些话题。上文中所说的反诘法是一例，此外还有避重就轻法——即对于对方所提出的问题避重就轻、避实就虚，故意用轻松的话题来引开令你难堪的话题；故装糊涂法——即对对方提出的问题采取故意装作听不懂或者没听见，转而用另一个问题来吸引对方的注意，从而达到转移话题的目的；诱导否定法——对对方的问题暂时不作正面回答，而是顺着他的话题提出一些假设或者设问，诱使对方落入圈套，从而自己否定自己的话题，等等。无论何种方式，识破对方的意图是首要条件，而种种应对的技巧则要通过生活经验的积累、谈话技巧的训练而慢慢得以提高。

第09章 心灵沟通，站在对方角度剖析他人

人心是一种最难以捉摸的东西，与人交往就像一场博弈，要了解他人、读懂人心才能胜于无形。换位思考是一种非常有效的沟通方法，因为只有当你处于对方的位置时，才能感同身受，体会到对方的内心世界，从而更好地认识他、了解他、懂得他。

换位思考真正了解他人

人们常以“画龙画虎难画骨，知人知面难知心”一言来形容人心难测、难以捉摸。千人千面，因为各人的社会背景、人生经历、思维习惯以及个性心理等方面存在着巨大的差异，再加上随着年龄的增长，人们已经学会将自己巧妙地掩饰起来，这就更加增加了读懂他人的内心真实想法的困难程度。所以人们说“智莫大于知人”。但是，从古至今，善于识人、知人的智者又何止千万，他们在前人总结的基础上，再加上自己的经验，就成了善于揣摩他人心意、洞察他人意图的心理学高手。然而，无论是察言观色也好，分析审视也罢，都是以旁观者的角度对他人进行揣测与洞悉，未免带有自己的意识和先入为主的偏见，只有能够做到换位思考来读懂他人的人才是真正厉害的人。

每个人对于一件事、对于一个人都有自己不同的感受和理解，要想知道他为什么会这样想、这样做，最好的方法就是将自己处于对方的立场，设身处地地去感受他人的感受，去体会他人的体会，这样才能明白他人的意图、

了解他人的内心，从而认识他人、懂得他人。换位思考是一种宽容，更是人生的一种智慧，如果我们仅仅从自己的立场去看待一件事或一个人，就容易对别人产生误解，看待事情就会有失偏颇。换一个角度想一想，从对方的立场和观点出发去进行思考，你会发现原本迷惑不解的问题会豁然开朗，人与人之间的理解和信任也会大大增强。这样的人是人际交往中最受欢迎的人，因为一个懂得体谅他人、理解他人的人有一颗宽容而和善的心，没有人会拒绝和这样的人交朋友。和那些时时刻刻只想到自己、自私苛刻的人相比，人们显然更乐意与这样的人交心。而对于本人来说，换位思考、体察他人，不仅可以显出自己良好的素质与人格修养，并且可以令自己有好的心态，因为你在体谅和尊重别人的同时，也获得了别人对你的信任与尊重。

陈静星期天回娘家看望妈妈，发现妈妈眉头紧锁，正闷闷不乐地坐在家中生气。陈静一把搂住妈妈的脖子，问："妈，您怎么了？谁惹你生气了？"

妈妈没好气地说："还有谁？还不是你那不争气的哥哥？"

"哥怎么了？他不听话你告诉我，我叫老爸打他屁股。"

妈妈长叹了一声，说："花喜鹊，没良心，娶了媳妇忘了娘啊！你哥自打结婚以来，就什么都听你那嫂子的。她手握财政大权，你哥连零花钱都要向她要，我实在看不过眼。还有，自从她嫁过来以后，什么事都不做，洗衣服、做饭、扫地，样样都是我。哎哟，我这把老骨头呀，都快要累断了……"

这时，老爸插了一句嘴："你天天又不上班，做这点家务事还能累着？再说，媳妇没过门时，不也都是你做嘛。"

妈妈一听，更是火冒三丈："嗬，小的只知道心疼媳妇，你老的也学会胳膊肘往外拐呀？"

陈静一听就知道问题出在哪里了，她拉着妈妈的手说："妈，您别生气。我问你，自从我结婚以后，你觉得我过得怎么样？"

"那还用说？老公那么疼你，公公婆婆也拿你当自己的女儿看待，什么都不让你做，你呀，是掉进福窝里了。"

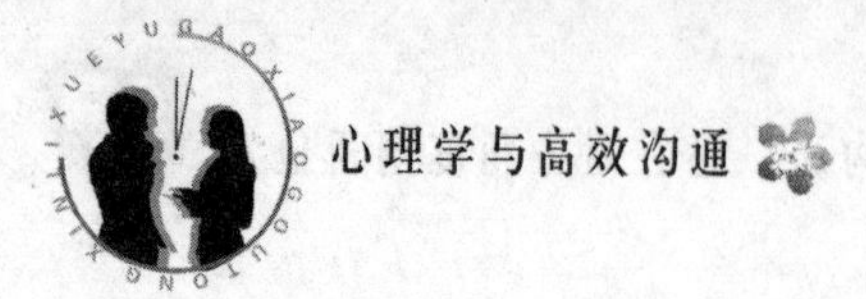

“那就是了。如果我白天上班，晚上回来还有一大堆的家务等着我做，您自然会心疼女儿是不是？人家把养了那么大的女儿送给您做儿媳妇，当然也希望您能像疼自己的女儿一样疼她。嫂子工作比我还忙，是银行的客户经理，每天回到家累得连澡都没力气洗了，要是您自己的女儿，您还会舍得让她做家务？其实嫂子也心疼您呢，我上次就听她提过要出钱请个保姆替您分担家务，但是您和老爸怕花钱坚决不同意。还有管钱的事，哥是个马大哈，以前一个人的时候，常常不到月底就把钱花光了，你还老念叨要找个人管管他。现在嫂子正好是理财专家，把财政大权交给她不是理所当然的事吗？哥跟您女婿是一样的，家里的财政大权不也在我手里吗？妈，很多事情你要是能站在嫂子的立场上想一下，您对她就能多一份体谅，多一分理解了！”

“就是，我觉得儿媳妇还是挺孝顺的。上次给我们俩都买了保险，就是用他们的钱做基金理财赚来的。”老爸又插嘴了。妈妈站起来往厨房走，陈静喊：“妈，您干吗去？”

“给你嫂子做饭，她加班快回来了。”

陈静和老爸对视一眼，会心地笑了。

人们常说“将心比心”，其实就是换位思考。人们在生活中总会遇到不顺心或者无法理解的事情，这时候只要换一个角度，站到对方的立场上去看待问题、分析问题，就会觉得一切合情合理、顺理成章。上文中陈妈妈会对儿媳心生不满，就是因为只从自己的立场去看待问题，而没有从对方的角度设身处地地为对方着想。陈静的分析在情在理，正是因为她和嫂子一样同为人家的媳妇，所以由己及人，从自己的角度去分析嫂子的立场，从而打动了妈妈的心。可以想见，日后陈妈妈若是也能多从儿媳的角度来看待问题，就一定能够互相体谅，家庭的气氛也将更加和谐。

宋代著名理学家和思想家朱熹曾经说过：“责人之心责己，恕己之心恕人。”能做到真正换位思考体谅他人和理解他人的人，是真正具有大智慧的人。它不仅需要人有聪明的头脑，更重要的是要有一颗善良宽容的心。在《进入别人的内心世界》一书中，古拉特. 利伊普这样说道：“把别人的感觉和观念与自己的感觉和观念置于相同的位置，并把它表现出来，这样谈话

的气氛就会融洽起来……由于你已理解和认同了他的观点，他也就会理解和认同你的观点。”显而易见，理解和认同他人，是进入他人内心的一个必要前提，而换位思考、体察他人则是获得这个前提最便捷的途径和最有效的方式之一。

集中精力听对方倾诉

有人说，上帝赐给了人两只耳朵，却只有一张嘴，目的就是让人们多倾听、少说话。倾听是人与人之间沟通与交流所必需的技能。人们通过交谈来获取信息，但是若缺少了倾听，就无法达到沟通与交流的目的，更无法认识和了解他人。很多时候，善于倾听更胜于擅长雄辩。人们通过倾听获取外界的信息，倾听，是发现问题的前提，倾听，更是解决问题的关键。

真正善于沟通的高手都是善于倾听者，因为在倾听的过程中，说话者可以感受到你真诚的态度，感受到你对他的尊重和欣赏，从而使他愿意向你靠近、为你敞开心扉。在倾听的过程中，还可以通过说话者的谈话内容和言行举止真实地了解他人，增加沟通的效果。倾听同时也是解决矛盾、纠纷和其他问题的关键所在，因为若是没有倾听，你就无法找出问题的真正症结，自然也就谈不上解决问题。所以倾听在人际交往中有着至关重要的作用，甚至决定着人们之间交流的成败。那么如何才能成为一个高明的倾听者呢？用心倾听是最重要的。用心倾听就是要求听的人集中精力，全神贯注。但是这一点说起来容易，做起来却并不那么容易，因为周围的环境、说话者的内容以及倾听者自身的生理状况都会影响倾听者的状态和倾听的效果。那么怎样才能集中精力、全心全意地倾听对方的倾诉呢？

首先，要真诚。这是倾听的首要条件，因为若是你在倾听时没有诚意，那么就必定会在倾听的过程中三心二意，思想开小差。试想一下，若是你边看电视边听别人讲话，你听到心里的究竟会有多少呢？而说话者看见你这样漫不经心的态度又会作何感想呢？

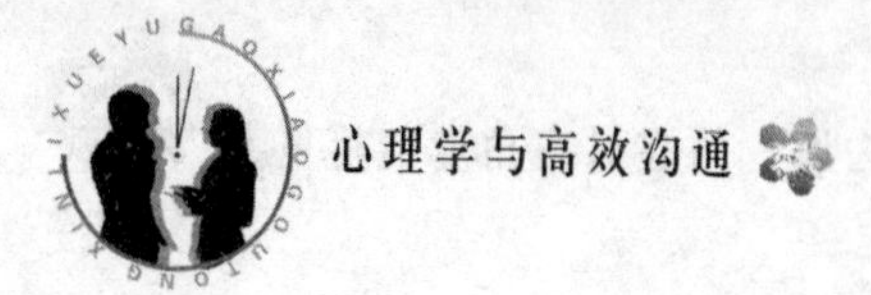

其次，要有耐心。无论听什么人说话，让他把话说完是最起码的礼貌，也是最基本的社交礼仪。或许对方的观点你并不是完全赞同，但是不要紧，听他把话讲完，然后再说出你的意见，对方起码可以感受到你的尊重，同时也会知道你是经过了认真的倾听、仔细的思考之后发表的意见，他才会愿意与你交流，你才可能得到他真实反馈的信息。

最后，要及时反馈。倾听自然要求安静、认真，但是这并不代表从头至尾你都一言不发。没有人愿意对着一块石头或者木头倾诉心声或者发表意见，有应有答才能得到交流的效果，因此在倾听的过程中，你要及时地在恰当的时候反馈一些信息，以表示你在认真地倾听，并且明白对方所讲的话。这种反馈可以是语言上的，比如用一些简短的句子或词语，如“嗯”“对的”“你说得不错”“的确如此”等，也可以是肢体语言，如不停地点头、微笑等，还可以用赞许的目光表示你对他的诉说的理解和赞同。

一位公司的老总因为债务问题和他人起了纠纷。尽管法院为此事已经两次开庭，但是双方依旧各持己见，毫不让步，因此事情毫无进展。不日，法院三度开庭，重新审理此案。

在法庭上，由于这个官司已经旷日持久，无论陪审员还是听众席上的人都听了多次，提不起精神。所以在公司老总申辩的过程中，法庭上众人的注意力并不集中，除了一位新来的法官。这位新来的法官听得非常认真，他的双目炯炯有神，在这个过程中始终注视着老总，并且身体微微前倾，显得对老总的每一句话、每一个字都很在意，还不停地点头表示他听得很仔细。

老总的申辩结束后，法官还未开口，老总就说道：“我该说的话都已经说完了，下面我要听从您的宣判。无论您做怎样的决定，这一次我都会绝对服从。”话音未落，所有的人都惊异地睁大了眼睛，因为这个老总的固执令所有和他接触过的人都头疼不已，是什么令他的态度发生如此巨大的转变呢？老总注视着法官，缓缓地说：“在我说话的过程中，您始终保持着兴趣和耐心，对我说的每一句话都认真倾听，这说明您是一个懂得尊重他人的人。而懂得尊重他人的人必定是一个值得他人尊重和信任的人，所以我尊重您并信任您，并愿意服从您的裁判。”于是双方当庭达成了和解。

倾诉是人的天性，无论是高兴的时候还是悲伤的时候、幸福的时候还是不幸的时候、春风得意的时候还是落魄潦倒的时候，都希望有人倾听自己的诉说，分享自己的心情。倾听则充分显示了对倾诉者的尊重，能够体会倾诉者心中所想所感，从而了解对方、理解对方。人们对于尊重和理解自己的人能够从内心深处产生共鸣，并同样愿意尊重和信任对方。就像上文中的法官，他正是因为善于倾听而赢得了那位老总的信任，从而圆满地解决了问题。

倾听是一门艺术，倾听可以轻而易举地打开人们紧锁的心门，拉近双方的距离。人际交往的目的是交换信息、交流思想，并在交往的过程中获得尊重与认可，而这一切的实现都必须建立在倾听的基础上，没有倾听，这一切都莫过于镜中花、水中月，根本没有实现的可能性。

沟通注意过程而非结果

俗话说：“千里之堤，毁于蚁穴。”任何事情都有一个从量变到质变的过程，但这个过程并不是一蹴而就、瞬间发生的，在这个过程中，有很多细微的细节会发生，而正是这些细微的细节演变成了结果。但是人们在日常生活中却往往注重结果而很少注意到过程。就像交谈，人们常常为了获取信息、了解他人而去交谈，试图通过他人的嘴巴得到自己想要知道的一切，但是却忘记了交谈过程才是观察和了解人心最好的时机。因为人们或许会用言语掩饰自己的真实意图，也不一定愿意通过语言将自己的真心话说出来，但是交谈过程中他的言行举止和一些不经意的话却总能够或多或少地流露出他心中的真情实感，你若是个有心之人，若能够仔细观察他在交谈中所流露出来的神情举止，就一定能够有所收获。所以说，要想了解一个人，注重过程比注重结果更加重要。

谈话是一个过程，人们在这个过程中总会不经意地流露出一些神情或者举止，人们通过这些神情或举止，可以透视其内心。比如一个人对你所说

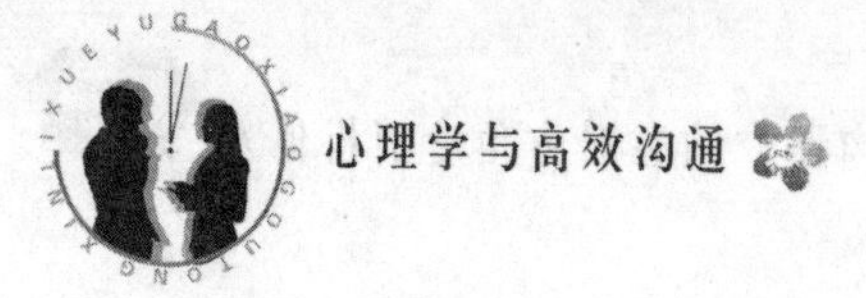

的话题是否感兴趣，可以从他的神情举止中看出来：若是他全神贯注地看着你的眼睛，并且一边倾听一边点头，就说明他对你的话题很感兴趣；若是他要么东张西望，要么哈欠连天，就说明他一点也不感兴趣，你最好还是赶紧停止，免得招人厌烦。当然，谈话过程也是了解一个人性格与思想的最好时机，言语中听起来他似乎在说“是这样”，但或许他流露出来的神情或举止却并非如此。比如，当你就某件事询问他的意见时，他嘴上说：“我没什么意见。”但是却眉头紧皱、嘴唇紧闭并嘴角下垂，那就表明他其实是并不赞同或者并不满意，他这么说只是因为他顾及你的感受或者别的原因。那么这个时候，你就不能将他的话信以为真，否则就会造成误解。

王总的朋友给儿子过10岁生日，王总和太太前去祝贺。在酒席上，朋友给王总介绍了一位年轻人，说是自己的妻弟，希望王总多多提携。王总对朋友的话自然心领神会，因为朋友曾经提过，想介绍一个人到他的公司工作，想必就是这位年轻人了。于是几乎一整个晚上他都和这位年轻人在一起，就是想借机多了解他一点。

宴会结束后，在回家的路上，太太问王总：“你明天打算让那位年轻人到公司上班吗？”

“不。”王总回答。

“为什么？”太太不解地问，“我看那年轻人不错呀！看上去文质彬彬，谈吐很有礼貌，而且又是美国知名大学毕业，在之前的公司也是高层管理人员，能力应该也不错。他哪一点让你不满意了呢？”

“他的学历和谈吐的确不错，我没什么不满意。但是我注意到了两个细节。一是当他谈到任何东西时，他都用金钱来衡量这种东西的价值。比如当我们欣赏朋友的收藏时，他不是从艺术的角度加以评论，而总是说这样东西现在市值多少。这证明他是一个金钱至上的人，在某种程度上来说也是个拜金主义者。他的工作成就也必定是以金钱来衡量的，我不太希望在金钱上斤斤计较的人到我的公司来上班，与这样的人共事会缺乏工作所带来的快乐。还有一点就是我注意到他看见前任上司进来时的表情，他脸上显得很不自然，大家站起来打招呼时，他却假装欣赏墙上的画，连头都没回，然后就借

故走出了那个房间。我不知道他们之间发生了什么不愉快的事情，但是对于一个曾经共过事的上级来说，这样的态度是十分不应该的。而且之后他总在有意无意地试探我，他的前任上司是否对我说了什么有关他的评论。其实他并不知道，我和他的前任上司确实交谈过几句关于他的情况，但是对方只说他是一个很有工作能力的人。然而他却并不知道这一点，还以为上司说了他什么坏话。这说明他是一个非常小心眼的人，并且很容易记仇。你觉得我会要这样一个人到我的公司来工作吗？”

太太笑了：“你呀，在商场上混了那么多年，都快成人精了。我怎么什么都没看出来呢？”

“因为你看到的、听到的都是表面的东西。”王总也笑着回答。

当一个人的真实目的不想让他人知道时，总会用各种技巧或者语言来进行掩饰。如果你直接去问他，或许得到的答案和真实的情况是有所出入的。要想真正认识一个人，就必须要具有看懂他人内心的智慧，要学会透过表面现象来看透他的内心世界。人的嘴巴会说谎，但是眼睛不会；人的语言会掩盖真相，但是动作却会泄露内心的秘密。正如上文中的年轻人，他为了在王总面前留下一个好的印象，自然是竭力展示自己好的一面，但是和王太太只看表面现象、只听表面言谈不同，王总在交谈的过程中注意到了一些细节，而正是这些细节出卖了年轻人的秘密，让王总在细微中窥探到了他的内心世界，了解了他的性格与性情，从而做出了准确的判断。由此可见，在与人交谈中，掌握过程比掌握结果更为重要，因为过程会告诉你许多真实而有用的信息，从而能够帮助你迅速而准确地判断对方的思想与性格，透视他的内心。

没有人会拒绝真心的赞美

有一样东西人人都渴望，也人人都拥有，但是却并非人人都不吝惜赠送他人，那就是赞美。每个人的内心都希望自己得到他人的肯定、赞美和鼓励，一句称赞的话可以令人与人之间的气氛更加和谐，可以令人与人之间的隔阂迅速消失；一句赞美的话可以令听的人更自信，也可以使说的人更快乐；赞美还可以令对手变成合作者，令陌生人变成朋友。赞美其实很简单，一个肯定的眼神，一个微微的点头，一句赞赏的话语，都可以在对方的心里激起感动的波澜，引发情感的共鸣。若是人人都能发现对方的优点和长处，并及时送上自己的赞美，那么人与人之间的关系将更加和谐，人与人之间的交流也将更加融洽。

但是并不是人人都会赞美。有人说赞美不是很简单吗？只要说好话就行了，好话总是人人都爱听的吧？但是阿谀奉承并不是真心的赞美，那是说话者带有某种目的对对方的吹捧与鼓吹。真正的赞美要让对方感觉到你的真心与诚恳，这样人们才会发自内心地接受和感动。所以真诚是赞美的第一要素。卡耐基曾经说过：“如果我们只图从别人那里获得什么，那我们就无法给人一些真诚的赞美，那也就无法真诚地给别人一些快乐。”既然他人无法从你那里感受到真诚，那么又怎么能指望他人以真诚来回报你呢？而人与人之间的交流若是缺乏真诚，那么你看到的对方就永远是戴着面具的人，而不是他的真实的内心世界，也就根本谈不上对他的了解和认识。

其实赞美要有根据，要有节有度。言过其实的赞美不仅无法让人感觉到你的诚意，而且还会令人心生反感。比如，对于一个相貌平平的女性，你与其挖空心思、挑选字眼来赞美她的容貌，不如根据她内心的特质自然而然地赞美她的气质。比如对于自信的女人，你可以这样说：“你的气质是内心的自信所流露出来的。”而对于优雅的女人，你可以这样说：“腹有诗书气自华，你丰富的内心赋予了你与众不同的气质。”相信任何女人听了这样的话，对你的好感都会油然而生。具体而又实在的赞美，一句就可以抵过十句空泛而又虚无的赞美。

当然赞美还要适可而止，见好就收。若是没有真心，过多的华美辞藻堆砌只会让人觉得如同聒噪，毫无意义。任何事情过犹不及，若是真心，无须过多的言语，只是一个眼神、一丝微笑，都可以让对方感受到你发自内心的真诚与赞赏。

露露周末回家，往沙发上一躺，大声说：“哎呀，累死我了！”妈妈关心地问：“新工作很忙吗？再忙也要注意身体，可别为工作把自己的身体累垮了。身体才是革命的本钱呢！”

“妈，您不知道，要真是工作上忙我也不会觉得这么累。”露露竹筒倒豆子一般向妈妈诉起了苦，“这一次应聘总经理助理，我还在暗暗祈祷，可千万别遇上个工作狂。一看我的上司竟然是个女人，我别提多开心了！可没想到，结果更糟糕。我们的总经理是个单身女人，40多岁了还没结婚，也没男人跟她约会。她把所有的精力都放在工作上了。她对我们的工作要求可严了，事无巨细，她都要管一管。最倒霉的还不是我这个总经理助理，跑前跑后不说，从来看不到个笑脸，要得到她一句赞赏，可比登天还难。幸好我聪明，有一次我发现她穿了一件新衣服特别漂亮，不由脱口而出：‘总经理，您今天这衣服真漂亮，衬得您皮肤特别白，气质也特别高雅。’天哪！她竟然冲我笑了笑，可把我兴奋得一整天心都在怦怦跳。”

“这不是挺好吗？”妈妈说，“你小时候嘴就甜，大家都喜欢你。你要发挥这个‘特长’，也能和总经理搞好关系。”

“累就累在这里呢！”露露说，“打那以后，我天天挖空心思赞美她，但是你知道好话就那么多，说来说去难免重样。现在每天上班前我就发愁，不知道今天要说些什么才能哄她开心呢！”

“露露，我觉得你这想法就不对。”哥哥接过话题说，“虽然好话人人爱听，但是说多了、说得过分了，就未免有阿谀奉承、讨好献媚之嫌。再好的话，听多了也会厌烦，何况你是带有目的地去赞美她，而不是真正地发自内心，你们总经理那么聪明的人，时间一长，怎么可能听不出来？再说你每天想着如何去赞美总经理，挖空心思想一些华美的辞藻，肯定在业务和本职工作上就有所疏忽，那岂不是本末倒置吗？所以还是踏踏实实做好你的工作，只要你付出了，做出了成绩，总经理就算平常嘴上不说，她心里也会明白的。”

露露一噘嘴说：“俗话说：‘千穿万穿，马屁不穿。’怎么会有人对赞美的话厌烦呢？老哥，等明年我升职了请你吃饭，你等着瞧好啦！”

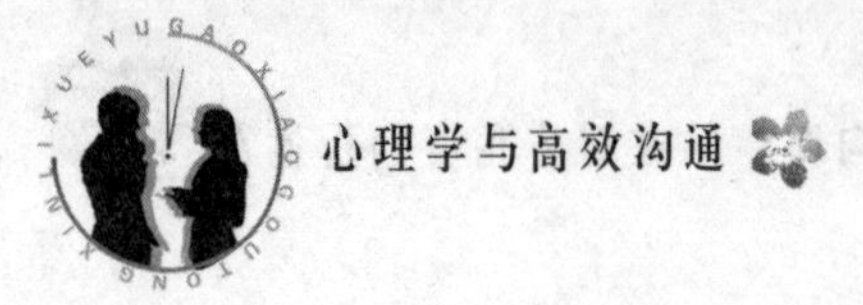

哥哥无奈地摇摇头："露露，你这样下去，迟早会栽在你的小聪明上的。"

果然，过了年，总经理找了个理由将露露调到了其他部门做了一个普通的助理。

虽然好话人人都爱听，但是当说的人失去了真心，只剩下某种目的时，听的人也就失去了兴趣。露露凭借自己的小聪明，暂时博得总经理的一笑，但是若仅仅是为了这个目的而整日绞尽脑汁去想一些赞美的话，那么这些赞美的话就和刻意的讨好与奉承毫无区别。事情的结果恰如露露哥哥所说的那样，露露不升反降，被自己的小聪明砸了自己的脚。

因此，虽然每个人都需要赞美，但是赞美一定要建立在真心的尊重与赏识之上，若是失去了真心，那么再动听的语言都是苍白无力的。

第10章 博取信任，巧妙渗透自己的意图

话语暗示，引导对方按自己的思路走

语言是我们用来表达、交流思想的工具，我们在传递信息、抒发胸臆、交流感情时总是通过语言行为去完成。于是，在我们运用语言进行交际的过程中，根据自己的意图、语言的环境以及其他各方面的因素，可以使用藏而不露的话语，也就是俗称的“暗语”。虽然，在一般情况下，我们并没有办法控制他人的想法、语言以及行为，对方的心理变化完全是在我们的控制之外。但是，暗语却可以巧妙达到控制他人心理的目的，比如通过藏而不露的语言给予对方一定的心理暗示，引导对方按自己的思路走。

在美国经济大萧条时期，17岁的莉莎好不容易找到一份在高级珠宝店当售货员的工作。在圣诞节的前一天，店里来了一位三十岁左右的贫民顾客。他衣着破烂不堪，一脸的悲哀、愤怒。莉莎要去接电话，一不小心，把一个碟子碰翻，六枚精美绝伦的钻石戒指落在地上，她慌忙捡起其中的五枚，但第六枚怎么也找不着。这时，她看到了那个三十岁左右的男子正向门口走去，顿时，她醒悟到戒指在哪里。

当男子的手将要触及门柄时，莉莎柔声叫道：“对不起，先生！”那男子转过身来，两人相视无言，足足有一分钟。“什么事？”他问，脸上的肌肉在抽搐。“什么事？”他再次问道。

“先生，我是头回工作，现在找个事做很难，是不是？”莉莎神色黯然地说。男子长久地审视着她，终于，一丝柔和的微笑浮现在他的脸上。“是的，的确如此，”他回答说，“但是我能肯定，你在这里会干得不错。”停了一下，他向前一步，把手伸给她：“我可以为您祝福吗？”莉莎立刻也伸出手，两只手紧紧地握在一起，她用低低的却十分柔和的声音说：“也祝您好运！”他转过身，慢慢走向门口。莉莎目送着他的身影消失在门外，转身走向柜台，把手中握着的第六枚戒指放回原处。

本来是一起盗窃案，但莉莎却巧妙利用暗示的含蓄方式达到了自己的目的。“对不起，先生！”莉莎首先用了礼貌用语，向对方传递了友好的信息，如果语气过重就有可能造成男子逃跑。同时，莉莎也传达了两层言外之意：你有偷盗戒指的嫌疑；你放心，我不会用粗暴的方式对待你。“我是头回工作”，暗示我和你一样“同是天涯沦落人”，借以引起情感上的共鸣。“现在找个事儿做很难”，言外之意是“你把这枚戒指拿走，我可就丢了工作”。“是不是”，通过非疑问句，借以男子进一步思考，同时扩大暗示的效果。在整个沟通过程中，莉莎都是通过语言暗示，引导男子按追回戒指的思路走，最终说服了男子，也达到了追回戒指的目的。

有一次，秦王和中期发生了争论，结果中期赢了，秦王却输了。中期若无其事、大摇大摆地走出皇宫。秦王大怒，暴跳如雷，决心要把中期杀掉，以解心头之恨。这时，在秦王身边有个和中期要好的人对秦王说：“中期这个人实在是个暴徒，一点也不懂规矩。他幸好遇到大王这样贤明的君主才能活命。如果遇到桀纣那样的暴君，早就没命了！”秦王一听，也就不好再加罪于中期了。

简单的几句话，却暗示了几层含义，其中既有对中期的指责，又暗示了若杀中期就是暴君，相反的意思就是不杀中期就是贤君，如此引导秦王这样一想，也就不好再对中期下手了。

如何说好暗话，还需要注意以下几点。

1. 传递友好信息

在刚开始交谈时，我们有必要通过语言暗示出自己的真诚与友好，比如“您好”等礼貌用语，这样对方才会愿意听你说话，而你才能够顺利引导对方的思路。

2.站在对方的角度

在叙述事情的过程中，需要站在对方的角度，先认同对方的观点，博取他的信任，再把自己的意见传递给对方，这样他更容易接受，也更容易朝着你的思路去想。比如“正如你所说的那样，他一点也不懂规矩，幸好遇到你这样的老板，否则早就被炒鱿鱼了”。

3．“我和你一样”

在交谈中，没有什么比“我和你一样”更能引起对方情感上的共鸣了。当对方认为与你是情感想通的时候，他对你已经消除了戒备心理，甚至愿意被你说服，同时，你也控制了其心理。

多说感同身受的话，令对方对你连连称赞

在人际交往当中，我们常常觉得支持和认可我们的便是朋友，并因此而信任他，对他表示友善，相反，那些反对和否定我们的人，尽管不一定是我们的对手和敌人，但是也会让我们觉得浑身不自在，内心之中很自然地产生隔阂和对抗。由此可见，当你想要获得别人的信任时，不妨多说一些感同身受的话，从而拉近和对方的心理距离，让别人把你当作知心朋友。

大学毕业之后，王爽回到了家乡，她没有参加公务员考试，而是选择了一家企业去当会计。尽管王爽是公司的会计，可是每做一次账，老板都要查了又查，看了又看。王爽知道，老板心里对自己信不过。

这天，当她做完账之后，老板又像以前一样，对每一个账目进行了核查。这一次，王爽主动走上前去，给老板做了解释和说明。检查完之后，老板笑着说：“小王啊，你的工作做得很到位嘛。”

听到从来不表扬人的老板在夸自己，王爽多少有些不好意思。她说：“这是我应该做的。作为会计，掌管着公司的财务命脉，要是我稍微纰漏，势必会给公司造成巨大的损失。您每天工作那么忙，都会认真仔细地查账，我是会计，当然更要仔细认真了。”

老板连连点头说："是啊，是啊，一个企业不管发展得多么好，如果账目不清楚，那么就不是良性发展。只有在账目上才能看出来是亏损了，还是赢利了。你是公司的会计，可见肩膀上的责任有多么大。这也是我为什么每天都来查账，不怕一万，就怕万一啊。"

事实上，王爽心里明白，就算真有什么差错，也不至于让老板如此紧张。老板更担心的是她掌管着公司的财务，对她不放心。于是她趁机说："老板这么重视我，我一定不辜负您的期望，将账目做好、做细，为公司的良性运作尽自己最大的力量。"

从那以后，老板查账的次数慢慢地少了，有时候一个星期来查一次，后来，变成一个月来看一次了。

故事中的王爽因为工作的原因，掌管着公司的财务要职，开始老板对她并不信任。她和老板的这次交流，赢得了老板的信任。由此可见，在关键时刻，要多说一些让对方感同身受的话，让别人觉得你理解他，继而在内心拉近和你的关系，信任你，重用你。那么，如何说话才能让别人觉得感同身受呢？

1. 站在对方的立场上去想

很多人之所以表现得没有办法理解别人，是因为总是习惯于站在自己的立场上去想问题。如果转换一下角色，你变成对方，你会怎么想？很显然你所持的观点和说的话会完全不一样。所以，多站在对方的角度去思考问题，对他人表示理解和认可。这样会拉近和对方的心理距离，让他人对你连连称赞。

2. 把话说到对方的心坎上

说话的时候，要洞察对方的心，弄明白对方究竟想要表达一种什么样的情感和态度。把话说到对方的心坎上去。这样，别人会觉得你很理解他，你是知己，你懂他，进而让对方觉得你是自己人，对你友好，为你赞许。如果你在认可和肯定别人时却说着不着边际的话，别人对你也不会有多大的好感。

3. 不妨多领会对方的情感

一个人的情感不被理解是件非常痛苦的事情，相反，如果你理解别人的情感，别人会把你当成知心朋友一样，自然会点头对你称赞。所以，说话的时候，要从情感处着手，在理解和认可对方的想法和作为之余，要多去体会和理解他们之所以有这样的情感，表示对对方的理解和同情，这样更能走进对方的心。

4. 为对方的感受找到依据

在你说感同身受的话的时候，不但要认可对方的说法，还要给这种说法找到一种合情合理的理由。这样才能让对方觉得你不只是随声附和，而是和他有共同的认识。也只有这样，别人才会认可你，才会打心眼里把你当作知心的朋友，从而更加信任你。否则，即使你在不断地迎合别人，但是他人并不赞成你，也不会真正地信任你。

5. 有不同意见勿随意乱提

很多时候，别人的说法你基本上赞成，但是也有一些地方是不和自己心意的。在认可对方的同时，如果对方没有要求，不要随便乱提想法，没有人喜欢别人跟自己挑刺。你的认同让别人对你敞开心扉，但是你的反面意见又在无形当中拉远了彼此之间的距离。这样，是得不到别人的信任的。

表面不以说服为目的，委婉曲折更易深入人心

生活中，谁也不愿意承认自己是个无用的人，所以当你说服对方的时候，为了自己的尊严，对方自然不愿意就此乖乖地顺从。这时候，要把说服对方的目的掩饰起来，不妨设置一些悬念，用委婉曲折的故事打动对方，让别人很自然地向你靠拢，从而被你说服。

哈蒙特毕业于耶鲁大学，又在德国弗莱堡做了三年研究工作，按照常理来说，他可是很多矿厂主求之不得的人物，可是事实并非如此。

来到美国后，哈蒙特挑了一家很大的矿厂去应聘。老板叫琼斯特。他是个非常固执的人，只要自己认定的事情，就没有人可以改变。

当他看完哈蒙特的简历之后，微笑着摇了摇头说：“对不起，年轻人，

我们不需要你这样的人。”哈蒙特非常不解，他问道：“那么，您能告诉我这是为什么吗？”

琼斯特笑着说：“很简单，我不满意你曾经在弗莱堡做过一段时间的研究，你的脑子里肯定充满了一堆理论。我可不需要只会讲理论的工程师。”

哈蒙特说：“我告诉您一个秘密，但是您得答应我不能告诉我爸爸。”

琼斯特非常好奇，随后点了点头。

哈蒙特说：“其实，在德国耶鲁大学进修的时候，我并没有专注于理论研究，而是利用四年的时间去打零工挣零花钱，四年内我积攒了不少。而且，在德国弗莱堡研究期间，我的大部分时间并不是在实验室度过的，而是在街头，因为我在街头卖唱。”

听完哈蒙特的话，琼斯特哈哈大笑了起来，他拍拍哈蒙特的肩膀说：“小伙子，我决定聘用你了，你明天去人事部办一下入职手续。”

故事中的哈蒙特在遭到别人的拒绝之后，并没有努力想办法去说服对方，而是采用委婉曲折的方法进行解释，最终赢得了琼斯特的欣赏，达到了让琼斯特接受自己的目的。由此可见，把自己想要说服对方的目的隐藏起来，这样可以减少对方的抵触心理，在你的曲折委婉的暗示和诱导之下，别人悄悄地被你俘获。那么，如何沟通才能达到委婉曲折、深入人心呢？

1. 不妨讲个类似点的故事

当你和别人的想法和看法不一致的时候，想要别人来支持你，那么首先做的就是要说服对方的心。直接讲道理或许未必能起到相应的作用。这时候你只需要讲一个类似的例子，在案例中把你的寓意暗含进去。让别人从你讲的类似的故事中慢慢地领会你的意思。或许他人并没有被你说服，但是却被故事所影响，也就会慢慢地向你倾斜。

2. 用谦虚的心向别人请教

当别人不接受你的建议和意见的时候，不妨虚心一些，向他人请教。比如说你在做销售时，说服客户认可你，如果客户拒绝了你，你虚心地向他请教，无疑把对方推上了“老师”的位置，这样，客户在教导你的时候，就会

慢慢地接受你。事实上，接受了你也就接受了你的产品。最终你实现了说服他人的目的。

3. 用对方理论为自己辩解

如果你发现别人的想法和你的不一样，那么为了让别人顺从于你，不妨用他人的观点来说服对方。这样，对方便不能再与你相搏，因为否定你就是否定他自己。比如故事中的哈蒙特得知对方的要求后，巧妙地向琼斯特靠拢，实际上就是用琼斯特的观点反驳了琼斯特，最终赢得了对方的认可。

4. 先接受，不要直接否定

在交谈中，如果你发现双方的观点相悖，并且水火不容的时候，不要直接否定别人。没有人喜欢被人否定，即使对方是错误的，被人否定时，也会想方设法找理由、找借口狡辩。如果你先接受对方，先肯定对方，然后再指出问题和毛病。一般情况下容易被人接受。很多高明的批评高手，在批评别人的时候往往先表扬对方，从而更容易被人接受。

5. 先认错，反而赢得主动

很多时候，人都觉得自己是对的，别人是错的。即使在对错很显然的情况下，也不会主动认错。正所谓“可以输掉结果，但是不能输掉气势”。也正是在这种心理的作用之下，人很难被别人说服。不管这时候你对了还是错了，要主动承认自己的问题，这样你就会占据优势。因为你在主动地解决问题，而别人在被动地应付你。可想而知，最终的结果自然是对方被你说服。

将话说在对方的需求点，令人自发认同

在这个商业社会的信息时代，时时刻刻都面临着形形色色的谈判。谈判，打的就是一场心理战。等到谈判真正开始，就进入心理角力战，临场反应很重要。我们想要顺利达到自己的目标，就得掌握奥妙的人性心理，并通过语言成功控制对方的心理。如果我们能把话说到对方的需求点上，那么对方便会自发认同我们。

一位年轻人在一家百货公司做业务员，第一天工作刚结束，总经理就开始检查新员工的业绩。每个人都完成了20~30单的生意，而这位年轻人只完成了一单生意。总经理不满意地问他："你卖了多少钱？"

"30万。"年轻人回答说。

"你怎么卖那么多钱？"总经理吃惊地望着他。

"是这样的，"年轻人说，"一位先生进来买东西，我给他一个小号的鱼钩，然后是中号的鱼钩，最后是大号的渔线。我问他上哪儿钓鱼，他说在海边，我建议他买条船，所以我带他到卖船的专柜，卖给他一艘帆船，然后他说他的汽车可能拖不动这么大的船，于是我带他到汽车销售区，卖给他一辆丰田新款豪华型'巡洋舰'。"

总经理听得目瞪口呆，几乎难以置信地问道："一个顾客仅仅来买个鱼钩你就能卖给他这么多东西？"

"不是的，"年轻人说，"他是来给他妻子买卫生巾的，我就告诉他'你的周末算是毁了，干吗不去钓鱼呢？'"

上面的这个案例可能在现实生活中很少发生，但这却很明确地告诉我们，只要我们把话说到对方的需求点上，让对方认同我们的观点，那么，这给我们带来的利益也是无法估量的。这一点，同样适用于谈判过程中。谈判双方，都有一个需求点，我们在谈判前，要先找出这个需求点，然后围绕这个需求点，把快乐说够，把痛苦说透，从两方面加以陈述，对方必会在心里接受我们的谈判建议。

我们需要从以下三个方面来述说这个需求点。

1. 把痛苦说透

心理学家卡尼曼和特沃斯基发现，损失给人带来的心理冲击是同样数额的获利给人带来的心理冲击的2.5倍。怪不得人们要在本应削减损失的时候却仍然苦苦坚持。

研究表明，如果购买的股票价格迅速上升，人们往往很快将其出手，锁定利润。然后，他们就可以向朋友吹嘘自己的判断力如何准确。然而，如果股票价格大跌，人们则趋向于继续持有股票，等待价格回升。结果，投资者

卖出了应该继续持有的股票，而保留了应该出手的。

这就是人们害怕损失的心理在作怪。从这一现象中，我们可以获取一项谈判经验，那就是将对方不达成协议的痛苦说透。

比如，当我们走在沙漠的时候，如果水用完了，太阳非常毒辣，你的嘴巴快要冒烟了，这个时候有人过来卖水，哪怕矿泉水是一千元一瓶，我们也会花钱买下，这个时候，那不仅仅是一瓶水，而且是救命的东西，它的价值远远超过一千元。

再比如，谈判的内容通常牵连甚广，不是单纯的一项或两项。在有些大型的谈判中，最高纪录的议题多达70项。当谈判内容包含多项主题时，可能有某些项目已谈出结果，而某些项目却始终无法达成协议。这时候，你可以反面“鼓励”对方：“看，许多问题都已解决，现在就剩这些了。如果不一并解决的话，那不就太可惜了吗?”这就是一种用来打开谈判僵局的说法，它看起来稀松平常，实则能发挥莫大的作用，所以值得作为谈判的利器广泛地使用。

2. 把快乐说够

比如，客户要购买一批产品，但总是在利益上不愿意让步。那么，其实，我们应抛开利益点，把对方购买产品后的利益说透，让对方感觉物有所值。因为双方的利益是既定的，那么我们就要做好分配工作。让对方在最少的利益点上获得最高的快乐情绪体验。这就好似一张饼，你得到的多我就得到的少，你少我就多；我们就是要让对方心甘情愿地让我们得到更多，此时，我们可以把对方的注意力转到其他地方，让其乐不可支，从而为我们拿到更多的饼提供契机。

3. 适当让步

是否知道何时该退出交易，显示了交易者是聪明还是愚蠢。喜剧演员菲尔兹说得好：“如果开头失利，还需继续努力。如果还不成功，就放弃，没必要在一棵树上吊死。”然而，很多谈判者往往会忘记菲尔兹的建议，顽固地坚持到底，这样做的后果无非是失去谈判的机会，损失利益。

当然，我们在做让步前，要做好“坚持”工作，并对对方说：“恐怕我做出的让步，会让我的领导大发雷霆了。”这样，会让对方觉得你做出的让步是个艰难的决定，他也会觉得自己占了很大的便宜。

总之，我们在谈判的时候，一定要抓住对方的心理，也可以概括成：追求快乐，逃避痛苦。抓住这一心理说话，我们要做的工作也只有一个：把好处说够，把痛苦说透，帮对方建立一种意愿，从而让其在心理认同我们，那我们的谈判工作离成功也就不远了。

名人效应，对方的偶像可做“药引”

在社交界流行一句话：“一个人能否成功，不在于你知道什么，而是在于你认识谁。”这里的“谁”，我们一看便知，就是人们常说的“名人”，名人因其有较高的知名度，人们对其语言的信服程度也会较高。因此，在劝服他人的过程中，如果我们也能利用名人效应，善于利用他们的影响力，那么我们的话在对方的心中会有同样的“光辉”，你就能轻而易举地打动他人。

在美国乡村，有个老头和他的儿子相依为命。

一天，一个人找到老头说要将他的儿子带去城里工作，老人愤怒地拒绝了这个人的要求。这个人又说：“如果你答应我带他走，我就能让洛克菲勒的女儿成为你的儿媳，你看怎么样？”老头想了又想，终于被让儿子能当“洛克菲勒的女婿”这件事情说动了。这个人精心打扮后，找到了美国首富、石油大王洛克菲勒，对他说：“尊敬的洛克菲勒先生，我想给你的女儿找个对象。”洛克菲勒说：“快滚出去吧！”这个人又说：“如果我给你女儿找的对象是世界银行的副总裁呢？”于是洛克菲勒就同意了。最后，这个人找到了世界银行总裁，对他说：“尊敬的总裁先生，你应该马上任命一个副总裁！”总裁先生摇着头说：“不可能，这里这么多副总裁，我为什么还要任命一个副总裁呢，而且必须马上？”这个人说：“如果你任命的这个副总裁是洛克菲勒的女婿呢？”总裁立刻答应了。

在这个人的努力下，那个乡下小子不但娶了洛克菲勒的女儿，也成为世界银行的副总裁。

这个财富故事，反映的就是借助名人影响力带来的好处。同样，如果你善于运用名人效应，你可以比别人更轻松地得到对方的认可，进而达到你的目的。

当然，生活中，我们都是普通人，不可能结识那么多的名人，但我们同样可以运用这个效应帮助我们达到说服他人的目的。这就需要你掌握一些语言技巧，不动声色地以名人为话题，引出你想谈论的主题。

1. 装作“无意识”地提及名人

在和别人谈话的过程中，我们要学会不露声色地将一些名人引进来。比如，当对方说一个笑话时，你可以说：“您真幽默，我曾以为×××是我见过的最幽默的人。”这时候，对方会立即产生兴趣，继而会问你：“是吗?你还认识他呀……”慢慢地，话题也就引开了。

2. 不露声色地表明自己和某名人的关系

假如你和名人有直接的关系，而你又想在交往时用这层关系拉近与对方的距离，从而打开交流的局面，你可以用这样的方式开始：“××先生您好，很高兴认识您，我经常听我叔叔（或者其他关系）提起您！”对方听你这么说，必然会问到你的叔叔是谁，这时候你就可以很自然、很巧妙地引入话题了。

当然，巧妙地借助名人的影响力还有很多种方法，只要我们懂得借助这些人际资源，我们往往能少走弯路而达到自己的目的。同时，借助名人的影响力，并不是狐假虎威地向别人炫耀你的人际资源，直言不讳地告诉别人你认识某位名人或者某位名人很赏识你是件愚蠢的事情，这样做不但不能得到别人的认可和喜欢，更可能让对方讨厌你，因为这意味着一种轻蔑和不屑。因此，你在借助别人影响力的时候需要注意语言技巧。

遇上“硬柿子”，试用激将法刺中他的心

生活中，很多人貌似很强势，从来不会轻易说服他人，也不会轻易被别人说服。他们当中，有些人很有主见、坚持自我，而有些人则纯粹是好面子，觉得顺从别人就是示弱，故而和对方死扛到底。不管是出于哪种情况，对方心中都有软肋，当他们表现得强悍，不肯妥协的时候，不妨用激将法刺激他们的心，让他们在你的诱导下一步步地向你靠拢，最终走向被你所俘获的境地。

小胡是软件公司设在商场促销专柜的销售员。

这个周末，客户特别多，小胡忙得团团转。但是有一位30多岁的男人总是在柜台边转来转去，不停地向小胡咨询软件方面的问题。可是整整一个上午了，这个男人拿起产品看了又看，问了又问，可就是不买。

这时候小胡说：“我们的产品质量都非常好，就是价格稍微有点高，你不会因为这个原因犹豫不决吧。”

男人满脸通红，说：“怎么可能呢，这点钱对我来说根本就是九牛一毛，我怎么可能舍不得花呢？”

小胡接着说：“但是凭我的感觉，我敢和你打赌，你今天是不可能购买我们的产品的，对吗？”

男人笑着说：“你还别激我，我今天就当着大家的面，买给你看。”

可是等他把钱包拿出来的时候，一脸尴尬。

小胡接着说：“你空着两只手，拿什么买我们的产品啊？就会吹牛。”

男人神奇地从钱包里抽出一张卡来：“谁说没钱就不能买啊，你看好了，我现在刷卡了。”说完，向小胡要过了刷卡机，顺利地完成了消费。

小胡赔着笑脸说：“看来我今天真是看走眼了。”

男人瞪了一眼说：“姑娘，别把人看扁了。”说完头也不回地走了。

小胡露出了开心的微笑。

故事中的小胡在看到客户不想购买软件的时候，用客户买不起引出话题，刺激对方的自尊心，客户最终刷卡买了软件，只是为了证明自己有能力买。巧用言语刺激他人让别人妥协，而在博弈中获得最终的“利益”。那么，用言语刺激别人的时候要注意哪些方面呢？

1. 在人多的场合下进行

激将法主要是利用对方好面子的心理，在人多处将对方逼上台，不得不顺从。如果不顺从，就说明对方没有能力，事实上谁也不愿意承认自己没能力。所以为了自己有这个能力，对方一般都会顺从，就算原本不想顺从，也得顺从，就算是打肿脸充胖子，也得顺从。所以，激将法一定要选在人多的场合，让对方在不情愿和不乐意的情况下，一边嘴里说着不愿意，一边顺从。

2. 不要针对人格和尊严

在运用激将法来逼迫对方就范的时候，一定要注意了，问问题的时候千万别针对对方的人格和尊严。针对对方的人格和尊严，这让对方根本无路可退。结果只有一个，那就使别人跟你拼命。所以，在用激将法的时候，一定要注意言辞和针对性。试想一个人被人当众羞辱是多么气愤，更何况还在大庭广众之下丢脸，自然不会轻易罢休。

3. 不要害怕和别人对抗

不要担心给对方留下不好的印象而害怕和对方对抗。事实上，激将法要想顺利实施，前提必须是和对方对抗。所以大可不必害怕因此而得罪对方。你在逼迫对方妥协，对方尽管对你不怎么满意，但是还是非常感激你。因为你让对方证明了他有这个能力和诚意。所以，你是在逼着对方满足自己的虚荣心，对方满足了内心的需求，而你在博弈中也得到了最大的利益。

4. 找到强硬坚持的理由

一个人表现得强硬，不肯随便妥协，那么他一定有理由相信自己所坚持的是正确的，是值得坚持的。那么，要想扭转别人的想法，你就要找到对方坚持的理由，弄明白他为什么要坚持，然后想方设法在他坚持的对立面巧加刺激，对方为了不被你说中，势必会反其道而行，这样在无形之中让对方向你靠拢。

5. 说话时要拿捏好分寸

用激将法刺激对方的时候，说话一定要拿捏好分寸。要明白你是在刺激对方，想让对方向你靠拢，而不是嘲笑、讽刺，甚至谩骂。话说得恰当，能引导对方向你靠拢，但是如果说过了头，和对方形成敌对状态，你的激将法势必会形成双方争斗，最终对方是绝对不可能扭转想法和你站在一起的。

动之以情地说服，对方更易动心

很多时候，我们在说服别人时，道理讲了一大堆，可是对方就是坚持着不肯妥协。这让很多人不知所措，觉得对方是不可理喻之人。但是，我们却忘了，人是情感动物，内心深处需要情感的温暖。你的动之以情，让别人看到了你的真实情感，走到了你的内心深处。事实上，也只有让对方从情感上接受你，那才是真正接受你。

沐阳今年28岁，在老家可已经是大龄青年了，尽管他觉得婚姻对他来说太过遥远，但是父母却已经焦急万分，他们觉得让沐阳结婚是他们的头等大事，这么大了还没有结婚是要被别人耻笑的。于是，在父母四处奔走之下，他认识了现在的女朋友沁惠。

两人接触了有小半年了，可是一直没有提及结婚的事情。这让沐阳的父母更加着急，他们开始不断唠叨，后来甚至到了逼婚的程度上。沐阳每天遭受着这种煎熬，苦不堪言，可是对于沁惠来说，她需要的是一段感情，而不是一纸婚姻。

这天，沐阳第一次提到了结婚的事情。可是不管他怎么摆事实，讲道理，沁惠就是不同意这么早结婚。在她看来，半年的相处还没有让她感觉到眼前这个男人值得她托付一生。沐阳也想好好谈一场刻骨铭心的恋爱，但是他知道，现实不允许。

沟通无果后，沐阳动情地说："沁惠，你知道我对你的感情，是没有任何人可以代替的。能遇到你是我这辈子最大的福分。对我来说，我何尝不想和你轰轰烈烈地爱一场。幸福，你渴望，我也渴望。"

沁惠望了一眼沐阳，没有说话。

"但是，沁惠，如果我们像我们期望的那样爱下去，是不是太过自私了呢？我爸爸妈妈年事已高，身体一天不如一天，他们就是希望我能早点成个家。为人儿女，你应该能体会到他们的这份心情。如果不能随他们的愿，抑郁成疾，那么我就是罪人啊。你想想，他们养我们这么大，容易吗？我们还没有来得及尽尽孝心呢，他们就……"

沁惠的心仿佛被狠狠地抽了一下，看着神情沮丧的沐阳，她紧紧地抱住了他，流下了眼泪。

没过多久，沐阳和沁惠携手走进了婚姻的殿堂。

故事中的沐阳在晓之以理劝说沁惠结婚无果的情况下，采用了动之以情的方法，终于让沁惠的心受了深深地震撼，最终不再坚持了。由此可见，动之以情的说话往往能把话说到对方的内心深处，说到最柔软的地方，让别人被你的真情感动，最终被说服。那么，如何才能将话说得动之以情呢？

1. 说话最好饱含情感

说话的时候要用自己的真心、诚心去感染听众，而不是用华而不实的话去敷衍听众；换位思考一下，如果你是一位听众，别人对你说话的时候总喜欢用一些华而不实的词藻，不着边际地谈，相信你也会感到反感的。在你的言语中饱含真情，每一句话不仅仅传递的是一个信息，更主要的是传递情感。所以，当你尝试了讲道理不能让对方妥协的时候，不妨以情感人。

2. 说话不妨坦诚一些

一般情况下，只有你有一颗坦诚的心，你才会有真情流露，才能感染别人。实际上，谁也不喜欢听一些空话、套话。因此说话的时候，不妨坦诚一些，你的真情流露会感染别人的情绪。要善于用一颗真诚的心把话说到对方最柔软的内心深处，继而引起对方的情感共鸣，继而被你说服。

3. 说话要说到心坎上

每个人的内心深处都有最柔软的部分。只有把话说到对方的心坎上，触动对方内心深处最敏感的神经，才能震撼对方，让对方为之感动。每个人都有自己的坚持，但是这份坚持都有底线，超过这个底线，就会妥协，尤其是情感上。所以，说话的时候，要把话说到对方的心坎上，这样对方自然会被你说服。

4. 用眼神和对方交流

眼睛是心灵的窗户，也是人最不加以掩饰的地方。在表露真情的时候，要用眼睛和对方进行眼神交流。加上你饱含真情的阐述，对方会被你感动的。很多时候，人都习惯通过别人的眼神来判断所说的话是否属实。你通过眼神交流把话传递到别人的心里，别人也会通过眼神来判断你说的是否属实。这样，在眼神的交流中，双方才能达到心灵的交流。

5. 适当碰触对方身体

空间的距离往往反映的是心理距离。当你在动之以情地向对方表达的时候，如果只是干巴巴的语言，那么别人会觉得你说得很有道理，却没有办法真正触动对方的心。这时候，不妨拍拍对方的胳膊或者肩膀，进而拉近彼此之间心的距离，让你的表达真正渗入对方的内心。

第11章
旁敲侧击，运用心理策略沟通更见成效

很多时候，我们无法直接知道别人的心思，这个时候，我们就要巧妙运用旁敲侧击的方法，运用策略深入对方的潜意识之中。这样，我们才能摸透对方真实的心理，从而更好地了解对方，与对方交流。

用预知未来的话和他人拉近关系

在现实生活中，很多人之所以热衷于让别人为自己看手相、相面，或者与别人探讨星座学，其实就是为了预先知道自己的未来。人有很强的好奇心理，总是希望探索未知的未来，从而知道自己将来的运势。那么，真的有人能够预知别人的未来吗？除了那些传说之中的吸收了天地之灵气的人，普通人恐怕没有这样的本事，但是又确确实实有人能够说中他人的未来，这是为什么呢？

其实，只要你愿意，你也可以说出别人的未来，而其中唯一的秘密就在于你需要掌握几种能够说中他人未来的话术。细心的人可以发现，很多算命打卦的人，在说话的时候，很少会说具体的事情。仔细想来，他们的话往往适用于一个人群，甚至是放之四海而皆准的。通俗地说，就是他们的话适用于你，也同样适用于别人。不管放在谁身上，都有那么点儿一语泄露天机的意思。这就是本文要说的第一个话术，放之四海而皆准的预测未来法。也许，在这个世界上，除了真正能够预知未来的先知之外，普通人是绝对不可能预知未来的，那么，在为别人预测未来的时候，为了拉近彼此之间的距

离，得到对方的信任，你就要学习这个放之四海而皆准的话术。第二种话术要求我们首先要了解别人，从而说到对方的心里去。因为听了你说的话，张强很有可能再次鼓足勇气，勇敢地面对困难，坚持不懈地解决困难，最终突破瓶颈，取得成功，从而也就验证了你所说的话。第三种话术是多说好话。自古以来，没有人不喜欢听好话的，所以，只要你在给别人预测未来的时候多说一些好话，那么别人就一定会心花怒放。当然，也许有些人的人生是坎坷的，但是再坎坷的人生也会有柳暗花明的时候。所以，只要根据每个人的情况在说好话的时候把握一定的度，你就能够得到他人的认可，你的吉言就会在他人的人生之中得到印证。第四种话术是避免说过于具体的话。除非你是一个真正的先知，当然，这种可能性微乎其微，否则，你千万不要随便说别人明年要遭遇官司，或者明年会添丁。假如你不是一个图谋不轨的骗子，你也千万不要说别人未来有血光之灾，需要破财消灾之类的话。要知道，人是很容易受到心理暗示的，在处于套近乎、拉近关系的目的而与别人搭讪的时候，你一定要向着好的方面说，给人以积极的鼓舞，而不要给人消极的心理暗示。

马云在公司里小有名气，除了因为他业务能力非常强之外，还因为他具有未卜先知的能力。一次，公司的前台小娜因为心情郁闷，来找马云给她预测未来，马云直视着她的眼睛坚定不移地说："你是一个非常善良的女孩，上天一定会眷顾你，给予你最美好、幸福的未来。你的善良也会为你赢得他人的善待。不是有句古话说嘛，吃亏是福。虽然生活中你常常因为心善而吃点儿亏，但是命运一定会在适当的时候补偿你。傻人有傻福，这可是你最大的福气啊！其实，女孩子就应该像你这样，心宽、心善，这样自然会得到命运之神的特殊照顾。"小娜听了张强的话之后，一扫脸上的阴霾之情，高高兴兴地去上班了。原来，小娜是公司的前台，每天都要处理很多琐碎的事情，有的时候还会被那些高高在上的其他部门的同事奚落几句，因此有的时候心情很好的。而马云的话恰巧说到了她的心坎里，使她的心理获得了平衡。张强也是马云的同事，在公司主管新产品的研发，而马云恰恰又知道他目前正在因为研究处于一个瓶颈无法突破而烦恼，所以，马云面对一筹莫展

的张强说：“你是文曲星转世，这一生注定才华横溢，能够干成很多人无法干成的事情。当然，也许你会遇到一些困难，因为那些天降大任的人都需要经历一定的坎坷和挫折的磨难，最后才能顺利地担当大任。只要你有勇气，有毅力，就一定能够担当大任，成就大事。”

在上述事例中，试想，假如你是小娜，听到马云所说的话之后，不仅得到了赞美，而且还得到了马云所预测的你的美好未来，你怎么会不高兴呢？很有可能，她还会变得更加善良，不在乎那些高高在上的同事的轻视，更加宽和地对待公司的同事，以便能够得到更好的未来。而张强就更不必说了，虽然如今大家都不迷信了，但是听到自己是文曲星转世的消息还是很值得高兴的，马云的话无意中帮助张强鼓起了勇气，使他能够信心百倍地去攻克难关。

在日常的人际交往中，这就是“预测未来”的魔力。假如你想与别人套近乎，拉关系，就要学会以上述四种话术为他人预测未来。这不仅会使你得到一个“神算子”的称号，还能使你得到很多的朋友和良好的人脉关系。既然如此，何乐而不为呢？

运用沟通技巧化危机为转机

在人与人沟通的过程中，很多时候容易产生沟通的危机，毕竟，每个人都是不同的个体，有着不同的个性特征，所以在沟通的时候难免有意见不统一的时候。因此，我们应该学会用沟通技巧去化解危机，使其成为彼此之间交流的转机，这对于促进彼此关系的融洽与和谐是很有好处的。

那么，哪些技巧能够帮助人们在沟通中化危机为转机呢？第一，就是共情。在双方的意见发生分歧的时候，假如你一味地与对方争执，坚持让对方接受你的观点和看法，那么你与对方的情绪就会越来越激动，甚至不能自已，导致你们之间的沟通非但无法达到你们预期的目的，反而会朝着相反的方向发展。所谓共情，也叫神入、同理心、投情等。这个概念原本是由人本主义创始人罗杰斯所阐述的，不过，现代精神分析学者却越来越频繁地在自己的著作中引入这个概念。通俗地说，共情就是使自己与对方产生同样的感情，或者是把自己置身于对方的情绪之中，从而更好地体谅和理解对方。这样一来，你就能够与对方产生相似的感情，使你们之间的交流和沟通不至于剑拔弩张，而是产生相对一致的想法、看法以及情绪。其次，就是设身处地地为对方着想。众所周知，每个人在看待问题的时候总是不由自主地从自己的立场和角度出发，为自己考虑，而完全忽视了别人的感受。在人际交往之中，那些人际关系比较好的人往往都有一个共同点，即他们不会单纯地只考虑自己的感受，而是兼顾别人的感受。他们擅长于站在对方的立场和角度上考虑问题，从而更好地为对方着想。因此，他们总是拥有好人缘。在交谈之中，假如你能够在发生分歧的时候站在对方的角度思考问题，与对方沟通，那么你就一定能够更好地体谅对方。有的时候，在沟通之中，如果双方都针尖对麦芒，那么只会导致气氛越来越紧张。相反，假如有一方能够设身处地地为对方着想，那么另外一方也会相应地做出让步，从而使气氛更加和谐、融洽。第三，要学会适当让步。在生活中，没有那么多的原则性问题，很多时候，只要我们能够设身处地地为对方着想，就会发现生活本没有那些必须寸土必争的问题。当发生分歧的时候，你完全可以主动让步，从而带动对方也做出让步，这样就能够使原本剑拔弩张的气氛缓和下来，从而使交谈出现大的转机。

当然，除了以上这三种技巧之外，还有很多沟通技巧都可以使危机转化为转机，但是前提条件是你必须拥有一颗宽容的心，能够发扬礼让别人的优良作风。在具体的情境之中，你应该根据自己对交谈对象的了解和具体的情况采取具体的对策，从而使交谈向着好的方向转化。

丽娜是一家电器公司的售后服务人员。她每天所接到的电话中，几乎有百分之九十都是投诉或者是质问。因此，很多售后服务人员干不了多长时间就主动辞职了，但是丽娜却连续三年都是金牌售后。对此，丽娜有自己一套独特的方法。

毫无疑问，很少有客户为了感谢一家公司生产出了好产品而打电话给售后，大多数客户都是在刚买回家的产品有了问题的情况下才会想起来给售后服务人员打电话。每当接到客户带有抱怨或者是怒气冲冲的电话的时候，丽娜所做的第一件事情就是倾听。当客户就像是满怀悲怨的祥林嫂一般喋喋不休地诉说的时候，丽娜除了倾听之外，做的唯一的事情就是认可客户的牢骚。例如，一个刚刚从专柜买了一个电饭煲的客户打电话给丽娜："你们这个锅是怎么回事，我预约煮稀饭，但是稀饭却溢得满地都是，害得我擦了整整一个小时。"丽娜说："是嘛，这可太糟糕了，我想，谁都不愿意遇到这样的事情。"听到丽娜的话之后，很神奇地，客户似乎不好意思那么愤愤不平地抱怨了，而是说："我想问问，有没有其他人出现这种情况，应该如何解决问题。"丽娜还是面带微笑地说："先生，谢谢您的好涵养，我想，要是我遇到这种情况，一大早晨起床之后就看到满地的稀饭，我可能会发疯的。您说的这种情况也有其他客户碰到过。请稍等一下，我会把您的电话转给技术人员，请他详细解答您的问题。"

在这个事例中，丽娜显然是利用共情心理有效地平息了客户的怒火。试想，假如丽娜一接到客户的电话就赶紧说："不可能，我们的电饭煲质量很好，从来没有出现过您说的这种情况，肯定是您的使用方法不正确。"那么，客户会作何感想呢？客户一定会变得更加歇斯底里，因为丽娜是与他站在对立面上的。但是，丽娜的回答则很好地解决了自己与客户处于对立面的问题，而是使客户感觉到丽娜是他的知己，深深地了解他的烦恼与痛苦。这样一来，客户也就不好意思再继续抱怨了，而是改为抱着解决问题的态度与技术支持部的工作人员通电话。

总而言之，要想使沟通之中出现的危机变成转机，我们就要学会利用各种沟通技巧，使原本情绪激动的交谈对象的情绪变得更加平稳，从而双方才能心平气和地、理智地进行交谈。

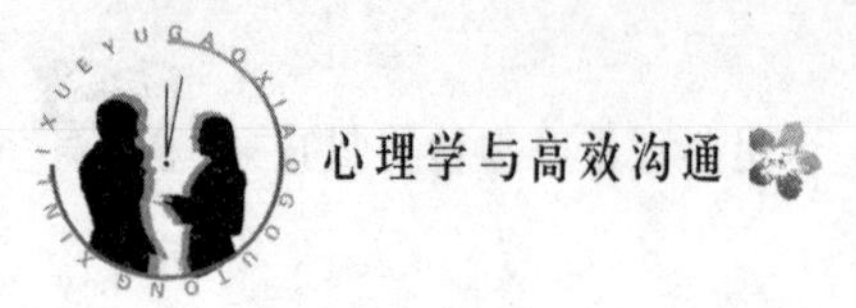

如何不露痕迹地暗示对方

在生活中，很多时候，有些话我们是不能直接说出来的，因为一旦直接说出来，轻则伤害彼此的颜面，重则使对方对你产生抵触心理，以后再继续交往的时候就不会那么顺畅了。那么，遇到这种情况的时候我们应该怎么办呢？其实，我们可以不露痕迹地暗示对方，这样，不仅能够达到交谈的目的，而且即使双方心照不宣，因为没有明确地说出来，再见面的时候也不会觉得尴尬，而是双方都可以装成没事人一样继续之前的交往。不过，暗示也是需要有技巧的。既然暗示的目的是为了避免明确地说出来之后导致双方尴尬，那么暗示的时候就应该不露痕迹，这样才能更好地达到预期的目的。

实际上，不露痕迹地暗示对方是有技巧的。技巧之一就是借代或者是借喻的方法。这种方法一般用在彼此比较了解或者是文学素养都比较高的交谈对象之间。因为假如对于语言没有一定的掌控和运用能力，是很难用这种方法的，或者即使用了，对方也无法听明白。借代的时候，可以借古讽今，借喻的时候，则可以借助于形形色色的对方能够理解喻意的事物。技巧之二就是心照不宣。有些时候，人们对于很多事情都心照不宣，目的就在于保全彼此之间的面子，以便下次交往的时候可以坦然相对。所谓心照不宣，意思就是说大家心里都很清楚一件事情，也知道对方所表达的是什么意思，但是却不明确地说出来。运用这种方法的时候，双方都应该是聪明人，知道对方所说的在外人听来没头没脑的话是什么意思，这样才能起到预期的效果。第三，讲故事。古代社会的人民是非常聪明的，不管是中国的先哲，还是外国的先哲，尤其是伊索的先祖们，给我们后世的人们留下了很多寓言故事。我们可以借用这些故事表达自己的心意，也可以根据自己需要表达的意思编造一个故事，无论长短，也不管文采如何，只要能够成功地暗示对方，从而达到自己的目的即可。第四，运用语气。很多时候，即使是同一句话，因为说话时候的语气不同，所表达的意思也是完全不同的。因此，我们完全可以借

助于语气表达自己的意思，从而暗示对方自己的真实想法。根据交谈时候的具体情境，我们还有很多巧妙的方法来暗示对方，这要求我们要了解对方的真实意图，明确自己想要达到的目的和效果，并且能够很好地运用语言或者是自己的语气来达到自己的目的。只要做到了上述这几点，你就能够很好地不露痕迹地把自己的真实意图暗示给对方，从而实现自己的目的。

静静是家里的老大，她还有一个弟弟。去年，静静的父母因为买房子、装修新房借了一些债务，但是他们却没有能力还。因此，静静只有加倍努力地工作，想要帮助父母还清债务。静静在全职工作的同时还兼了好几份工作，以便能够在新年到来之前帮助父母还清债务。一次，静静给妈妈打电话，妈妈说到弟弟婚姻的问题，说是想年底的时候少还一部分债务，以便给弟弟一些结婚的费用。静静的弟弟找了一个女朋友，但是静静的父母都很不满意那个女孩，因此始终都不同意。为此，弟弟几乎与父母断绝了关系，并且说不管父母的任何开销。听到父母这么说，静静突然觉得很生气，自己这么累死累活地帮助父母还债，但是父母却还惦记着给弟弟结婚的钱，而丝毫不在乎弟弟管不管他们。听到父母的话，静静非常冷漠地说："那就不要还债了，反正，你们就这么一个儿子，你愿意给他多少钱就给多少钱。债就全部别还了，一分钱都别还了。等你们有了钱，再慢慢还吧！"听到静静这么说，妈妈赶紧说："那就先不管你弟弟结婚的事情，等到有钱了，有多少再给他多少吧，还是先还账吧，今年还是先把债务还清了。"

在这个事例中，静静说话的言外之意是：我辛辛苦苦地挣钱给你们还债，你的儿子都不管你，你却用我的钱去给你儿子结婚，那我就一分钱不出了，也不管你们还债的事情了，你们把自己积攒的钱给你儿子结婚吧，等你什么时候攒了钱再慢慢还债。毫无疑问，妈妈听懂了静静的画外音，生怕静静不给他们钱还债，所以才会赶紧表示不给弟弟钱了，先还债。一个是自己的亲妈妈，一个是自己的亲弟弟，静静其实心里也是很难受的，她既不能明确地告诉妈妈不许给弟弟钱结婚，又不甘心妈妈拿着自己的钱给她不喜欢的儿媳妇，觉得心里不平衡，所以她才会以冷漠的语气说出了上面这段她与妈妈都心照不宣的话。她达到了自己的目的，虽然他们自始至终都没有明确地说出自己的心思，但是彼此却都了解了对方的心思。这就是暗示的作用。几天之后，当静静再给妈妈打电话的时候，她们还是亲密的母女，就像之前没有发生过这次小小的不愉快一样。

在交谈的过程中，要想避免尴尬，要想不动声色地实现自己的目的，我们就要学会不露痕迹地暗示自己的交谈对象，从而更好地达到自己的目标。

创造情境，让对方自我暗示

在心理学上，自我暗示指的是透过五种感官元素(视觉、听觉、嗅觉、味觉、触觉)给予自己心理刺激或者是暗示。自我暗示具有神奇的作用，是人的心理活动中的沟通媒介，沟通意识思想的发生部分与潜意识的行动部分。通俗地说，自我暗示是一种提醒、启示和指令， 能够帮助人们记住自己想要追求什么、注意什么、致力于什么以及如何展开行动。正是基于这个原理，人们发现，自我暗示能够支配和影响人们的行为。从某种意义上来说，自我暗示是每个人都拥有的一个无形的法宝。暗示有着不可思议和不可抗拒的巨大力量。经过研究，心理学家普拉诺夫发现，暗示的结果不但能够潜移默化地使人的心愿、兴趣、情绪、心境、爱好等发生变化，还能够间接地影响人的健康状况、工作能力以及某些生理功能。暗示是一种非常有效的影响潜意识的方式，它能够超出人们自身控制的能力，于无形之中指导人们的心理和行为。通常情况下，暗示会使别人不假思索地接受一定的意见和信念，或者是不自觉地按照一定的方式行动。自我暗示既可以大声地说出来，也可以默不作声地进行，还可以通过在纸上写下来的方式影响自己，也可以吟诵或者歌唱，甚至在心中默念也能够达到预期的效果。其实，自我暗示的方法是很简单的，我们每人每天只需要抽出十分钟的时间来进行有效的肯定练习，就可以于潜移默化之中抵消已经在我们心中存在许多年的思想习惯。为了给自己创造一个积极的情境，每个人都应该坚持不懈地进行积极的自我暗示。

既然自我暗示有着如此神奇的魔力，那么，我们是否可以在人际交往之中使用自我暗示的方法呢？答案是肯定的。我们不仅可以自主地进行积极的自我暗示，也可以引导和启发身边的人进行自我暗示。与此同时，我们还可以设定一定的情景，使别人的自我暗示朝着我们预期的方向发展。

在一个小村落中有一个神奇的土坡，大凡经过这个土坡的人，如果不小心摔了跤，一年之内就会无疾而终。因此，村民之间渐渐开始流传，在那个土坡摔跤的人只能活一年。所以，大多数人都选择宁愿绕远，也不愿意从这个土坡经过。一次，张老汉去赶集卖鸡蛋，他的生意很好，不知不觉之间，他把整整两筐鸡蛋都卖光了。然而，在他喜滋滋地数完钱之后，却突然发现天已经黑了。在回家的路上，张老汉决定从土坡经过，因为如果绕远路，那么他回家的时间就更晚了。四周伸手不见五指，张老汉的心怦怦直跳，他不停地告诫自己不要摔倒，但是，突然，他被一个土坷垃绊倒了，无可挽回地摔倒了。张老汉回家之后呜呜大哭，第二天就一病不起了。家人找来医生给他诊治，医生发现他没有任何毛病，但是张老汉就是起不来床，并且不停地说自己活不过一年了。眼看着好几个月过去了，张老汉越来越消瘦。家人想尽了办法，但是却始终不见成效。

最终，张老汉的孙子想出了一个办法。一天，孙子凑近张老汉的耳朵说："爷爷，我有办法让你长命百岁了。"张老汉一听，赶紧问："什么办法，快说！"孙子神秘莫测地趴在张老汉的耳朵上说了几句，张老汉立马就急了："你这是盼着我早点儿死啊！"原来，孙子的办法就是让张老汉再去土坡上摔几跤，因为孙子认为，既然每摔一跤只能活一年，那么多摔几跤不就能多活几年了嘛。见到爷爷不认可自己的想法，孙子劝说爷爷："爷爷，反正事情已经这样了，即使结果再坏，也不会坏到哪里去了。你不如就去试一试，万一管用，你不就可以长命百岁了嘛！"张老汉思前想后，觉得孙子说得很有道理，便决定再去那个土坯摔几跤。在土坡上摔了几十跤之后，张老汉忐忑不安地过了几天，发现自己的病情并没有变得严重，便开始高兴起来。他兴奋地说："看来，我可以长命百岁了。"从此之后，张老汉每天都乐呵呵的，一年之后，他非但没有死，而且及有丝毫的不适，最后活到了九十多岁。

在这个事例中，那个土坡真的有这么大的魔力吗？只要在上面摔一跤，人就只能活一年了？孙子的办法真的管用吗，真的是摔几跤就能活几年吗？其实，张老汉刚开始的时候之所以起不来床，只是因为他被人们的传说吓住了，因此不停地进行消极的心理暗示，导致自己陷入死亡的恐惧之中无法自拔。而孙子的做法则于无形之中打破了人们的传说对张老汉造成的消极影响，从而使张老汉在摔了很多跤并且忐忑不安了几天之后，挣脱消极暗示的束缚进入了积极的心理暗示，最终变成了长寿老人。

这就是暗示的作用。在人际交往的过程之中，很多时候，我们直接的劝说也许无法起到良好的效果，那么你也不妨学习一下张老汉孙子的做法，想办法打破别人心中的消极的心理暗示，使其进入积极的心理暗示之中，从而对自己产生好的影响和作用。

如何避免“没说中”的尴尬

既然说没有人能够预测未来，未卜先知，那么在以算命或者预测前途为由头和人搭讪的时候，就难免会有“没说中”的尴尬。那么，万一“没说中”，应该如何避免尴尬呢？其实，算命的讲究的就是见人说人话，见鬼说鬼话。虽然咱们不是骗人的江湖术士，但是在半真半假地给人算命或者预测未来的时候，也应该学会随机应变，见风使舵。大凡是给人算命的人，肯定都有着细致入微的观察力。因为只有察言观色，才能及时发现对方表情的变化，从而及时转化话头，以免说穿了帮。另外，在人际交往的时候运用算命的话术，一般都是出于善意的目的。所以，说中与否并非是问题的关键所在，关键是要真诚地对待对方，给其以积极的心理暗示。

那么，如何避免“没说中”的尴尬呢？第一，说话说半边。细心的人会发现，算命先生说话往往都是大喘气，他们很少直接一气呵成地说出一句话，而是先以简单地提问开始，引导交谈对象尽量多说话，而自己则在一旁细致观察，搜罗自己想要的信息。这样一来，即使说错了，也可以在从相关

信息中得到正确答案之后及时调转话锋。第二，让对方多说。其实，大多数算命的人之所以能够了解一些人曾经的经历，是因为这些人在与算命先生交谈的过程中无意中泄露了自己的信息。要知道，算命先生不但是察言观色的高手，也是搜罗信息的高手，同时还是推断的高手。他们能够通过从你口中得知的信息了解你的经历，并且推断出你的生活。只要让对方多说，那么你就会尽可能地得到更多的信息，从而更加深入地了解对方。第三，了解一些相面学。相面也是一种算命的方式，从某种意义上来说，相由心生的话是有一定道理的。所以，如果你能够了解一些相面学的知识，就能够在对方没开金口的情况下洞察到一些细致入微的情况和信息，从而更好地为对方预测未来。第四，多说未来，少说过去。除非是有百分之百的把握，否则最好不要轻易地说出对方曾经经历的事情。这个道理谁都能想明白，未来的事情还没有发生，不管你说的对还是不对，对方都没有办法及时知道结果，但是过去的事情已然发生，假如你说错了，对方就会顷刻间失去对你的信任。很多时候，为了得到别人的信息，很多算命先生都喜欢说一两件对方曾经经历的事情，这种办法确实能够帮助算命先生得到对方的信任。第五，顾左右而言他。很多时候，大多数去算命的人都是比较相信命运的，因此，他们在听算命先生为他算命的时候总是非常虔诚和紧张。假如你没有说中，千万不要表现出来，而要装作不动声色的样子顾左右而言他，除非对方揪着你的失算不放手，否则，你很容易就能蒙混过关。总而言之，除了胆大心细之外，最好的办法就是说一些美好的话语，这样才能使算命成为拉近彼此关系的桥梁，有利于人际关系的发展。

一次，于凯给一个刚刚认识的女孩算命，女孩笑盈盈地看着于凯，等着他说点儿什么。于凯一本正经地掐指一算，然后说："你命中缺水。"女孩说："是啊，我是水命，所以我妈妈才给我起名清字，就是为了让我沾点儿水。"于凯又接着问："你家门口有树吗？"女孩沉思片刻说："没有，我家挨着路，所以门口没有树。"其实，于凯本来是想说木遇水好的，但是，见到女孩说自己家的门口没有树，于凯赶紧调转话锋，说："没有树好啊，你看，你命中缺水，树也是需要水的，如果你家门口要是有树，就必须砍伐掉，以免你缺水缺得更严重了。”于凯皱着眉头，似乎在认真思考。良久，他才缓缓地说：“你应该找一个水命的男朋友，这样，你们的人生都会因此而变得更加美好。而且，你是一个非常善良的女孩子，虽然不会大富大贵，但是却能够旺夫。哪个男人娶到你，绝对是天大的福气啊！不过，有的时候，你会遭遇一些小小的不顺利，例如，你高考的时候肯定就不太顺利。”女孩说：“没有啊，我高考很顺利，一次就考上了大学。”于凯认真地说：“不对，你高考的时候肯定有点儿小挫折，是你坚持下来了，所以你才能考上大学。”女孩回想了一下，说：“还真是，我高三的时候因为生病没有参加高考，第二年才参加的高考。这也算是挫折吗？”于凯说：“当然算啦，不过，你很努力，所以战胜了这个挫折。”话说到这里，女孩对于凯非常相信了。其实，于凯是之前的交谈中得知女孩学习成绩很好的，因此才根据女孩现在的年龄推断出她肯定晚了一年考大学，因此推断出她高考的时候遭遇了小小的挫折。而至于为什么遭遇挫折，女孩子则自己说了出来。

在问女孩子家的门口有没有树的时候，于凯的本意是想说应该有树才好的，但是发现女孩子表示否定之后，于凯则赶紧调转话头，告诉女孩子本来就命中缺水，不应该再种树了，否则就会消耗更多的水。从逻辑上来推理，这个话是正确的。于凯是一个非常机灵的人，能够不懂声色地掩饰自己说错话的情况，从而为自己圆场，避免了尴尬。

在你为了套近乎而帮别人算命的时候，也应该向于凯学习，即使说错了也不要觉得窘迫，而要保持镇定，从而为自己顺利地化解尴尬，度过危机。

巧妙构造“被说中”的机会

在人际交往的过程中，有的时候并非算命的人是在挖空心思地与被算命的人套近乎，被算命的人也会通过这个机会与算命的人套近乎。例如，你很想结识一个人，那么在他帮你算命的时候，你一定会迎合他，从而为你们之后的交往打下良好的基础。因此，这就要求我们作为被算命的人要学会巧妙地构造“被说中”的机会。

其实，对于算命的人来说，假如对方是心怀戒备的，或者是不信任的，那么算命的人就会感到很有压力。与此相反，假如对方是很希望被说中的，并且是刻意迎合的，那么，彼此就会一拍即合，皆大欢喜。在男女朋友刚刚认识的时候，很多人都会以算命、星座、相面等话题展开交谈，因为这个话题是天马行空的，无需担负太大的责任，而且还可以在此过程中了解彼此的一些经历和背景。那么，对于被算命的一方而言，应该如何巧妙构造“被说中”的机会呢？其实很简单，就是接着对方的话说下去。

在一个朋友的介绍下，甄妮和甲斐认识了。他们的第一次约会是在介绍人的陪伴下度过的，因此，第二次约会才是他们正式开始单独相处的时候。气氛有些尴尬，毕竟他们刚刚认识，没有很多话题。突然，甄妮说：“你算过命吗？我算命可是很灵的，要不要算一算？”就这样，在慵懒的午后，在洋溢着异国风情的咖啡馆中，甄妮抓着甲斐摊开的左手，开始一本正经地给甲斐算命。甄妮认认真真地看了一会儿，非常惊讶地对甲斐说：“你的生命线真长啊！”甲斐笑了，告诉甄妮：“我的爷爷奶奶至今已经八十多岁了，但是还非常健康，耳聪目明，思维清晰。听我妈妈说，我的姥姥去世的时候88岁，我的姥爷去世的时候92岁，他们都是长寿的人。”甄妮说：“难怪你的生命线这么长呢，你以后一定也会非常长寿的，甚至要超过你的长辈。”说完，甄妮开始看甲斐的事业线，她说：“你的事业线开始的时候有点儿乱，不过到后来就非常整齐了。”不待甄妮说完，甲斐就迫不及待地说：“你说得真准啊，看来我可得让你好好给我算算。我刚刚毕业的时候曾经在好几家公司工作过，不过，因为公司的发展方向不适合我的规划，或者是因为公司的前景不好，我很快就辞职了。现在，我在一家跨国公司工作，下半年就有资格竞聘区域主管了。这家公司的福利待遇很好，而且前景也不错，最重要的是和我的专业方向非常吻合，我想我会一直踏踏实实地在这家公司干下去。”听到这里，甄妮美滋滋地笑了，毕竟，每个女人都希望自己的男朋友是一个事业型的成功男士。下面到了感情线了，甄妮更加用心地研究着甲斐的感情线，希望从中发现一些端倪。甄妮非常认真地说：“你的感情线很整齐，这证明你是一个感情专一的人。”听到这里，甲斐含情脉脉地看着甄妮，说：“如果我告诉你我从来没有谈过恋爱，你相信吗？”甄妮看着甲斐，甲斐接着说：“上学的时候一直忙于学业，而且，我想把自己最纯粹的感情留给那个与我厮守一生的人。所以，今天与你的约会是我平生第一次单独和女孩子约会。”看着甲斐，甄妮笑了，她知道自己终于找到了一直想找的人。甲斐说：“你已经把我的手认认真真地看过了，那么，你算出我们的幸福来了吗？”

毫无疑问，这是一个浪漫的开始，甄妮与甲斐必然会幸福地开始彼此之间的恋情。从甲斐对待甄妮算命的态度来看，他是非常中意甄妮的，所以他才会接二连三地制造自己“被算中”的机会，像竹筒倒豆子一般地把自己的祖辈、恋爱史、现在的工作情况都告诉了甄妮。而甄妮呢，借着给甲斐算命的机会，不仅过足了算中了的瘾，而且也找到了自己始终在寻觅的完美爱人。

在社交之中，作为被算命的一方，假如你也想像甲斐和甄妮套近乎一样与别人亲近，那么你不妨像甲斐一样主动制造自己“被算中”的机会，从而促进彼此之间更好地了解与沟通。

第12章
矫正关系，消除隔阂让人对你另眼相看

尊重信仰，在求同存异中良性沟通

人与人的想法是有差异的，一个人不能将自己的想法强加到他人的身上，否则不但不会达到说服他人的目的，而且还会使人感到反感，最后收不到半点效果。所以在与他人进行沟通时，不妨求同存异，当两个人的观点相左时不要急于用自己的观点去说服对方，要注意尊重对方的观点。尤其事关一些信仰问题时，要尊重对方的信仰，这往往是为自己赢得尊重的好办法。交往中求同存异，尊重对方的信仰，通常能够很好地化解对方的敌意，使双方的沟通更加顺畅。

信仰是对某种主张、主义、宗教或某个人物极度相信和尊敬，拿来作为自己行动的指南或榜样。信仰是一个人的精神支撑，人们会在内心将自己尊敬或者崇拜的事或者人放到一个非常高的位置，作为自己行为的指导，这种精神的作用是非常巨大的，有时甚至能超越理性影响人们的行为。巴金在《小人、大人、长官》中写道：“对长官的信仰由来已久。多少人把希望寄托在包青天的身上，创造出种种离奇的传说。”

一次，印度官方代表团前来我国某城市进行友好访问，为了表示我方的诚意，有关方面做了积极的准备，就连印度代表团下榻的饭店也专门换上了舒适的牛皮沙发。可是，在我方的外事官员事先进行例行检查时，这些崭新的牛皮沙发却被责令立即撤换掉。原来，印度人大多信仰印度教，而印度教是敬牛、爱牛、奉牛为神的，因此，无论如何都不应当请印度人坐牛

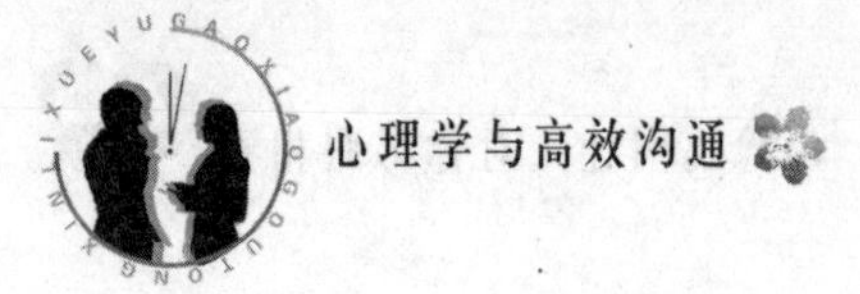

皮沙发。

试想，如果我们用牛皮沙发迎接印度客人，虽然我们觉得这是一种敬意，但是在印度人看来是一种侮辱，那么这次友好访问就会变得不友好了。所以一定要尊重对方的信仰，这样一来对方也会用相同的诚意来感谢这次热情的招待，成功的友好交流就这样完成了。

信仰对于精神的重要性好比金钱对于物质的重要，有信仰的人通常会为了那个既定目标义无反顾地冲刺，而那些没有信仰的人生活犹如行尸走肉，整日庸庸碌碌，毫无生气。人们通常会非常在意自己的信仰，如果有人冒犯了这种信仰无疑是对其进行的最大侮辱。所以在交流时千万要注意关照对方的信仰，尊重对方的信仰，这样才能表示自己的诚意，用自己的真心换来对方的善意。

信仰能够在最危险的情形下支撑一个人，激发一个人的能力，尤其是一个人在面对困难时，信仰总是能够给人以最大的鼓励，帮助人们树立信心，坚持到最后获得胜利。信仰没有真或者假，很大程度上是人们自己赋予了信仰一种不同寻常的意义，这种意义反过来作用于人们的精神。它是构成幸福的一个积极因素，能够驱使人们共同应对不幸和灾难，促成整个社会的相互作用和支持。

2001年9月11日，美国纽约世贸双子塔遭到了两架民航飞机的冲撞，两座大楼顷刻间化为废墟，2000多个生命在这场劫难中灰飞烟灭。这次恐怖袭击是由本·拉登为首的基地组织策划并实施的，他们进行这样的恐怖行动，并不是无缘无故的。反观美国，在20世纪的最后十年里对阿拉伯世界的渗透行动十分频繁，他们要做的是将自己的价值观转嫁给阿拉伯世界国家，然而这一举动严重破坏了伊斯兰世界的信仰，美国的这些行径最终为自己酿成了苦果。

美国在与阿拉伯世界进行交流时显然没有注意尊重他们的信仰，美国一味地宣传自己的民主，而指责那些与自己价值观不一致的国家，并通过战争等手法将自己的价值观强加给那些国家，严重干扰和破坏了这些国家人民的信仰。国际交往完全可以用生活中的人际交往来进行诠释，作为一个独立的人，每个人都有自己的信仰，所以在交流时，一定要注意尊重对方的信仰，只有这样，才能获得对方同样的尊重，才能消除彼此的陌生和敌意，为交流做好铺垫。

遇到误会，急切解释不如平心静气地沟通

由于每个人的脾气性格都不一样，相处起来，发生矛盾，产生误会在所难免。有了误会之后，最想做的就是尽快解释清楚。可是往往很多时候，你越想解释清楚，越解释不清楚。你的焦急和迫切的心情并不能让误会烟消云散，反而因为无法解释而错过了和解的最佳时机。

之所以想解释，是因为在乎彼此之间的关系。越是在乎越会着急。但是你要明白，着急解决不了问题。如果你能心平气和地和对方沟通，那么对方的情绪也会变得平静，而你的紧张和骚动会让对方情绪不稳，这样更加说不清楚了。

王刚和赵鸣曾经一起在小区门口卖菜，慢慢地关系熟了起来，有时候王刚进的菜没有了，便会从赵鸣的菜摊上拿一些去卖。同样，赵鸣也享受着和王刚同样的待遇。两家互相帮助，生意越做越好，两家的感情也越来越好。

后来，由于小区治安管理，王刚和赵鸣在小区内各自办了一个蔬菜门市部。两家虽说不在一起卖菜了，但是两家的感情依旧非常深，继续享受着互惠互利的待遇。

这天，王刚的菜店里没有了辣椒，他打发妻子去赵鸣的店里拿一些辣椒过来。王刚的妻子来到赵鸣的菜店说明了来意，赵鸣的妻子笑着说："我们的店里也不多了啊。"可是王刚的妻子清清楚楚地看到一大筐新鲜的辣椒摆在一边。她二话不说，愤愤地离开了。

第二天，赵鸣的店里缺了蘑菇，他火急火燎地跑到王刚的店里去借菜。王刚的店里有大量的蘑菇，但是王刚就是不同意借给赵鸣，为此两人吵了起来。在争吵中赵鸣才知道之前发生的事。他一再解释说自己当时不在店里，可是王刚夫妇说什么也不相信。

一边是赵鸣急着要蘑菇，一边是王刚夫妇因为之前借菜被拒绝，不肯原谅，也不肯借菜给他。赵鸣急得像热锅上的蚂蚁，团团转，可是越急，说话就没了把持，最后尽然对王刚夫妇说道："你们到底帮不帮忙，今天这个忙不帮也得帮！"

王刚生气地说："不帮！怎么地，还想抢不成？"

赵鸣急得额头直冒汗，辩解道："我不是这个意思……"

王刚进一步说："那你什么意思，威胁的话都说出来了，还不是这个意思，你想怎么样？要是想动粗，我奉陪到底！"

赵鸣越急越说不清楚，最后被王刚夫妇赶出了菜店。

故事中的赵鸣在向王刚夫妇道歉时，因为心情急切，将道歉的话说成了威胁，结果不但没有消除误会，还加剧了彼此之间的矛盾。由此可见，当双方发生误会的时候，最好心平气和地和对方沟通，而不是火急火燎地只顾着表达自己的情绪，这样会让对方觉得你是撂挑子，是在责怪他人。那么，当发生误会的时候，究竟该如何才能做到心平气和地交流和沟通呢？

1. 稳定心绪，心态缓和

发生了矛盾，产生了误会，这是双方谁也不愿意看到的。但是，误会既然产生了，那么就要想办法解释清楚。很多人想尽快消除彼此之间的误会，但是别忘了，别人也有情绪，你只是一味地解释，为自己开脱，但是别人并不那么想。相反，你的焦急心情会加剧对方的对抗情绪。这时候，不妨接受已经产生误会的现实，心平气和地来解决矛盾才是重要的。

2. 说话语气中别带不满情绪

有些人很在乎彼此之间的情感，觉得出现误会是很不应该的，所以总想在第一时间内将误会解除。可是心情一急，话语间就有了情绪，对方的心情本来就不好，而你说话的时候带着情绪，会让对方更加烦恼，这样，双方的心情都很焦躁，事实上是不利于沟通和协调的。因此，说话的时候千万别带情绪。

3. 别抱怨，多找自己的问题

出现了矛盾，这是既定的事实，再抱怨也改变不了这个事实。但是，有

些人就是没有办法接受这个事实，出了问题就只知道抱怨。要么抱怨自己，要么指责他人。不管怎样，你的抱怨语气会增加彼此之间的误会。因为别人会觉得你在为自己开脱，或者是推卸责任。试想，这样去沟通，误会能解除吗？

4. 沟通的态度不妨诚恳一些

既然你想要解除彼此之间的误会，那么沟通的时候态度不妨诚恳一些，让对方感受到你想要和解的诚意。如果你说话很冲，那么对方觉得你不是在沟通，不是来解决问题、消除误会的，而是来找麻烦的。那么对方自然不会给你好脸色看了。这时候，诚恳的态度是消除误会所必不可少的。

5. 多站在对方的立场上考虑

双方产生了误会，很难说问题出在哪个环节。很多人觉得是别人不理解自己，别人心眼小，把眼光聚焦在别人的身上找问题，要求别人理解你。可是却忘了，恰恰是因为自己的错误而伤害了彼此之间的情感。这样，你越想消除误会，双方的误会也会越深。所以，这时候不妨站在对方的立场上来考虑，你的所作所为对对方造成了怎样的伤害。

及时弥补，巧用“南风法则”消除误会

人际交往是一项非常讲究技巧的活动，人们都在想方设法使自己的行为举止能够为对方所欣赏，从而使对方对自己产生好感，进而能够有进一步的交流，打开对方的心扉。然而很多时候总是事与愿违，一个动作的失误、一句话的错误都有可能导致交流受到阻碍。尤其是在说错话时，对方可能被这些不该说的话激怒，这时不要轻易放弃，想办法进行挽救和弥补才是要做的事情，亡羊补牢为时不晚。

人们应该对人际交往有一个正确的认识，不能因为人际交往重要而十分拘谨，也不能因为人际交往的随意性而全然不顾，要以一种十分端正的态度去面对，对要交往的人、交往的环境、交往的主要动机，都有一个大概的估计和掌

握，根据实际情况去设计和布置策略。要对“亡羊”有一个正确的态度，因为每次交往都是非常顺利、没有任何瑕疵是不可能的，所以当自己的言行引起对方激动的情绪或者敌意时，不要认为这是沟通失败的标志，而要把它看成进一步交流的机会，想方设法转危为安，这才是一个成功的社交者应该做的。

要在“亡羊”时，也就是沟通出现阻碍或者裂痕时，保持镇定，快速思考“补牢”的方式，以使沟通回到正确的轨道上。俗话说“未雨绸缪”，在交往进行前，要对人际交往中出现的问题有一个预测，并为自己量身打造一份应急预案，以使状况出现时能够从容应对，及时“补牢”。所以这要求人们在平时多积累，尤其是面对一些突发事件时，要锻炼自己的快速反应能力，在最短的时间内作出最有效的抉择。

有几种方式可以有效地将被破坏的沟通氛围及时修补。

1.装作并不知晓

有时，你的一句话能够引起对方强烈的反应，这很可能是在对方与你还没有建立一定的信任或者对方固有的敌意还没有消除的时候，此时不进行挽救，那么沟通必然会到此为止。但是作出一种姿态，传递给对方善意的信息，效果可能就会发生转变。当你无意中冒犯了对方，可以马上表示自己并不知道这是失礼的行为，让对方知道自己并不知情，俗话说“不知者不怪”，如果对方并不是刁蛮之人，那么会在一定程度上缓和自己的激动情绪或者对你的敌意。如果对方是比较不容易劝服的人，那么就进一步向其表示自己并不知道所做的事情会冒犯对方，用诚恳的态度保证自己不会将这些散播出去，给对方吃一颗定心丸。

2.诚恳道歉

一个人的认错态度是否端正，往往能够决定被原谅概率的大小。当一个人的认错态度十分端正时，他往往会得到被冒犯者的理解和原谅。所以当你在与对方交流无意冒犯了对方时，可以非常诚恳地向其表示自己意识到错误所在，请求对方原谅，并保证不会再出现类似的问题。这种方式不需要任何精心设计或者思考，而是诚心诚意地将自己的真情实感和那份歉意表达给对方。人都是有感情的，再冷血的人也会有动情的时候，所以在这种真情实感

的感染下，必然会做出一定的让步，从而使彼此间的交流重新回到之前的轨道上。

3.巧妙解释

当你说出的一句话、做出的一个动作所传达的意思激怒对方时，可以先让对方不要误会自己，然后为自己的言行寻找新的解释方法。当你的言行本身带有的意义具有冒犯对方的作用时，就不要再坚持这种意义，用一些不会冒犯对方的意义去解释你的言行，让对方感觉这真的是一个误会，没有必要纠缠下去，然后改变自己的态度，换成一种合作的态势。但是这种赋予新意义的方式需要具有较高的准确性，也就是在选择意义时，一定要和言行相近，起码能够说通，如果有明显的生搬硬套倾向时，对方通常不会买账。所以人们使用这种方式就需要人们有较快的反应能力和一定的生活阅历积累。

人际交往不会总是一帆风顺的，出现各种各样的差错都是极有可能的，所以要摆正自己的心态。当沟通出现问题时，不要慌张，因为慌乱会影响一个人的思考，而要镇定地去想解决的办法，使彼此间的沟通重新建立起来。谨记人际交往"亡羊补牢为时不晚"。

犯错后，表达要尽显你的悔意来打动对方

人都会犯错误，但是有的人犯了错误，很快就能得到大家的谅解，但是有的人犯了错误，却被人所唾弃。究其原因，在于犯了错误是否有悔意。只要能悔过自新，即使再大的错误，别人也会给你机会悔过自新。但是，如果你没有悔意，那么再小的失误，别人也不会原谅你。关键在于你对错误是否有清晰的认识。

文强和蔷薇交往已有两个多月了。两个人的感情在一步步升温，但是对于蔷薇来说，她越爱文强，越会感到不安。不是她不喜欢他，而是因为她曾经谈过一段刻骨铭心的爱情，因为爱，她把身体给了一个用生命爱她的男人。

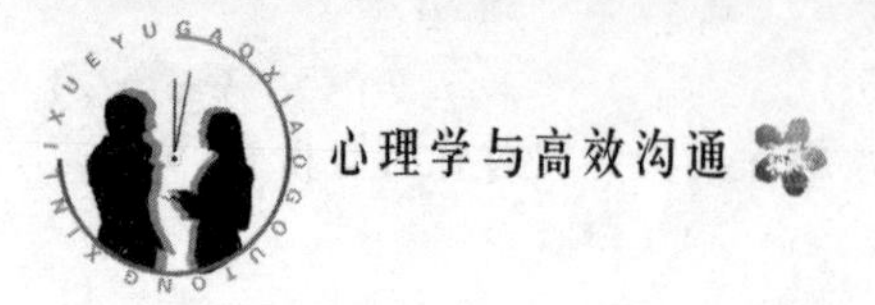

她为此而感到恐慌和不安，她不知道当文强知道她的这段历史后，是否能接受她。她想告诉他，但是她也害怕文强会因此而离开她。她越爱文强，这种恐惧和不安就会更加强烈，很多次，她都鼓起勇气想说，但是话到嘴边，她又咽了回去。

这天晚上，公司要聚餐，文强说，他要去接她。可是一顿饭整整吃了三个小时，这三个小时，对于文强来说，实在太过痛苦和煎熬。从晚上6点一直等到9点。北京的12月，天气冷得发指，文强愣是在零下十几度的晚上等。一等就三个小时，当蔷薇从酒店里出来之后，看到冻得瑟瑟发抖的文强后，眼泪忍不住留了下来，她觉得她不应该再隐瞒下去了。

于是她把她的那一段难忘的岁月告诉了文强。文强静静地听着，什么话也没有说。说实话，他心里非常难受。但他是爱她的，他不知道这个时候，他应该给予安慰，还是淡淡一笑，说声没什么。实际上，他并不在乎蔷薇曾经和怎样的一个男人相爱，他更在乎他对蔷薇的爱。

蔷薇拉过文强的手说："那时候还小，对于爱情过于盲目，总觉得爱一个人就把所有的都要给她。但是经历过这段情感之后，我成长了不少。我不后悔和他相爱，但是如果时间能倒流的话，我一定不会那么傻，那么无知。"蔷薇说着低下了头，表情中流露出悔恨。

看着蔷薇楚楚可怜的样子，文强说："没事的，你不要太自责了。谁也没法预知我们彼此会在对方的未来出现。我爱你的现在，就要接受你的过去，并想着和你一起憧憬未来。我们携手，走向幸福的未来吧。"

看着文强一脸真诚，蔷薇感动得热泪盈眶。她站起来，紧紧地抱住了文强。

……

故事中的蔷薇在向文强坦白过去的时候，言语中流露出悔意，进而触动了文强的心，最终获得了文强的原谅。由此可见，当一个人犯错后，要及时地把自己的悔意表达出来，从而让对方的内心深处得到平衡而原谅你。这时候，你装傻充愣，势必会惹怒对方。那么，究竟该如何表达自己的悔意呢？

1. 说话声音要柔弱

一般情况下，当一个人占理的时候，说话声音会大一些，正所谓有理声高。那么在你犯错之后，说话的声音就要低沉一些、柔弱一些。这样在你的言谈中别人就能感受到你的悔意，感受到你因为犯错内心的不安。一般情况下，别人都会原谅你。如果你犯了错，还扯着嗓门说话，即使再宽容大度的人也会记恨在心的。

2. 言语中尽显歉意

既然是你犯了错，那么就要及时地向对方表达你的歉意。在你的表达中，别人也会感受到你的悔意。因为你认识到自己错了，才会道歉。表达歉意的时候，别一味地说对不起，要多说一些你的错误给别人带来的伤害，为此而感到不好意思和羞愧。既然你表达歉意了，那么别人便没有必要和你计较下去。

3. 谈谈犯错后的领悟

当一个人有了悔意的时候，那么说明他对自己的错误有了清醒的认识。在向对方表达你的悔意时，一定要把你的认识谈出来。如果这时候对方说到你，那么你就要点头称是。千万不要和对方争论和辩驳。这时候，不管你说的对与错，对方都会觉得你的态度有问题，并没有真正认识到自己的错误。

4. 不要为自己开脱

很多人犯了错误，都会找很多的理由为自己开脱。要么找客观的理由，要么把责任推卸到别人的身上。事实上，你为自己开脱，那么就是认为自己没有错误了。不管你找的理由多么合情合理，别人都会觉得你没有悔过的诚意，都不会轻易地原谅你。

5. 表情动作要到位

除了言语表达你的悔意之外，在表达歉意的时候，还要在表情和动作上来传递你悔过的意思，比如你真诚的目光，或者低下头、双手相搓，或者摸一下头等。你的这些表情和动作往往让对方觉得你很不好意思。

“花言巧语”消灭沟通中的尴尬

谁也不想自己陷入窘境，但是很多时候，人没有办法预知未来。生活中的人们，随时随地都有陷入窘境的可能。陷入尴尬之后，如果你能迅速地灵机应变，说一些“花言巧语”，为自己的尴尬找个说词，无疑是给自己找了个台阶下。当然，这样的“花言巧语”要说得恰到好处，让别人听着舒服，让自己的言谈举止合情合理。但是，生活中似乎很多人都不会说“花言巧语”，那么究竟如何才能学会说“花言巧语”呢？

1. 不妨巧妙的调侃自己

当一不小心说了不合时宜的话，或者行为举止不恰当，让自己陷入了窘境，一定要及时地调侃自己，化解尴尬的气氛，博得别人哈哈一笑。这样，你就巧妙地化解了尴尬。

比如，在一个非常正式的场合，你一不小心跌了一跤，让自己分外尴尬。这时候如果你啥也不说，别人便会盯着你看、笑话你。如果你站起来拍拍屁股说：“幸亏我膘肥体壮，要不然这一下非要把地球戳个窟窿了。”别人被你的调侃和幽默逗得哈哈大笑，你的尴尬自然也轻松地化解掉了。

2. 为自己找个恰当的理由

当自己身陷囹圄之后，一定要及时地为自己找个恰当的理由，缓解你的尴尬。当然你只要说出你的理由即可，不要做过多的解释，因为这时候解释就是掩饰。

比如，当你参加公司的会议，别人正在严肃地讨论问题，你却睡起了觉，响起了呼噜声。当别人把你摇醒之后，望着别人诧异的目光，你分外尴尬，不妨说：“不好意思，昨晚上睡得太晚了。”别人自然不会追究你为什么睡得太晚了。

3. 要巧妙地转移注意力

当你的言语和行为出现不合时宜的时候，别人的注意力会迅速地集中到

你的身上。这时候你要想办法迅速地转移别人的注意力。当别人的注意力从你身上移开的时候，你的尴尬自然也就解除了。比如，你到朋友家去借宿，结果脱了鞋发现袜子开了一个很大的洞，别人看着你戳出来的脚指头，会让你分外尴尬。你不妨说："对了，明天咱们去哪里玩啊？"把别人的注意力从你破了洞的袜子上转移开来。

很多时候，年轻人在说"花言巧语"的时候，往往把握不好别人的心理，总是把话说得很勉强，不但让自己摆脱不了尴尬，而且还会让自己更加不好意思，从而迅速地逃离现场，或者结束和别人的谈话。事实上，这都是不可取的。因为你出现尴尬的时候，别人也会感觉到不好意思，你逃离尴尬的行为只能让别人觉得你处理突发事件的能力有限，因而对你产生不好的印象，甚至会不好意思再和你接触。把尴尬处理在自己的手里，为自己和别人赢得足够的心理空间。

年轻人千万记住："花言巧语"消灭尴尬，说的是在陷入尴尬后，要通过语言上的粉饰，缓解自己和别人心理上的不好意思，进而让氛围更加融洽，让进一步的交流和交往能正常地进行下去。

幽默沟通能令彼此轻松地冰释前嫌

当双方产生误会、发生矛盾的时候，双方的注意力往往都在矛盾上。这时候如果你和对方来辩解谁对谁错，事实上都没有任何的意义，不管问题出在哪里，都无法平息双方之间产生的裂痕。更有甚者，还会使关系进一步恶化。

这时候，不妨采取幽默的沟通方式，给对方讲一个笑话，或者是自我嘲解一番，转移对方的注意力，当对方忍俊不禁笑起来的时候，便没有心情再和你纠结了，事实上你们之间的误会已经化解了。

画眉是机械系大三年级的学生会主席扬帆的女朋友，两人牵手也有半年多了，感情在稳步地发展着。像很多恋爱的人一样，他们常常也会因为一些

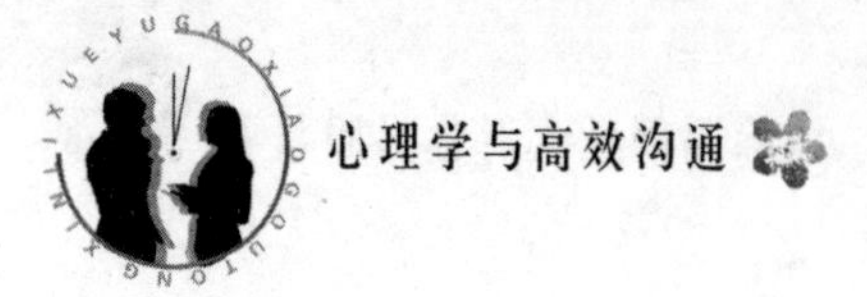

小事而发生矛盾。这天，他们为一顿饭又吵上了。

画眉想去吃火锅，但是扬帆最近老是上火，想吃得清淡一些。两人争执不下，画眉赌气往学校走。要是真的回去了，那么这场矛盾有可能成为一场闹剧。这时候，只见扬帆三步并作两步，追了过来，愣是堵在了画眉的前面。画眉往左走，他往左堵，画眉往右走，他往右堵。画眉抬起头，盯着他看。

这时候，扬帆笑着说："看啥啊，没见过刘德华二世吗？"

画眉忍不住想笑，但是最终没笑出来，说："还刘德华二世呢，我看像猪八戒再世。"

扬帆不以为然地说："管他是牛（刘）还是马，敢拉出来在你面前溜，那说明还是获得了特别通行证的，所以遇到了贵宾你得让着走。"

画眉眉开眼笑地说："懒得理你！"说完，不再回学校了，径直向前走去。扬帆快步赶了上去，牵着她的手，两人说说笑笑地向一家川菜馆走去。

故事中的杨帆和女朋友画眉吵架之后，画眉往学校走，继而拉远和杨帆的距离。如果这时候杨帆不及时阻止，那么两人之间势必有了隔阂。也就是在这个时候，扬帆急中生智，用幽默迅速转移了注意力，化解了这场矛盾。那么，在双方有了隔阂之后，如何用幽默迅速地冰释前嫌呢？

1. 急中生智，将矛盾玩笑化

当双方发生矛盾的时候，尤其是矛盾正激烈的时候，如果继续纠结下去，不管结果怎么样，都会让双方陷入痛苦中，这时候要急中生智，将矛盾玩笑化。有些事，当较真的时候，对方比你还较真，如果你当作一个玩笑说出来，对方也会把它当作玩笑一样。事实上，这时候你是给自己了个台阶，也是给别人了个台阶。

2. 自嘲自己的相貌和动作

当一个人说别人的相貌和动作的时候，便是嘲笑，当说自己的相貌和动作的时候，便是玩笑，能制造出幽默的效果。比如故事中的两人，因为吃饭的问题产生了矛盾。你不妨这样说："我都如此激情燃烧了，再烧我就会成

为一缕青烟，轻轻地来，也轻轻地走了。”对方听到你这样说，也就不好意思再和你纠结下去了。

3. 关键时候，说两句经典话

现在网络发展非常迅速，网上的经典雷人话语非常多。尤其是一些耳熟能详话，带有很强的幽默色彩。当双方产生隔阂之后，要及时地根据现场套用一两句经典的话，调动对方的情绪。比如对方要求你做一件你非常不愿意做的事情的时候，你不妨来一句：“这个真没有。”让人很快想起了赵本山的小品《不差钱》。

4. 在幽默话语中暗含恭维话

如果能在说幽默话的同时暗含一些恭维的意义，让对方在情绪愉悦的情况下再被恭维，即使是再深的矛盾，也会瞬间释然。比如两人因为钱的事情有了矛盾，这时候不妨学着《大话西游》里面的唐僧，来段“only you”既表达了幽默的意思，又恭维了对方。即使对方内心再不高兴，也会原谅你。

5. 不妨讲一个捧腹的短笑话

当双方剑拔弩张的时候，你的不经意的一句话、一个动作都会引起对方的强烈反应。但是无所作为，只能让矛盾越积越深。这时候不妨讲一个捧腹的笑话，让对方笑出声来，只要对方开怀大笑了，便不好意思再绷着脸和你较真了。当然笑话一定要有可笑度，而且不能太深、太长，以免对方无法领会，或者是厌烦而起不到相应的效果。

言语暗示，毫无尴尬地化解彼此隔阂

很多时候，两个人之间产生了隔阂，互相都不肯服输，更多的时候，两人都有了想要和好的意思，但是却因为好面子，而不肯轻易做出退让。这样一来，本来是很小的一个矛盾，却因为面子问题而导致了更大的矛盾发生，给双方的情感造成了很大的伤害。

向对方做出让步无疑是承认自己错了。这对于很多人来说，很难接受。

但是在言语中适当地用一些暗示的话，让对方明白你想要和好的意思，对方也会踩着你给的台阶及时下，这样一来，双方在保留了面子的前提之下，毫无尴尬地化解了彼此之间的矛盾。

小雨和小鱼是双胞胎姐妹，她们从来没有见过面，在她们15岁的那年，爸爸妈妈把小鱼从姥姥家接到了城里。

刚出生的时候，小雨身体很差，妈妈找算命先生求签，结果人家说，要想让两个孩子都平安无事，就必须把她们分开，等到她们都15岁的时候才能团聚。就这样，两姐妹一分开就是十五年。

因此，小鱼一直都很记恨小雨，她觉得要是没有小雨，自己也就不会失去父母疼爱。见面后，小鱼从来都没有叫过小雨一声姐姐，而且只要是她看中的东西，总是会想方设法从小雨手中抢过来。小雨虽然很生气，但是妹妹失去爸妈的疼爱那么多年，也就一再忍让。

其实小雨一直想和妹妹和好如初，不管小雨怎么做，小鱼始终是敌对态度。她讨厌姐姐说“什么什么东西是我的”“这是我家的”之类的话，因为小鱼觉得小雨一再在她面前提“我”，是在向她宣誓专属权。

刚开始小雨并没有意识到这些，对妹妹很关心，她希望可以和睦相处。这天吃午饭的时候，小雨说了一句：“这个菜是我最喜欢吃，而且只有妈妈做的我才会喜欢。”其实说者无意，可是小鱼听着很不舒服，她冲着小雨吼道：“你喜欢吃，全给你吃，吃死你。”然后很生气地离开了餐桌。

后来，小雨思索了半天，才发现原来妹妹很在意她说“我”，于是小雨决定改变策略，以此来暗示想和妹妹化敌为友。

第二天，吃饭的时候，小雨看着满桌子丰盛的饭菜，幸福地说：“今天妈妈做了我们最爱吃的饭菜，谢谢妈妈。”说话的时候，小雨暗暗地看了小鱼一眼。小鱼一改昨天的对抗，脸上挂着幸福的微笑，事实上，尽管今天的菜不是完全符合小鱼的口味，但是她还是吃得津津有味。

在以后的日子里，小雨总是会把“我”有意识地改成“我们”，不管是在吃饭还是做别的事，小雨都会说“我们怎样怎样”。就这样时间不长，妹妹慢慢地不再敌对，也开始叫小雨“姐姐”。

故事中的小雨通过将“我”说成了“我们”，这给了小鱼暗示，自己想要和她搞好关系，希望化解矛盾。由此可见，言语的暗示能传递你想要化解矛盾的意思，同时又让你不失面子。那么，究竟如何言语暗示，才能让别人明白你想要和好呢？

1. 多顾虑对方的感受

说话做事的时候，我们要多顾虑别人的感受。不能脑子一热，想说什么说什么。尤其是想要表达和对方化敌为友的时候，更要多顾虑一下对方的感受。当对方听到你理解他，你在考虑他的感受，无疑是向他传达你的友善，表达你想要和他化敌为友、和睦相处的意愿，他的内心深处自然不好意思再和你纠结，也会考虑你的感受。

2. 积极肯定对方的表现

一般情况下，产生矛盾的双方看到对方的是缺点，觉得他应该怎么样，而不应该怎么样。当你想要和对方化解矛盾时，不妨积极地肯定对方的表现。这样，挑刺就变成了肯定，对方自然也不好意思盯着你的不应该而不放。这样一来，双方的隔阂也会在互相的赞许声中毫无尴尬地得到了化解。

3. 多说“我们”，少说“我”

“我们”是一个集体，而“我”是一个个体。当你在说话的时候，多说“我们”，少说“我”，这样给对方传达的信息就是“我和你是自己人”。这样的“称呼”能显示自己的心胸，能向对方暗示你的包容和豁达，对方和你隔阂再深，也不好意思再纠结下去，从而化解了彼此之间的隔阂。

4. 为共同进步做出表率

要想和对方化干戈为玉帛，暗示和对方和好如初，那么就要积极地做出表率。你所做的别人会看在眼里，会记在心里，也会跟着你做出相应的举措。这样一来，双方都在积极为化解矛盾而努力，两人之间的隔阂也就慢慢地得到化解。这样避免了言语间的尴尬，又顾全了面子，可谓一举两得。

5. 适当地做出牺牲

有时候彼此之间都不妥协，最终导致两败俱伤。但是一方妥协，就意味

着要做出相应的牺牲。因此，如果双方剑拔弩张，不妨做出一点牺牲，向对方暗示，我在保护你，我在努力向你靠近。这样，当对方看到你牺牲自己的利益来维护其利益时，自然明白了你希望和对方化解矛盾的想法。

下篇

分清场合，与不同的人都沟通有道

第13章 把握分寸，与领导进行高效沟通

在职场中，有些人提出的建议总能被领导接受，因此也备受领导重视，自然，评优、加薪、升职等都会频繁降临；而有些人能力很强，却嘴笨舌拙，升迁机会往往与自己失之交臂。如果这样，你最该思考一下，是不是自己与领导的沟通方式出了问题，为什么领导不愿意听你的建议？为什么你的要求被领导拒绝了？如何说，领导才更愿意听？要知道，与领导沟通是一门学问，只有巧妙表达，领导才更容易接受。

作为下属，要学会察言观色

人际交往中有一项重要的技能——察言观色。很多人听到这个词，会觉得它含有贬义，是老奸巨猾的代名词。其实揣摩心意、查看细节，是每一个成功人士必备的技能。人们在交流中，不仅依赖语言表达内心的情感，也通过人们的面部表情、身体姿势等外在表现而流露真心。善于察言观色的人，就可以通过这些外在的表象透视人们的内心、了解人们的意图。自古以来，心智高超的人都擅长察言观色，在现代的职场中，若是不懂察言观色，也一定会跌跟头、吃大亏。尤其是下属之于上司，则更需要学会察言观色，对上司知其长、避其短，才能适时变通，应付自如。

所谓“察言”，就是要善于听出上司的弦外之音、言外之意。言谈是一个人的思想、性格以及情绪的外在流露，但是很多时候，很多深层的含义或者真实意图却隐藏在说话者的言语之外。所以我们不能只听上司言谈的表面

意思，更要用心领会上司隐藏在言语背后的真实意图。比如说，当上司对你说：“这本不该是你的工作，要不就等到小李身体好了回来再做吧，最多也就多交两三天的违约金。”他的言外之意其实是：“虽然这并非你的本职工作，但我还是希望你能把它做好，否则公司就要多交两三天的违约金。”这时，你若顺着上司的意思，真的以为他不要你做这项工作，那么你就失去了一个很好的表现自己的机会，而上司的心中也必定会叹你愚钝和自私。但若是你能够听出上司这番话中的真正意思，自告奋勇地说：“虽然这不是我的本职工作，但是我希望可以尝试一下，因为毕竟我的工作也与之有关。”其结果自然是皆大欢喜。

所谓“观色”，就是要通过上司的面部表情和肢体语言来察觉他内心深处的思想。虽然有的上司城府很深，喜怒不形于色，但是若是细心观察，总可以从他的面部表情和肢体语言中看出一些蛛丝马迹，从而揣摩他的心意，领会他的意图。比如，当你在和上司汇报工作时，若是上司正襟危坐，双眼直视于你，双手合十放在桌面上，并且上身微微前倾时，那就说明对你的话题很感兴趣，你所说的正是他所希望听到的；但若是他身子微侧，靠在椅背上，跷着二郎腿轻轻抖动，并且眼睛也不看你，而是东张西望时，那就说明他对你所说的话一点儿都没兴趣，这时，你要做的就是赶快停止，回到自己的座位上，从头审视你的工作汇报，找出问题出在哪里。若是肯定你的工作汇报没有问题，那就说明当时上司本人不在工作状态，你就要另择时机向他汇报。总之，察言观色才能令你把话说到上司的心坎上，把工作做到点子上。

Linda大学毕业后到一家广告传媒公司做了一名普通文员。

有一次，一个大公司决定为自己的洗发水产品做一个广告，创意设计就交给了Linda的公司，但是连续十几个方案都遭到了对方的否决，对方说，若是再拿不出让他们满意的创意，他们就另找其他公司合作了。总经理大为着急，将策划部主管狠狠地批了一顿，同时命她将公司所有人员召集起来出谋划策，不论职位与工作类型，每人必须发言，只要能设计出一个好的创意，就立刻将其升任策划部副主管。

众人立刻开始忙碌起来，谁都希望自己的表现能获得总经理的青睐，并且自己的创意可以拔得头筹。Linda自然也不例外，她征求了朋友、家人甚至邻居们的意见，设计出了一个自认为十分满意的创意，就等着开会的那天好好展示一番。

会议开始了，大家踊跃发言，纷纷展示自己精心设计的广告创意，气氛十分活跃。但是Linda突然注意到策划部主管虽然也在认真地听大家发言，但是却目光涣散，手中的笔在本子上划来划去，却并不是在认真记录。她脸色阴沉，嘴角下垂，虽然面无表情，但Linda却很明显地感受到了她内心的压抑。Linda心中惊了一下，想："就算是自己的创意再好，真的升任策划部副主管那又如何？如果主管心中对你有意见，那么以后的工作又怎能顺利开展？"于是她灵机一动，轮到她发言时，她只将自己的创意说了三分之一就草草结束了。会后，她立刻去找策划部主管，谦虚地说希望主管指教她的创意，然后根据主管的意见做了一些修改。临走时，她对主管说："姜还是老的辣。这样一修改，简直就不是我原先的创意了。还是按照您的意思上呈总经理吧！"果然，总经理以及对方公司对此创意十分满意，而主管也趁机对总经理说："Linda的创意与我也有部分相近，说明她是一个很有潜力的女孩，希望将她调到策划部来做我的助手。"总经理自然很爽快地答应了。

就这样，Linda不但遂了自己的心愿调到了策划部做了副主管，并且还得到了主管的信任，工作开展得顺利而又舒心。后来主管升职调离策划部时，还竭力推荐Linda做了策划部的主管。

很多有个性的职场新人对"察言观色"一词嗤之以鼻，认为这是投机取巧的一种方式。但察言观色确实是人际交往中不可或缺的一项技能。因为只要身在职场，就无法避免与上级以及同事打交道，若是你不懂通过言谈举止体察他人的内心，就算你表现得再出色、工作再努力，也未必会得到同事以及上司的赏识。上文中的Linda通过策划部主管的面部表情以及肢体语言，敏锐地感觉到了她内心的压抑和不满，采取了避其锋芒、投其所好的聪明办法，将自己的创意巧妙地说成是主管的功劳，不仅为主管保全了颜面，也为

自己争取到了升职加薪的机会，同时获得了上司出自内心的赏识，创造了良好的工作环境。否则，就像Linda所想的那样，假如上司不欣赏你，不支持你，无法与你很好地共事，那么你的才华再出众也没有显示的舞台，又哪里谈得上实施抱负、大展身手呢?

因此，人际交往中，察言观色、培养自己敏锐的观察力、明晰的鉴别力是十分重要的。在职场中作为下属，学会对上司察言观色，了解其真实的个性、心理与情绪，并用智慧与耐心去解决，就可以如鱼得水，左右逢源，为自己创造良好的工作环境。

选对时机向领导谏言，展现责任感

智者千虑，必有一失，愚者千虑，必有一得。所以，即使再精明的领导，也有考虑问题不够全面、处理事情不周到的时候。遇到这种情况时，下属如果不能够认清形势，只懂得盲目服从，很可能会导致更大的错误出现，自然也就很难有成功可言。因此，当下属与领导相处之时，要学会向领导进忠言，方能改变时局，达到既定目标。

生活中，有许多下属总想讨领导的欢心，于是事事顺着领导，做起事来也总是看着领导的眼色行事，有时明知领导的决定不对，也抱着少说为佳的态度处置。其实，作为聪明的下属，要懂得不断提醒领导，如果发现领导决定有不妥的地方，不放任事态的发展，也是下属有事业心责任感的标志。

晏婴，又称晏子，是春秋时期的齐国人。晏婴曾是灵公、庄公、景公三世的齐国名相，也是继管仲之后，齐国的名相。齐国历经灵公、庄公时期，已走向没落。到了景公时，政局混乱，景公便想光复先君伟业，让晏婴辅佐治理齐国，重振雄风。

一日，齐景公召晏婴来请教兴国安邦之道。面对着国君的请救，晏婴只是沉思了片刻，便邀请齐景公一起，外出察访民情，出于一股新鲜劲，景公也便应允前往。于是，君臣二人便来到京都临淄的闹市，走进一家鞋店。奇怪的是，这些精美的鞋子没有人前来购买，相反，倒是那些卖假脚的地方却是生意火爆。景公不解，便问缘由。对方回答："当今国君滥施酷刑，动辄处人刖刑，很多人便被砍了脚，如果不买假肢的话，又如何能够劳动与生产呢！"听到这些，景公有些心生烦闷，晏婴知道他一定是受到刺激。于是，向景公说道："先君桓公之所以能够建立伟业，正是因为他能够爱恤百姓，廉洁奉公，不为满足欲望而多征赋税，更不会为修建宫室而乱役百姓。如今大王却要亲小人，远贤良，百姓敢怒而不敢言，生活苦不堪言。"听到这里，齐景公彻底明白了自己的错误，立誓也要效法先君，光大宗祠社稷。

还有一次，景公及群臣到已灭亡的纪国去游览，无意中捡到一个精美的金壶。只见壶内刻着"食鱼无反，勿乘驽马"八个大字。景公故作聪明的认为这是告诉大家"避免吃到腥味，吃鱼的时候，尽量避免使用反面。如果想要走很远的路，也不能乘劣马。"听到景公的解释，众人无不赞叹其见解深刻。然而，晏婴却在良久的沉默后说道："这里也包含着治国的道理，前一句是告诫国君不想过分压榨百姓，后一句则是表达不能重用无德无才的人。"景公不服，反驳到："既然纪国拥有这么好的名言，却为何还要遭遇亡国呢？"晏婴回道："正是由于他们把这些刻于壶内，而不是高悬于门上，因为不能时常看到，并在生活中加以对照，才会如此结局。"景公听后方才有所领悟，便令群臣也要牢记壶内格言。

我们所面对的领导只是一个个普通的人而已，晏婴面对国君，尚且能够抱着这种不卑不亢的态度，那我们面对领导的错误，更应该积极地提出自己的看法，敢于向领导吐露忠言。

培根曾说过："过分地恭维别人，等于贱卖自己的人格。"因而，在与领导的相处中，如果一个人总是讨好领导，不懂得进忠言，只会让人瞧不起。相反，如果能够坚持自己的做人原则，面对错误的地方，能够坚持自己的主见，即是对上级的真心尊敬，同样也可以得到上级的认可。

当然，作为下级在向上级进言提建议时，也要把握好一个"度"，只有

掌握好方法与分寸，自己提出的建议才更容易被采纳。所以，如果你也遇到此类情况，只要掌握了方式与分寸，请大胆地向你的领导进言吧！

与上级分享成功，低调更得领导器重

职场，就是看不见硝烟的战场，有的人在此惬意自得，如鱼得水般，轻松自在。然而，有些人却在此处处碰壁，不得要领。为什么会有这么大的差别，重点在于一个人能否与领导搞好关系，成为领导心中的重要人物。

与领导相处，也是一门学问，如果处理得当，可以为你带来事业上的进步。相反，如果稍不留意的话，也可能让你跌落谷底，损失惨重。因此，对于身处职场的人来讲，能够与领导和谐相处是首要任务。因此，除了给予领导尊重之外，还应学会低调做人，把耀眼时刻让给领导。否则，即使你的能力超群，也会被外露的锋芒所伤害。

张鹏在一家电脑设计公司任职，他是企划部的得力人物。要知道，他能够拥有今天的成绩很不容易。因为在他之前，这个部门已经接连调来好几个人，然而都没能改变企划部的面貌，最终没过多久，又都灰头土脸地离开了。这不，领导才把他提拔到现在这个位置上。果不其然，没过几个月时间，企划部在他手上复活了。

在他的管理下，这些企划部的员工都像复活了一般，对工作充满面了热情与干劲，没过久，整个部门便赶上了企业整体步伐。一时之间，企划部成为全公司的热门话题，公司上下，无人不知这位重要人物。在大伙的夸奖下，张鹏也开始得意起来，逢人就说自己的能力如何强，如果早一点让自己接手的话，这个部门应该早就改变这种局面了。面对成绩，张鹏一味地陶醉在自己的成就中，根本没有注意到领导的心理变化。

陈鹏所说的话，其实早已传到领导的耳中，使得领导心里很郁闷。更让人生气的是，在公司的表彰大会上，当陈鹏上台去发言时，他从头到尾都在表达自己的能力如何，眼光又是何等高，正是由于自己的到来，才使得企划部摆脱了被合并的命运，最终取得耀眼的成绩。可以说，在整个发言的过程中，陈鹏都在夸奖自己，根本没意识到他人的努力，当然也没有提到他的领导。

因而，领导此时已心生不悦，只是没有表达出来。这不，表彰会没多久，领导便借他能力高为理由将其调到更需要的部门上。直到此时，陈鹏才明白正是因为自己过于张扬，在荣誉面前，没有把领导放在第一位才造成今天的局面。尽管他想给自己争取最后的机会，无奈大局已定，他也只能听从命令，去其他部门上任。

在这个故事中，陈鹏力挽狂澜将企划部带出困境，一跃成为公司先进部门。这其中有他的功劳，然而，他并没有意识到要把这些功劳与领导分享，甚至根本无视领导的存在。无论取得多大成就，都不可能是一个人的所为，尤其领导的决定能起到的关键性作用。所以你所取得的任何成就都有领导的参与。如果都像陈鹏一样高调宣扬自己的能力，从而抢走了领导的风光，只会引起领导的不快，最后势必会给自己带来损失。由此可见，作为下属面对成就时，保持低调，主动把成就相让与领导，是获得领导信任的有力武器。

现实生活中，有许多年轻人取得一点成就，便学会自我宣扬，到处显现自己的能力，甚至认为领导正是依靠自己的努力才能做出成就，因而，面对成就时，总是极力争功，总想显得比老板更能干，更有能力。其实，这是最愚蠢的做法。要知道，身处职场过于高调的突出自己，无形之中就是抢走了领导的风头，使领导显得没有能力，这样做无异于给自己成功增添阻碍。聪明的下属懂得，成功之时，保持低调，不抢领导的“镜”，才是深得领导心的做法。

作为下属，你的职责便是协助上司，如果因为一点小小成就便邀功争宠，只会让上司觉得你好大喜功、有些自私。因此，作为一个聪明的下属，就要学会保持低调，把成绩主动与上司分享，与上司共进退，才是获得成功的最佳途径。

那么，从现在起，做一个聪明的下属吧，通过让功劳获得上司的信任与重用！

良药可以甜口，忠言也可以顺耳

当今社会，一个人的能力表现在很多方面，会说话就是一种能力。放眼职场，会说话的人加薪、升职都比别人快一拍。当然，我们并不提倡靠谄媚、拍马屁得来优厚的待遇。一个敬业的员工，绝不会靠奉承邀宠得来成绩。所以，作为下属的我们，既要理解“不在其位，不谋其政”的道理，又要充分发挥自己的主观能动性，积极地思考问题，给领导当参谋，做助手，这样，个人发展才不会是无本之木，无源之水。

古人云“忠言逆耳”，诚然，当古代那些忠君爱国志士为国为民冒死进谏，我们着实很佩服，但是又不禁感叹，难道没有更好的建议方式吗？答案自然是肯定的，为什么不采取上级可以接受的说话方式呢？因为良药可以甜口，忠言自然也可以顺耳。

陈明是某电视购物公司的销售部主管，顶头上司便是销售部经理。接连三个月，公司的业绩直线下滑，为了促进销售，在季度总结大会上，经理提议大家可以开空头支票，也就是为了吸引顾客，增设一些根本不存在的优惠或者服务项目。

对此，陈明很不赞同。他强调让职员拿空头支票外出办事，会有很大风险，并且是极不负责任的。万一客户找上门来，不仅销售员个人的业绩乃至诚信会受到影响，也会连累到整个公司，甚至引发信任危机。也许是言辞过激，领导在恼怒中扔过来这样一句话：“我看你是权限太大了。”

两个人正僵持不下的时候，一旁的销售员晓峰出来给他们打了个圆场：“陈主管，就咱们经理的识人本领，有谁能逃得过他老人家的火眼金睛？不是经理信得过的人，经理能这么做吗？”僵局中有了这个台阶，陈明也就顺

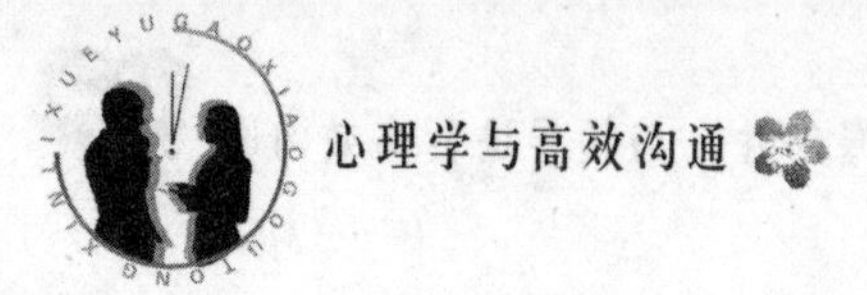

着附和，大夸经理办事精明老道。经理听了当然很欢喜，而且，他自己也在心里权衡自己这么做对不对，转念一想，悔恨自己差点办了糊涂事，所以会议结束时经理表扬陈明和晓峰对公司负责任的态度。

陈明要不是有销售员打圆场，恐怕不仅没有劝住经理，还和经理闹僵了，这样，无论对于他还是公司的发展都没有好处。很明显，帮他解围的销售员是聪明的，他更明白，作为一个下属，领导更在乎面子，顺着领导的心思建议，更能事半功倍。都说不打不相识，其实不捧也不相亲。自古就有趋类求同，排斥异己的说法。一句好话不仅可以让冲突缓解，更可以和对方在“知遇”感喟中拉近距离。

那么，作为下属，我们在让我们的忠言更加顺耳的时候，应该注意哪些问题呢？

1. 选择领导可以接受的方式

虽说一般情况下，我们在给领导提出建议的时候，更多的是采取口头方式，但并不是每个领导都愿意接受这种方式。不同的领导接受信息的方式是不同的。有的上司喜欢书面材料，有的上司喜欢数据分析，有的上司更喜欢直观的观察图片……只有先了解领导喜欢用什么方式接收信息，你才能将自己想要表达的观点更好地传达给领导。

2. 学会换位思考

一件事情，站在你的角度看是很有道理的，但是，领导站的角度比你高，而且他得到的信息比你多，所以，站在他的角度事情看起来就可能完全是另外一个模样。要知道，领导是把握方向的，他的工作就是判断各个问题的轻重缓急，所以，角度和掌握的信息不同，得到的判断结果就完全两样，而且领导经常不方便把他自己的一些考虑解释给下属。

所以，我们在与领导沟通时，如果能够改变自己的语言方式，效果或许更好。在“进谏”时，你不仅要站在自认为对集体有利的角度，还要“换位思考”，站在上司的角度考虑问题。

3. 多与领导沟通、交流

由于信息的不对称，往往你认为正确的意见，老板可能认为目前时机尚

不成熟，所以“不便采纳”。此外，在陈述时多用中性词语及祈使句，而不要让领导感觉你是在将自己的想法强加给他，换句话说是给老板提“建议”而不是“意见”。通过适当的方式把自己的意见传递给老板，如果这个意见对公司发展非常有益，相信老板不会不采纳的。因此，你就需要平时多与老板沟通。

4. 态度要谦虚

莎士比亚有一句名言：“期望往高处爬的人，应该踩着谦虚的梯子。”想让老板重视并采纳你的“谏言”，就应该牢记这句话。

所以，作为一名称职的下属，我们不要有“等着领导吩咐就是了”的想法，我们应该开动脑筋，给出几种解决方案，再说明其长处和短处，让领导选择，这样，你既得到了锻炼，也提高了工作效率，因为这些方法是你想出来的，以后执行起来也比较得心应手。

指出领导失误，给领导留点面子

中国人素来很爱面子，尤其是做领导的，自然有一定的权威和尊严，古人有“君无戏言”的说法，君王明知犯错却不知悔改的大有人在，其中缘由不难理解，因为承认自己的错误也就是失了权威和面子。

唐朝时，唐太宗常常对魏征当面指责他的过错感到生气。一次，唐太宗宴请群臣时酒后吐真言，对长孙无忌说：“魏征以前在李建成手下，当时确实可恶，我不计前嫌地提拔任用他，直到今日，可以说无愧于古人。但是，魏征每次劝谏我，当不赞成我的意见时，我说话他就默然不应，他这样做未免太没礼貌了吧？”长孙无忌劝道：“臣子认为事不可行，才进行劝谏，如果不赞成而附和，恐怕会给陛下造成其事可行的印象。”太宗不以为然地说：“他可以当时随声附和一下，然后再找机会陈说劝谏，这样做，君臣双方不就都有面子吗？”

唐太宗的这番话流露出作为领导，有时对尊严、面子和虚荣看得十分重要，他是一代明君，最能听进去劝谏之言，姑且有这样的想法，更何况作为普通人的领导呢？所以，在工作中，当领导有失误需要我们指出时，一定要顾全领导的面子。

王晶这几天对自己的部长很不满意，到处发牢骚。原来别的部门要从她所在的部门调一个人过去，王晶很想换一个部门尝试一下，而且那个部门是做技术的，王晶正好有这方面的特长。

于是在部长向员工征询意见的时候，王晶就主动地向部长表示自己愿意过去。但是部长好像根本就没有注意到她，最后还是让别人去了。更让她郁闷的是，过去的人对于技术根本一窍不通。

李佳在一家比较知名的企业任总经理助理，他的顶头上司赵总是理工科毕业，始终坚信发展技术才是硬道理，毕业后的大部分时间也一直是在研究开发领域工作，而对于企业的管理模式以及人事方面只是一知半解，也不愿意在这方面有投资。因此，技术部门和管理部门之间实力出现明显不协调，而且，出于对技术的钟情与依恋，赵总总是喜欢直接插手技术部门的事，把管理的层级体系搞得乱七八糟，属下表面上不说什么，但私下里无不怨声载道，让李佳感到与其他部门沟通协调倍感吃力。

经过思考，李佳决定向赵总提出意见。他对赵总说：“真正意义上的领导权威包含着技术权威和管理权威两个层面，赵总您的技术权威已经牢固树立起来了，但是管理权威则有些薄弱，还需要加强。”赵总听后，若有所思。

李佳巧妙地规劝了自己的顶头上司，结果获得了成功。后来，赵总果然越来越多地把时间用在人事、营销、财务的管理上，企业的不稳定因素得到有效控制，公司运营进入了高速发展的态势，李佳的各项工作也顺风顺水，渐入佳境。

下属王晶之所以没有能够如愿以偿，仔细分析起来，是她与上级交流的方式有问题。作为一名下属，这样迫不及待地直接向上级要求去另外一个部门，作为上司会感到很没有面子，上司会有这样的想法：“难

道你就这么不愿意待在我领导的部门里吗？”他自然就不会顺顺利利地让你去了。

而假如王晶换一种交流方式，找个没有旁人在场的时候和上级好好谈谈，向他表示：我很不愿意离开这个部门，我很想继续被您领导。但是我觉得自己对于这个工作是一个比较合适的人选，如果让我过去试试，我一定很感谢领导对我的栽培。相信这样领导会很乐意让王晶过去的，而且如此一来也不会伤和气。

和王晶比起来，李佳先生做得就很好。他首先就是肯定了赵总在技术方面的权威，让赵总有了面子，接下来的交流工作自然简便得多。

所以，在和上级交流时给上级留面子是很必要的。给上级留面子，的确是给上司指出失误的上等策略。

首先，它没有否定上司的观点和能力，而是站在上司的立场上，最终是为了维护上司的权威，出发点是善意的、良性的，这一点，领导绝对能看得见。

其次，这种策略相对来说温和得多，能够充分照顾上司的自尊，易于被上司所接受，成功率较高，而即使不能成功，也不会伤害到上司的尊严和权威，上下级之间的关系也不会受损。

那么，我们在指出上级的失误时，该怎样兼顾上级的面子呢?

1. 要选择适当的时机

这里主要照顾到你上司的心情和场合。如果你在众目睽睽下揭了你上司的短，指出他的错误，你和上司之间的关系就宣布破裂。因此你可以选择私下无人的时候，这更能照顾到他的面子。

另外，请记住他也是个普通人，当公务缠身、诸事繁杂时，他未必有很好的耐心随时倾听你的建议，尽管极具建设性。

2. 注意说话态度，要注意分寸

注意说话的态度和敬语的运用，恰到好处地表达出你的意思，由于你的坦率和诚意，即使对方不完全赞同你的观点，也不会影响到他对你个人的看法。

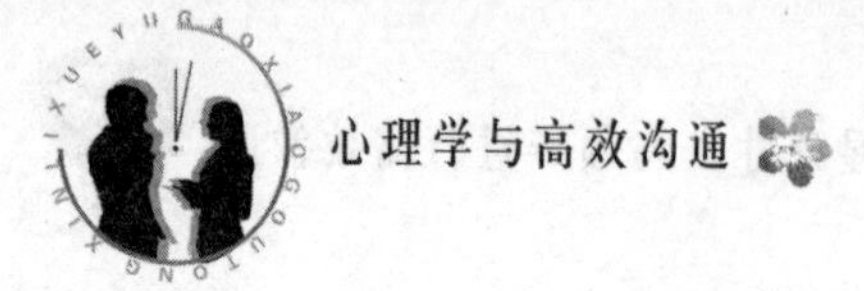

3. 观点鲜明，长话短说

上司一般来说都对下属提出的过长的意见感到不耐烦。你在准备指出他的失误时，就要有一定的准备，有充分的理由，然后一气呵成表达自己的想法和意见。如果你能在一分钟内说完你的意见，他就会觉得很愉快，而且如果觉得“有理”，也比较容易接受。反之，倘若上司不赞同你的意见，你也不会因此而浪费他太多的时间，他反而会为此欣赏你。

总之，上级总要保持一定的尊严，所以在面对上级时，要注意保持上级的尊严，注意给上级留面子，这样才能够和上级很好地交流。否则的话，如果不给上级留面子，上级也不乐于倾听你的意见，即使你的意见是正确的。

拒绝领导，也要找准时机

职场中，有这样一些人，无论是自己的工作还是别人的工作，自己都揽下了，对于别人的要求更是有求必应。因为不会拒绝，他们承载着高强度的工作压力，他们任劳任怨，可是却得不到提拔，混到“极致”也只是个资深员工，像一头老牛奉献着，却得不到该有的回报，这种人究竟为何有如此“下场”？

相反，又有一些人，在其位谋其政，不是自己的工作，轻松地就能推掉，而且和领导相处和谐，于是扶摇直上，加薪和晋升的机会一个也没错过，这又是为何？

很简单，这两种人有不同的职场命运，主要与他们的处世态度有很大关系。前者，究其原因，在于不够自信，对于领导交代的任务，因为怕得罪，于是来者不拒，也由于想讨好领导，想做领导眼中的好人，领导自然喜欢有人为自己分忧。但实际上，正因为你只会接受，而不会要求，更不会拒绝，加薪与晋升自然与你无缘。

这里的关键是你不会拒绝，或者说害怕拒绝。当你的顺从成了习惯，而

当你承受不住，终于发出微弱的反抗之声时，领导又会因为不适应，而拒绝你的合理要求。因此，一定要学会巧妙地拒绝。而这最关键一点是一定要把握好时机，不能太早，太早了你的羽翼还未丰；更不能太晚，太晚了，就可能一切都已经晚了。

李红一直被公司的人称为工作，每天下班都是公司最后一个，其实，并不是她很喜欢工作，是没有办法，他是领导手下的万能胶，不管领导有什么时候，只要喊一句李红，她就会随叫随到。“只要有李红在，我就放心了。”领导经常这样对身边的其他领导说，这话也传到李红的耳朵里，李红自然也是高兴，她认为，既然领导这么赏识自己，一有晋升的机会，领导肯定会想到自己，毕竟自己也已经进公司三四年了，是个老员工了，而且上班认真积极，应该可以升职、加薪了。

但事实上，这样的影子消息一次次从李红的耳边溜走，她还是和身边那些新来的小姑娘们拿差不了多少的工资，可不同的是，李红每天的工作是加班都做不完，有时候还要带回家做，可是那几个女孩却经常闲得在办公室修指甲、化妆，李红很是气愤，想明白自己升职的这件事里到底有什么蹊跷，她找到了自己在人事部的好朋友，问明了原委。关于她升职的事中层主管会讨论过很多次了，每次都被她的领导一句话否定了，说李红虽然业务能力不错，但管理能力不足，需要再锻炼锻炼。“你想想，如果你升职了，他上哪儿找这么任劳任怨的万能胶？”她的好朋友对她说，李红一听，如醍醐灌顶，终于全明白了。

李红很气恼，那个好朋友约她出来一起喝茶，原本心情就很差，希望好朋友可以安慰一下自己，没想到朋友却说：“如果我是你们老总，我也不会升你的职。一个不懂拒绝的人，怎么去管理别人？”李红仔细想了想，觉得这话真的很有道理。

后来，当领导给她增加工作量时，李红终于鼓足勇气说：“我最近手头事实在太多了，真忙不过来。”领导一听，脸立刻变了色：“可是，好像只有你在这上面经验丰富一点啊。”

“那好吧，我试试看，但是，那个项目，最起码还需要几个人，不然我不可能一个人做完。”当李红说完这些的时候，心差点从嗓子眼跳出来了，她是聪明的，如果领导答应给自己派助手，就相当于变相给自己晋升，自己的工作也能分担出去了；如果不答应，领导也不好把新任务硬塞给自己了。

果然，老总再也没提过加工作的事，还一反常态地经常关心起李红来，让她工作的时候要注意身体等。

职场中不乏李红这样的人，因为对领导不会拒绝，让自己身心俱疲；而作为领导，当他为你分派任务时，他并不知道任务对你的轻重，但他知道，把任务交给那些不会拒绝的人比较省事，而给你加薪、升职却很艰难，因为领导不想重新去寻找一个和你一样温顺的羔羊。

我们看得出，李红拒绝领导的做法也是值得学习的，在恰当的时候提出，先肯定领导的做法，然后道出自己的苦楚，领导也并不是不明事理，只要态度诚恳、理由充足、方式正确，领导一般都能接受。

因此，我们要学会拒绝领导，更要学会选择一个恰当的时机拒绝，那么，我们应该注意哪些呢？

1. 不能当众拒绝

领导也是要面子的，较为在乎自己的尊严和权威，你当众拒绝他，无疑就是让众人怀疑他的能力与智慧，领导会认为你狂妄自大，不把他放在眼里。另外，领导内心的逆反心理会被激发起来，无疑，你当众被击毙的风险也大大增加。

2. 先肯定领导再拒绝，最后总结性肯定

首先肯定领导策略的正确性，然后提出自己的想法，最后再对领导的英明进行一次总结性肯定。这种方法被称为“三明治”式的拒绝，通常都能为大多数领导所接受。

3. 给领导一定的思考时间

领导给你分配高强度的任务，多半是他没想到那么大的任务对你的影响。当你恰当的拒绝后，他的思维会有一个缓冲阶段，当领导想通后，或许并没有承认自己的失误，但和范例中的李红一样，在日常工作中，你将会获

得意外的惊喜。

总之，无论是职场还是做人做事，拒绝是一门学问。要学会这一门学问，我们将轻松得多。

第14章 注重要点，与同事进行高效沟通

在日常工作中，同事是我们在工作时间内交往、接触最多的人。这就造成我们很难定位同事在我们观念中的位置，他有可能是朋友，有可能是竞争对手，有可能是敌人。因此，在办公室里，我们需要注意自己的言行举止，以得体的言行赢得同事的欣赏，时刻保持平和的心态，不抱怨，不嫉妒，不抢功。

不要随“口”进入他人的领域

同国家的领土一样，对于每一个人来说，也有属于自己的一块领地。每个人的领地都埋藏了一些秘密，每个人只有在自己的领地上才能放松，而我们在与同事相处的时候，也会保持一定的距离，不要随便进入他人的领地。

每个人在人际交往中，都存在着一种强烈的自我保护意识，保护自己那块领地。而对于存在着利益关系的同事之间，这样一种保护的意识更加的强烈。因为很多人认为，在同事之间不存在着真心交谈的朋友，只是存在着志同道合的革命同志。谁也无法向自己的竞争对手亮出自己的底牌，或是全面地展示自己，他们总会坚守自己那片领地。而人与人之间的交往是建立在互相尊重的前提之上，这就需要我们在与同事相处时，也要学会尊重对方，不要随便就进入他人的领地。

小李是一个性格十分开朗的女生，她刚进新公司没有多久，就赢得了同事们的喜欢。一天，她与同事下班回家，偶然看见上司的车里坐着与自己

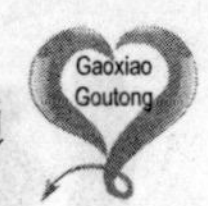

一起来的新秘书丽丽。她不禁有点好奇，还上前去打了个招呼："嗨，去哪里玩啊？"丽丽有点支支吾吾，含糊其辞："我马上回家呢，正好与老板顺路，他载我一程。"小李笑了笑，就与同事回家了。

第二天，小李就在办公室大声公布了她的新发现，当她和同事正在那里大声讨论着的时候，丽丽拿着文件夹进来，正好听到了，她脸色变得很难看，把文件扔给小李就走了。小李显得有点不好意思，两天以后，上司把她叫到办公室，告诫她以后在上班时间少说与工作无关的事情。小李闷闷不乐地回到工作的地方，让她更为伤心的事，没有一个人过来安慰她。

在同一个办公室上班，每个人都应该尊重他人的隐私，稍有不慎，就会祸从口出而付出很大的代价。这就需要我们在办公室里，要随时注意自己的一言一行，一举一动，千万不要揭露他人的隐私或伤疤。

一般而言，我们在与同事相处的时候，需要与对方保持一定的距离。这样的距离不仅仅是人与人之间的心理距离，还有工作目的与职权的界定距离。所以，我们在工作中，不要随便进入别人的私人领地，也不要对别人的隐私进行大肆的宣扬。

1.不要进入同事的秘密领地

每个人都有自己的秘密和隐私，对于在一个文明的办公室，我们都应该尊重别人的隐私。当然，我们不可否认，每个人都有一定的好奇心。但是，如果你发现自己对别人的隐私开始感兴趣，那么你就应该进行自我反思了。

其实，很多情况都是在无意之间发生的，比如你偶然间发现了同事的一些奇怪行为，在聊天时无意间告诉了别人，这样一传十，十传百，弄得整个办公室人尽皆知。其实，你这样的无意识行为既造成了对同事的伤害，又使其他同事对你有防备之心。因此，与同事相处，就需要与之保持一定的距离，尊重对方的隐私，不要随意进入对方的领地。

2.不要介入同事的工作目的与职权

每个同事都有自己的工作目的与职权，很多人对自己工作领地有强烈的保护欲。这样一种自我保护意识就体现为，他只会坚持自己的想法，不会

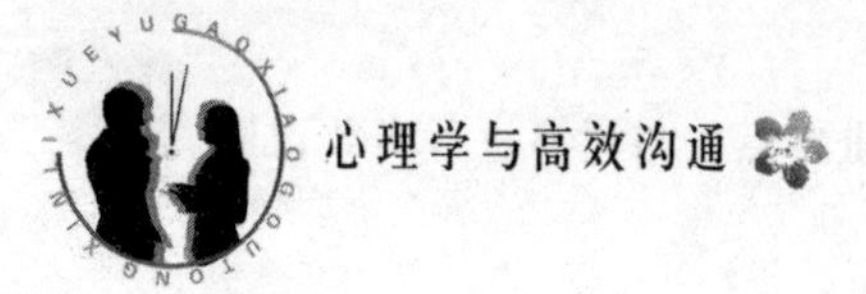

轻易接受你的建议，也不希望你随便询问他工作的进度。其实，对于每个人而言，都对自己工作领域有种强烈的操纵感，他介意其他人对他工作专业有任何的意见，他们做事我行我素，如果你随口问一句“工作进展得怎么样了”？他就会觉得你是在干预他的工作。

因此，如果不是有工作方面的需要，你千万不要介入对方的工作目的与职权范围内。不要自以为地给对方一些建议，也不要随口问有任何关于对方工作的情况，你的无意之言只会让他对你产生敌意的态度。

总而言之，很多人在职场中都不希望自己的领地被他人侵犯。因此，与其让自己职场中多一个敌人，还不如保持距离，真诚相待，使自己在职场多一个可以信赖的人。

如何与异性同事沟通

在同一个公司、同一个办公室，既不可能全部都是男性，也不可能全部都是女性，所以，你免不了会有一些异性同事。对于每一个员工来讲，千万不能小看了办公室里的异性关系，而是需要慎重对待。一旦你与某位异性同事的关系没有处理好，就会惹来非议，轻则会败坏你的名声，影响同事之间的关系；重则会让你身败名裂，甚至家庭破碎。因此，这就需要我们在工作中掌控好与异性同事的关系，才能构建和谐的办公室关系。

当然，如何与异性同事进行更好的沟通呢？这主要分两种情况，那就是办公室男性如何与女性同事相处，还有就是办公室女性如何与男性同事相处。因为，性别不同，他所具备的个性特质也有明显的差别，这也导致他们在处理异性关系的问题上出现方式的差别。下面我们就针对这两种情况一一分析。

1.办公室女性如何与男性同事相处

很多女性在办公室的待遇总是出现两种相对的情况，要么很受欢迎，要么就是受到排挤。很多女性在职场上爱发小脾气，喜欢撒娇，这对于男同事

来说，都是一种与工作无关的干扰信息。那么，就需要我们的女性朋友在工作中，尽可能地展现出一个工作中的职业化状态，而不是把办公室当做自己的“舞台”，随意地展示自己。

（1）在工作场所不可对男同事撒娇

很多女性总以为自己身份不一样，于是她们常常把那种在父母面前、在男朋友面前使出的“杀手锏”——撒娇带到工作场所。她们怀着“我是女人”这样的心态来面对异性同事，于是，从她们的嘴里经常蹦出一些“快点把那个给我”、“今晚送我回家嘛”。其实，即便你是一位女性，可能会容易引起男同事的怜悯之心。但是，男同事毕竟也是同事，你们之间只是工作关系，因此对他们不要过分依赖。女性在职场上，应增强自己的独立性，增强责任心，在异性同事面前展现一个不一样的面貌，才能受到异性同事的尊重。

（2）不要把心思花到如何吸引异性同事

其实，即便是你对某位异性有好感，那你可以下班之后，或者另外单独找个时间对其表白，但是千万不要公开地向哪位异性同事示好。对你来说，可能会觉得这是大胆的行为，但是结果只会是给对方带来一些干扰，也使自己迅速成为办公室的绯闻女主角。

（3）降低自己的声音语调

很多女性在说笑时容易发出尖锐的笑声，并且语调异常娇嗔，这固然是作为女性所独有的特征，但是其实很多男性同事对此很反感。于少数的异性同事，则会通过你的声音语调揣测你的行为，甚至会误解你的行为。因此，办公室女性要时刻注意自己是否也存在这样的情况，并且尽量降低自己的声音语调。

（4）与异性同事进行有效地沟通

当你遇到了工作中的难题，你也可以虚心向异性同事请教，或者你可以主动约男同事外出喝茶，交换彼此的意见。但是，务必要谈论一些有关工作的事情。你也可以对男同事提供一些帮助，当下班的时候，不要急着回家，你可以对那些还在忙于工作的男同事提供帮助，这样可以在工作中建立情

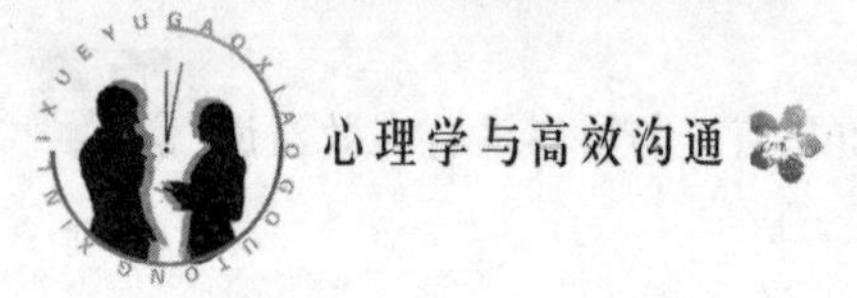

谊，改善你的人际关系，而当你遇到困难的时候，别人也不会袖手旁观。

（5）适当展现自己的女性魅力

办公室女性除了在异性同事面前展现自己理性、坚强的一面，也要适当地展现自己女性特有的温柔的一面。比如，你可以面带微笑地倾听他们的牢骚，你也可以在为自己倒水的时候，顺便为身边的异性同事捎带一杯热气腾腾的茶水。这样可以给对方留下好的印象。

（6）不要过分亲近

办公室女性千万不要与异性朋友太过于亲近，以免造成误会。即便是某位异性同事与你交谈甚欢，你也不要对他进行特意关照，这样只会让其他的同事远离你，背后议论你；也不要在办公室做出一些类似恋爱的暧昧举动，比如用眼神交流，说悄悄话等，不管你是有意的还是无意的，这些举动都足以让其他同事对你们的关系表示怀疑，也会让你成为办公室的绯闻女主角。

2.办公室男性如何与女性同事相处

在办公室里，作为男性也要掌握好与女性同事相处的度。由于很多男性在事业上的成功，所以他们把一种“性别”优越感带进办公室，动不动就对女性同事报以不屑的表情，这都是男性应该避开的雷区。除此之外，办公室男性要给予女性同事最大的尊重，巧妙地恭维爱发牢骚的女同事，真诚地对待那些年长的女同事，还要随时留意避免办公室绯闻。

（1）不要把“性别”优越感带进办公室

无论你是从事任何工作，工作做得好与坏才是体现价值之处。很多男同事自认为自己能力优秀，高人一等，于是他们对女同事持一种看不起的态度，他们常常会说“连这点小事都办不好，还是回家带孩子吧”，明显地显露出性别歧视。因此，男性同事千万要避开这个雷区，不要把性别优越感带进办公室。

（2）真诚对待女同事

办公室男性需要最大限度地尊重女同事，要想别人对你认可，那么就要学会尊重女性，真诚地对待她们。如果你在工作上作出了成绩，也要注意态度朴实、真诚，不能表现出一副了不起的样子。在与她们打交道的时候，

也要避开谈论对方年龄、婚姻等涉及个人隐私的话题，这是对她们的一种尊重。

（3）巧妙面对爱发牢骚的女同事

有的女同事喜欢发牢骚，她们习惯说“这样的工作干不了”、“又是加班，我已经一个星期没有睡好觉了”。面对这样一些女同事，你不妨巧妙地恭维，给她们戴戴高帽子，比如你可以说“最近干得都不错，希望你要发挥出更优秀的一面”、“请你一定要帮这个忙，你看，我们工作都少不了你”。当对方听到这样的恭维话，即便她嘴上抱怨，但是心里一定是很满足的。

（4）对办公室绯闻置之不理

如果你办公室里最近传你与某位女同事关系密切，那么你要表现出置之不理的态度。在办公室里，男女关系其实是最敏感的，当其他女同事认为你与某位女同事关系密切，那么她们就会对你敬而远之。如果你真的是与那位绯闻女主角存在着暧昧的关系，那么你就需要在以后的交往中注意双方之间的距离；如果这不过是办公室里的谣言，那么置之不理无疑是最好的办法，当人们的兴奋劲过去了，就没有人会来关注这件事情了。但是，千万不要解释，你的解释只会越描越黑。

总而言之，不管是办公室里女性还是男性，都要对异性同事采取大方、不轻浮的态度。你的言行举止要表现出对异性同事的尊重，只有这样才能够使某些复杂的工作变得简单一些。另外，如果你是办公室恋情当事人，那么你在工作场所也要与恋人保持一定的距离。在对待异性同事的态度上，要严格遵守公私分明的原则，尤其是在工作中，切忌过度彰显自己的个性。

不抱怨，不抢占同事的功劳

在日常工作中，有的人看见昔日与自己站在同一起跑线的同事不断地晋升职务，就免不了想到自己的处境，只有普通的岗位，拮据的生活，心里就会失去平衡。他们总是认为同事是“瞎猫撞到死耗子”，觉得上司对自己不够公平，甚至，怀疑同事背后有着不可告人的“潜规则”。总之，他们对同事的成功，总是感觉那是不正当手段取得的。当心里有了敌意，有时自己还会抢占同事的功劳，以此来达到心理上的平衡。其实，作为同一间办公室的同事，或许我们本来是站在同一起跑线上的，但在职场生涯中，会不可避免地有所比较。有时候，同事的进步会或多或少地让我们的心里有些触动，这是很正常的。但是，许多人并没有调整自己的心态，几乎把同事当成了敌人，他们四处抱怨，想方设法地抢占同事的功劳。其实，我们身处职场这个风云变幻的环境，应该保持平和的心态，不抱怨，不抢功，这样我们才能与同事建立融洽和睦的关系。

新年过后，公司又开始新的一轮人事变动，准备提拔一批年轻的干部。小娜、小乐、小慧是很好的朋友，在大学的时候是同班同学，一起进的公司。三个人的工作能力都特别突出，又同在一个部门，这次的人事变动很受她们的关注。小娜认为自己绝对能够胜出，因为自己不但工作能力优秀，而且还长得很漂亮，这对于经常在外面与客户洽谈业务是相当有益的；小乐则专注于自己的工作，偶尔会向同事打听一下人事变动情况，其他并没有多大的关注；小慧则不闻不问，一点也不关心人事变动这件事。

最后结果出来了，业务部所提拔出来的年轻干部是小乐。于是，办公室都在议论纷纷：论工作能力，小娜比她能干多了；论业绩，小慧丝毫不比他逊色。每天听着这样的议论，小娜心里觉得很愤慨，她非常嫉妒小乐，索性请病假歇班了。而小慧却真诚地向小乐祝贺，并更加积极地投入到工作中去。

不久，小娜因为有情绪，在工作上提不起劲，仍在原地踏步。而工作出色的小慧却在两个月之后被提升为办公室主任，同时，她与小乐的关系也越来越好，可谓是事业、友情双丰收。

小娜最终因为嫉妒影响了自己正常的工作，小慧保持平和的心态，大方为同事的成功而喝彩，她也获得了最后的成功。其实，这就是小慧的一种

自信表现，因为她知道自己是一颗珍珠，别人的光辉非但没有遮蔽自己，反而会把自己照得更亮。所以，面对同事的成功，她不抱怨，不抢功，而是送出喝彩，积极投入到工作中，最后，终于通过了自己的实力得到了上司的认可，同时，她谦逊、平和的姿态也赢得了同事小乐的好感，两人成为了工作中的好搭档。

西班牙学者巴尔塔沙·葛拉西安有句名言："学会欣赏每一个人会让你受益无穷，智者尊重每一个人，因为他知道各有其长，也明白成事不易。"在办公室里，不乏这样的人，当自己取得了成绩、荣誉，就奔走相告，兴奋不已，而一旦同事或者身边的人有了进步，却往往充耳不闻，甚至竭尽地挖苦、冷嘲热讽对方，以宣泄自己的嫉妒心理。其实，这是一种心理失衡的表现，那我们如何调整情绪，保持平和的心态呢？

1.对自己有信心

在办公室里，大凡那些缺乏自信的人才会抱怨，才会嫉妒。看着同事的成功，想到自己没有出头之日，他们内心就会失衡，以至于抱怨上司不公平、抱怨同事走了捷径，等等。作为办公室里的一员，我们要对自己有信心，要相信，可能今天晋升是同事，但有可能明天就是自己了。对自己有了信心，在一定程度上，能缓和心理的不平衡，从而保持心态的平和。

2.为同事的成绩喝彩

当身边的同事获得了成功，我们应该大方地为他人喝彩，这是一种智慧。为同事的成绩喝彩是一种难得的智慧，当你在欣赏同事的时候，也在不断地提升和完善自己；当你真诚地为同事成绩而鼓掌的时候，你化解了敌意，获得了友谊；当你在赞赏同事的时候，其实也矫正了自己的狭隘自私和嫉妒的心理。另外，为同事的成绩喝彩，会拉近与同事的心理距离，增强自己的人际吸引力，建立融洽的人际关系，营造良好的工作环境。

3.不抢占同事的功劳

当同事为公司立下了大功，许多人在心理失衡的情况下会作出抢功的行为，明明是同事的功劳，硬是在上司面前说自己也有功劳，以此来平衡心理。其实，这种行为是很不对的，一旦真相出来了，不仅得罪了同事，而且，在上司面前也留下了恶劣的印象。所以，面对同事的成绩，不要嫉妒，不要抢占同事的功劳，而是想着自己怎样才能达到同事那样的成绩。

话不能说得太“锋芒毕露”

在办公室里，每个人都想表现得聪明一点，似乎只有这样才能凸显自己的价值。事实上，许多人都想错了，自己表现得太过聪明了，太过优秀了，处处给人一种了不起的印象，最后却成为同事争相排挤的对象；而那些看起来傻头傻脑的人，说话做事都笨笨的，却成为了同事们喜欢的对象，这是为什么呢？办公室本就是是非之地，要想在这里获得一片自由的天地，我们就必须融入这个圈子，懂得藏锋，藏起自己的优势，适当暴露自己的一些缺点，以此来消除同事的心理戒备，这样，才能赢得同事的认可。在工作中，如果你处处表现得很优秀，锋芒毕露，他自然会感觉到你带来的威胁感，无形之中，你就成为了他讨厌的人了。所以，与同事相处，即使你有天大的本领，也要懂得收敛；相反，为了打消同事心中的顾虑，不妨谦虚一些，说话千万不要自以为是，否则常常是聪明反被聪明误。

学校组织开新学期教研会议时，头发花白的李老师就发牢骚了：“为什么老是安排我们老教师上普通班，年轻的老师上尖子班？你们是看不起我们吗？既然看不起就直接叫我们下岗算了，还留我们干嘛！”坐在旁边的年轻老师沉默了，小王老师作为主任组织了这次会议，他也低下头，默默地听着。李老师继续倚老卖老：“你们这些年轻人、小毛头，别看不起我们这些老家伙！别以为你们文凭高，什么重点大学的研究生！我们在讲台上吐的口水都比你们多！二十年前，我们都站在讲台上教书了！说说看，二十年前你干什么的！”“二十年前我只读小学。”小王老师只能这么回答。

等李老师牢骚发完了，小王老师才说：“这是上头领导这么安排我也只能这么做，不过以后在工作中有什么疑问，我们肯定会请教和遵循老前辈们的意见。”就这样散会了，后来，小王老师在那些老教师面前，就像个什么

都不懂的小学生一样，处处向老教师请教。而且无论做什么都维护老教师的意见。对于他们言语犀利的牢骚，小王老师从不反唇相讥。久了之后，老教师们也没什么意见了。

再后来，小王老师被调到更好的学校了。教研组的老教师们居然舍不得他走，李老师还很歉意说以前的牢骚很对不起他。新上任的主任恰巧也是个年轻的老师，见此就询问如何处理与资历深老同事的关系。小王老师就说："凡事谦虚低调一点，那你就会受欢迎了。"

在上面这个故事中，我们不难看出小王老师为人处世的智慧，也许，在众多资历高的老同事面前，小王老师不过是个小人物。他明白，自己的工作要想做好，就必须打动这些老同事的心。于是，他扮演了一个不起眼的小人物，在老同事面前低调谦虚，以此打消了同事心中的顾虑，以诚恳的态度赢得了同事的尊重，从而与之建立了和谐的人际关系。

1.收敛锋芒

当今社会，竞争日益激烈，每个人的智力也得到了空前的解放和开发。在工作中，人们争先恐后地表现自己，梦想着出人头地、做出一番大事业。其实，如果你显山露水，争着炫耀自己，使出全身解数来成为同事妒羡的对象，当你的虚荣心不断膨胀的时候，你离失败也就越来越近了，这就是锋芒毕露的下场。因此，不管你是职场新人，还是已经在职场混迹了多年的老人，不要太过于展现自己的锋芒，而要懂得藏其锋芒，表现得愚笨一点，或者，适时表现自己的缺点，这样，你才能真正地融入办公室这个大家庭，也才能打动同事的心。

2.大智若愚

在日常工作中，即使你真的才智出众，也要给人一副"愚笨"的印象，不要时常炫耀自己。山间小溪虽然看似貌不惊人，最后却能纳入大海。在同事面前，夸耀自己，抬高自己，在他们面前扮演一个小人物，不抱怨，专心做好自己，在不显山不露水中获得成功。

谦虚有道，多向老同事请教

在工作中，我们常常会大放苦水：“在办公室里，那些已经工作三四年的老同事真让我们心烦，平时不管我去做什么事情，他们总喜欢过来指指点点，真是令人苦恼，而且，这样的同事很难以亲近。”其实，我们的苦恼应该是每一个职场新人都曾经历过的。不过，对于每一个职场新人来说，初到办公室的第一步就是与老同事搞好关系了。可是，如何才能打动老同事的心呢？所谓的“老同事”似乎更像是老古董，不论自己说什么，他们就是不为所动，简直是软硬不吃。而且，他们大多年纪比较大，脾气古怪，稍有不慎就说得不对，他们就还你以冷峻的脸色。事实上，面对老同事，也有专门的解锁方法，那就是多向他们请教，毕竟他们工作时间比自己长，他们说的那些教导还是挺有道理的。不过，在请教的时候，需要忌讳的是，不要在老同事面前表现得无礼和目无尊长，这样一来，就难以亲近他们。那么，为了亲近老同事，我们应该时刻注意自己的言行举止，谦虚谨慎，方能打动老同事的心。

小刚刚到公司不久，主管就安排他与一位老同事共同写一份计划书，两个人在确立计划书的方案时，小刚提出了自己的看法，可是，老同事却很不屑，说道：“小伙子，你想邀功的心情我理解，但你才进来，还是低调点好，小心‘枪打出头鸟’哟。”

小刚心中很生气，但是，他冷静地想了想，老同事是干了十几年的老职员，如果与老同事发生了矛盾，对自己今后的工作十分不利。于是，小刚诚恳地说：“我其实并不想邀功，只是希望与您合作能够干出点成绩来，不管用谁的方案，报上去时都用您的名字，我就当好您的搭档。”听了小刚诚恳的话语，老同事终于同意了小刚的方案。

一般而言，大多数老同事会凭着自己资历深厚而对新人的言行举止百般挑剔、抵触或者根本不认同，处处干涉、事事指导，让一些职场新人无法

施展自己的能力，工作总是被牵制。另外，一些老同事还有一定的戒备心理，他们在工作上很保守，不愿意指点、帮助新同事，害怕“教会了徒弟，饿死了师傅”，在这样的情况下，我们该怎么办呢？毕竟，老同事也是人，而且，他们大多比我们年长，事实上，他们都比较喜欢谦虚的孩子。如果我们多向他们请教，处处透露出尊重、谦虚、诚恳，那么，他就一定会被你打动，并愿意成为我们的“职场导师”。

1.凡事多请教

在工作中，遇到不明白的地方或者是碰到了难题，需要多向老同事请教。这时，不管对方的脸色如何得倨傲，我们都要虚心对待，这样才能赢得老同事的认可。另外，即使我们有自己的想法，但还是要向老同事询问他们的意见，毕竟他们资历比较深，看问题比我们看得远，参考他们的意见对我们是很有益的，同时，也能增加与老同事的亲密度。

2.说话要尊重

即使在办公室遇到了倚老卖老的老同事，面对他们，我们也应该处处流露尊重的态度，善于发现其优点，不要动不动就反驳老同事的看法，不要与之发生正面冲突，给予老同事最充分的尊重才是上上之策。

3.即使是拒绝，也要诚恳

有的老同事喜欢指使新人去做一些琐碎的事情，作为职场新人也不要生气，如果自己真的很忙，或许实在不想被指使的时候，也应该学会委婉地拒绝。当然，话语一定要诚恳，比如“不好意思，我真的很忙，手上正好有一个计划需要赶写出来，而且，今天就要完成”。以尊敬的态度和诚恳的语气应对，相信老同事一定会谅解你的。

4.将功劳让给老同事

在工作中，我们经常有与老同事一起工作的机会，对于共同完成的工作任务，为了表示自己尊重的意味，我们可以将功劳让给老同事，以此博得老同事的好感。当然，如果老同事推辞，那就另当别论了。在这里，比较忌讳的是，抢占老同事的功劳。这样，你就会得罪老同事，并成为他们所讨厌的人。

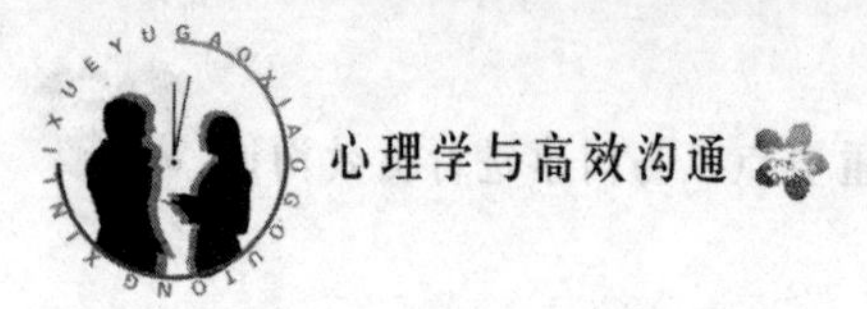

巧言赞美，给同事一顶高帽

赞美是认可他人劳动成果，肯定别人价值的表现。在日常工作中，与同事相处久了，我们常常就会忽略同事身上的优点。反倒比较在意对方身上的缺点。这不仅会使我们的工作陷入困境，而且，更重要的是会使我们与同事之间的关系变得疏远。因此，不妨多认可同事的能力，多赞美同事的优点，以此来增进彼此的关系，达到打动同事内心的目的。

美国心理学家威廉·詹姆士说："渴望被人赏识是人最基本的天性。"另外，从社会心理学角度来说，赞美是一种有效的沟通技巧，能有效地缩短人与人之间的心理距离。既然渴望被赞美是人的一种天性，那我们在与同事的相处中就应该掌握好这一智慧。在工作中，大部分的同事都渴望被赞美，自己的能力被认可，如果有同事能认可自己，那么，他会自觉地将对方当做可以信赖的朋友。基于同事这样的心理，为了打动同事，赢得同事的好感，我们应该大方地认可同事的能力，赞美他的优点。

这天，阿美兴致勃勃地拿着拟好的方案走进领导的办公室，谁料，这个被自己看好的方案却被上司否定了。她灰心丧气地回到办公室，将文件夹狠狠地摔在桌子上，旁边一位同事酸溜溜地说："哎哟，你也有今天啊，以前可都是我们的方案被否，没想到，每次都通过的你今天也被上司否了。"阿美没好气地回答道："我就知道你在幸灾乐祸，我没什么啊，大不了，重新来过就是了。"说完，就起身去了洗手间。

阿美在洗手间碰到了同事美娜，刚才在办公室的一幕，美娜早就看见了，只是当着大家的面不好说什么。这时，她安慰阿美说："你的能力在办公室都是有目共睹的，我相信这不过是一次意外而已，很快你就能做出新的方案了。老实说，我真佩服你的工作能力，效率高，质量更高，我什么时候才能达到你这样的水平啊。"听到自己的能力被认可了，阿美气也

消了些，笑着说："你才来公司没几天啊，以后我带你吧，慢慢跟我学，很快你就跟我一样了。""真的吗？那可真是太好了。"美娜似乎不敢相信。

在被怀着嫉妒心理的同事奚落之后，阿美的心情很差，在这样的情况下，美娜却极力肯定阿美的工作能力，嘴里更是赞不绝口。这样的认可与赞美都是阿美所需要的，于是，两人的关系拉近了，美娜这个来公司不久的女孩成功地打动了同事阿美的心，获得了对方给予的帮助。

要想打动身边的同事，我们就不应该光想着自己的优点，同事的缺点，而是善于发现同事身上的优点，并对此送出真诚的赞美。其实，肯定同事的工作能力、赞美同事，可以成为我们与同事增进关系的机会。我们要以敏锐的眼光去发现同事身上的优点，尤其是那些已经被人忽略的长处。在办公室里，当着许多同事的面赞美他，认可他，会使他受宠若惊，从而对你感激不尽。

当然，我们在认可和赞美同事的时候，还需要注意下面几个问题。

1.不同性格的同事，不同的赞美语言

在赞美同事的时候，我们用词要适当，即面对不同性格的同事，选择不同的赞美语言。有的同事性格内向，城府比较深，一般而言，他们不喜欢被人大肆赞美，对这样的同事，我们的赞美之词要点到为止，太多了就会引起对方的反感；有的同事性格外向，比较活泼，面对这样的同事，我们就不要吝啬赞美词汇，多赞美，他会更开心。

2.观察同事的情绪状态

在赞美同事的时候，我们需要观察其情绪状态，如果同事正处于情绪低落时候，或者刚发生了不顺心的事情，那么，过分的赞美往往会让同事觉得不够真实，这时，一定要注重同事的感受。

3.赞美要表现得很真诚

有的人觉得赞美同事，其实就是表面功夫，说两句好听的话就行了。其实，并不是这样，我们对同事的赞美也需要真诚，包括同事的情感感受和自己的真实情感，都需要发自内心，来不得半点虚情假意。由于情感真实，我

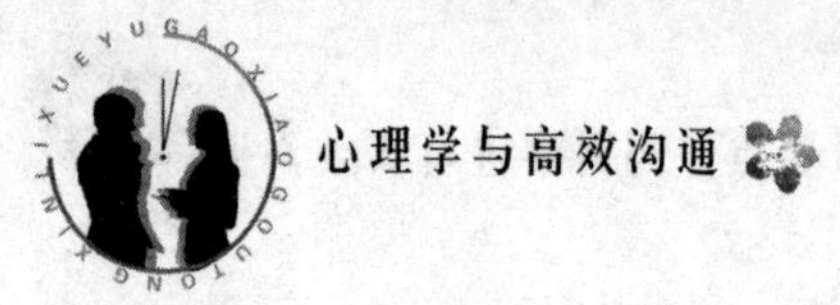

们赞美同事才会显得自然真诚，不会给人牵强附会的感觉，也才能真正地打动同事。

第15章
讲究技巧，与下属进行高效沟通

蜜蜂以“跳舞”为信号，告诉同伴各种信息，沟通完毕后一起去采蜜。这给领导的启示是：信息是主动性的源泉，加强沟通才能改善领导的效果。俗话说：“水能载舟，亦可覆舟。”相信每一个领导者都明白这样的道理，因此，在与下属沟通过程中就需要灵活运用多种方式，笼络并驾驭好下属。

用诚恳的态度回答下属的问题

作为一名企业或公司的领导，不仅仅要通晓管理的理论知识，还必须拥有娴熟的领导艺术。因为在企业或公司中，下属是直接接触到具体业务的人，与下属良好的沟通能力是领导艺术中的一门必修课。作为领导，在面对下属提问的时候，应用诚恳的态度回答，显示出自己的诚信。因为只有了解下属的思想动态才能够进行卓有成效的管理。许多公司企业高管大多主张与下属坦率诚恳地沟通，尤其是面对下属所提出的问题，作为领导者，应以诚恳的态度回答或帮助其解决问题，在任何时候，态度诚恳都将是最受用的沟通方式。

位居在领导者这个位置，决定其不可随意说话，说什么话，以什么样的态度说话，那都是需要仔细考量的。对于下属或其他人的提问，领导者千万不要认为自己可以随便回答，简单地敷衍“就这样吧，我会看着办的”、“我知道了，知道了，你不用说了”、“这会我正忙着呢，过几天再来吧”，如此一种敷衍、拖延时间的回答是万万不可的。在下属眼里，领导是

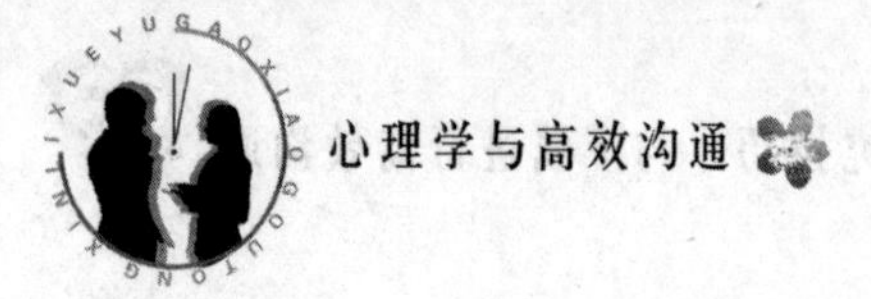

可以为自己解决一些问题。在这样的情况下，作为领导者，更应该以诚恳的态度回答他们。其实，当你在为其解决问题的过程中，也为自己树立了良好的领导形象。相信，在以后的工作中，下属对你的评价将会越来越高，对你也会越来越敬重。

松下幸之助是一个坦诚直率的人，因此他也希望员工同样有自主性，同样坦诚直率，从而在公司形成一种自由豁达的风气。

在松下的企业里，允许员工当面发表不同的意见和不满，并鼓励员工提问。松下公司员工必须遵守公司经营理念的要求，在此基础上，每一个员工都不不必唯命是从，可以自由发挥自己的判断力，而不是采取消极的态度。松下说："员工不应该因为上级命令，或希望大家如何做，就盲目附和，唯命是从。"

以前，松下电器的员工分为一、二、三、四等和候补五级。有一位迟迟未获升迁的候补员工对自己的境遇十分不满，所以就直截了当地对松下说："我已经在公司服务很久了，自认为对公司有了足够的贡献，早已具备了做三等员工的资格。可直到现在，我也没有接到升级令。是不是我的努力还不够？如果真是如此，我倒愿意多接受一些指导。其实，恐怕是公司忘了让我升级了吧！"松下态度诚恳地听完了下属的话，他当即表示："你说的情况，我马上会去调查，到时候，一定会给你圆满的答复。"他对此非常重视，责成人事部门调查处理，不久就给候补员工办理了升级手续。

松下从不限制员工越级提问题或提建议，即使普通员工，也可以直接向社长，而不是他的直接上级反映问题，表明主张。所以他提醒那些高层干部，要有这种心理准备，对此要有欢迎的姿态和支持的行动。松下认为，公司既然是大家一起经营的，就应该由大家来维护，无论哪一环出现波动，失去团结，都会影响到企业正常的运转。

在这里，松下做出了两个正确的决策，一是鼓励下属提问；二是用诚恳的态度解决下属的问题。当面对一位对自己的境遇十分不满的下属，松下虽然没能当面回答什么，但却以自己的实际行动回答了对方。如此的态度是无比诚恳的，也难怪，松下会成为世界知名的品牌，这跟领导者与下属沟通的

态度是有密切关系的。

提问、回答实际上是一个交流的过程，面对下属的提问，领导者应保持诚恳的态度回答问题。而态度诚恳主要包括以下几个方面。

1.用心倾听

学会倾听是成功交流的前提，领导必须弄清楚下属提出的问题，才能做出有效的回答。好的倾听者，不但是用耳倾听内容，更是用心听感情。在与下属的沟通过程中，认真倾听下属的问题不只是对下属的尊重，还可以体现出自己的修养。学会倾听是加强上下级之间的沟通，进形成良好的人际关系的有效途径。

2.用心交流

在与下属进行语言交流的时候，领导者要学会用心交流。在回答下属问题时要用心说话，不能公式化地回答，不与下属仔细讨论。一个会用心去和下属交流的领导者，会向下属展现出问题之外的东西，诸如情商、诚信。

3.知之为知之，不知为不知

一个人的知识量毕竟是有限的，即使准备得再充分，但面对下属提问的时候，也难免会遇到自己不懂的问题。此时，领导者千万不要不懂装懂，不妨开门见山地向下属坦言自己并不知道如何回答，如此更能拉近你与下属之间的关系。当然，在某些时候，你也可以发挥自己的主观能动性和创造力尽力去回答问题，但是，切勿南辕北辙、张冠李戴。

美国总统林肯曾说：“一滴蜂蜜要比一加仑胆汁能吸引更多的苍蝇。人也是如此，如果你想赢得人心，首先就要让他相信你是他最真诚的朋友。那样，就会像一滴蜂蜜吸引住他的心，也就有了一条坦然大道，通往他的理性彼岸。”用诚恳的态度回答他人的提问，以此打动人心，这本来就是最佳的沟通方式。

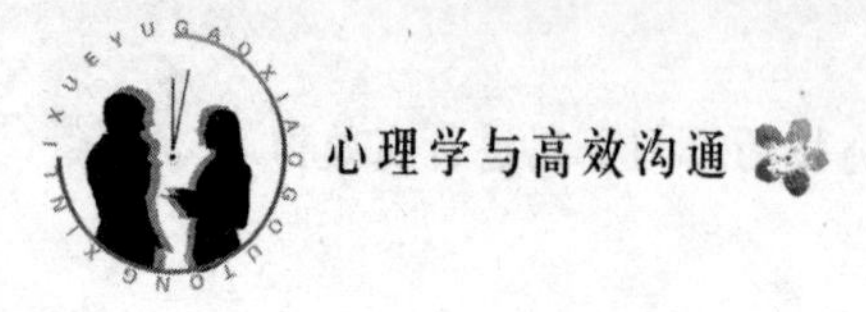

对下属表现你的疼爱之情

俗话说："欲晓之以理，必先动之以情。"领导者希望下属能够全身心地投入到工作中去，甘愿为工作付出，那么就需要运用"情"，让下属知道你很"疼"他。其实，很多时候，领导者表现出的"情"并不是通过一些重大的事情来体现的，更多时候是体现在一些细微的小事上。这些小事都是在日常的工作中体现出来的，或者是一句贴心的话，或者是一个善意的微笑，或者是细心地聆听，或者是记住每一个下属的名字，或者是与下属愉快地聊天，或者是适当暴露自己的缺点，拉近与下属之间的距离。这些事情看起来似乎微不足道，但是却常常能够温暖下属的心，激起他们的感激心理，进而把所有精力都投入到工作中去。

在《三国演义》长坂坡之战中，曹军轻军前进，曹纯率精骑5000追击刘备军。危急之时，张飞杀入曹军阵内，保护刘备且战且退。赵云负责保护刘备家小，奋勇冲杀中，却不见了刘备的两位夫人和幼子刘禅。赵云又拍马单骑杀入重围，在伤兵的指引下，找到了甘夫人，杀死曹军部将后又救下糜竺，便命糜竺保护甘夫人退到长坂桥东岸。接着，赵云再次奋勇杀入敌阵，在一堵土墙下找到了身负重伤、怀抱着刘禅的糜夫人。赵云下马请糜夫人上马，糜夫人不同意，她将刘禅交给赵云之后，转身投入身后的枯井。这时，有手下对刘备说："赵云北投曹操去了。"刘备表示绝不相信："子龙不弃我走也。"果然不一会儿，赵云就抱着刘禅赶了过来。

赵云大战长坂坡，九死一生救出少主刘禅，当他从怀中把仍在熟睡的刘禅抱给刘备时，刘备接过来，就把孩子摔到地上，对赵云说："为汝这孺子，几损我一员大将。"果然，赵云感激泣拜说："云虽肝脑涂地，不能报也。"

刘备通过摔孩子这一动作，再加上后面感人肺腑的一句话，竟使得赵云跪拜在地，表示自己无以回报主公的心情。作为一个卓越的领导者，就要

善于用语言或行为来表示对下属的疼爱，只有这样才能真正地感动、激励下属，使之为你谋取更多的利益。

那么，领导应该通过哪些言行举止来让下属感到自己很“疼”他呢？其实，最重要的就是从工作中的小事做起，下面我们就简单地介绍几种行之有效的方法。

1.记住每一位下属的名字

据说，凯撒大帝能叫出他军队里成千上万人的名字，他就是通过喊他们的名字，促使士兵为他在作战时奋勇杀敌。实际上，每一个人都对自己的名字特别敏感，如果你能记住每一个下属的名字，并在与之交谈的时候，亲切地叫出对方的名字，他就一定会感受到你对他的重视，感受到自己在你心中的位置。作为一个领导者，不管你带领的团队有多大，你应该尽可能地叫出每一位下属的名字，你让他们觉得，他们每一个人都是独一无二的，都是特别重要的。如果你所带领的是一个小团队，那么你除了记住他们每一位的名字，还需要更详细地了解他们，比如他们的缺点和优点，这样才能更有效地在用人方面达到因人而宜，提高工作效率。

2.适当暴露自己的弱点

在下属的心目中，领导者的形象都是极其完美的，他们总以为领导者是高高在上的，是不同于他们的。其实，这就无形之中造成了下属与领导者之间的距离越来越远。那么，如何来改善这样的情况？每个人都有缺点，一味地掩饰并没有任何作用。因此，领导者没有必要掩饰自己的缺点，而是在下属面前展现真实的自我，不妨适当地暴露自己的一些缺点。当下属知道领导也有缺点时，他就会觉得“原来他和我们一样，都是普通人”，而且会不知不觉地产生出一种亲切感，这就会令下属感到与领导的距离近了，进而感受到领导的真情。

3.与下属聊天

在工作之余，或者是下班之后，领导者可以邀请下属喝茶，一起共进晚餐。在一种轻松的氛围中与下属聊天，除了谈论一些工作上的事情，你也可以试着与下属谈论一些工作以外的话题，比如兴趣爱好，家庭之类的。这会

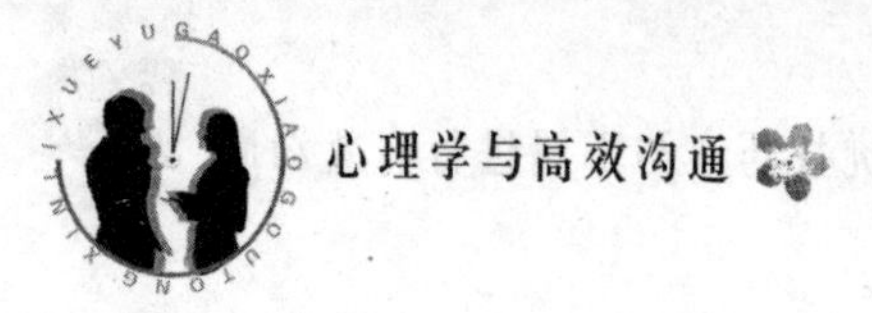

人让下属感觉领导并不是高高在上的，而成了自己的朋友，也会感受到自己在领导心中的地位。

4.多说贴心话

有时候，在某些特定条件下，从领导嘴里说出的一些贴心话，就会让人感觉有千钧之重，进而收买了人心。每一个员工都希望自己能在一个富有人情味的团队工作，而这就需要领导善解人意，体恤和关心下属。比如，有一个员工向你请假回去照料生病的母亲，那么当他上班的时候，你不妨问问他母亲康复了没有；当一位下属的脸色不太好，你不妨走到他身边，问他出了什么事情；如果下属在你面前经常谈起他正在上高中的儿子，那么你不妨问一下他儿子的学习成绩怎么样。虽然，在领导看来，这些都是一些细小的关心，但却会让下属很长时间都想着你的恩德。

5.善意的微笑

无论在什么时候，下属都不希望看到领导黑着脸，这样只会增加他们的心理负担，使你们之间的距离越来越远。相反，如果一个领导在面对下属的时候，露出一个善意的微笑，那就会让下属觉得自己原来是讨上司喜欢的。善意的微笑可以为你的威信增添一股亲切的气息，而这样的气息无疑是下属希望看见的，他们会为了你一个微笑就保持一整天的好心情。

6.聆听下属的意见

领导者不能自诩身份不一样，资历比较高，就不去重视下属的任何想法和意见。其实，在很多时候，他们在你面前所说出的想法和意见，有可能是他经过了几天的认真思考才向你表达的。无论对方的建议是否可行，你都应该认真地聆听下属的意见，对于他说的比较恰当的地方需要给予赞扬，对于他说的不足之处要及时地进行引导。

总而言之，对待下属就是要“以情动人”才能真正地打动他们，激励他们更加努力的工作。一般而言，领导者管理下属的目的就在于使工作能够顺利开展，进而谋求整个团队发展壮大。这就需要激起下属积极工作的心态，让其全身心都投入到工作中去，而行之有效的办法，那就是让下属知道

你“疼”他，以情动人，从一些日常的小事做起，才能够真正感动、激励下属。

向下属提出要求之前先征求其意见

作为一个领导者，无论是向下属传达指令还是向下属派遣任务，都需要先征求下属的意见。这是因为领导者只是决策的制定者，并不是实际工作的执行者，这就需要选择一个合适的下属去完成工作任务。但是，下属在接到工作任务之前，他对于将要面对的工作的目的、难度都不清楚，而领导有可能也不是太清楚下属的工作能力。在这样一种盲目的情况下，如果你直接就向下属传达某项命令，而那位下属正好在这方面不太擅长，这就会阻碍工作的进程，也不利于提高工作效率。因此，领导在向下属传达命令之前，必须征求一下下属的意见。

张先生是一家大型企业的总裁，他习惯性在向下属传达任何命令之前征求下属的意见，哪怕只是给对方一个假期，他也会提前通知对方。这样的一种习惯，使得他每次派遣的任务都能够获得成功，并且下属也会全力地投入到所接受的工作中去。

有一次，张先生所在的公司研发了一个新产品，他需要一位卓越的推销人才去为新研发的产品打通市场，这是一件异常艰巨的任务。张先生经过几番斟酌，他选定了公司里一位颇具能力的新员工。

“你带着我们公司的新产品去打开市场，怎么样？”吴先生轻松地问被召见的新员工，“我现在急需要一个有能力的人去给我做销售顾问。”

那位新员工大吃一惊，他当然知道这项任务的艰巨性。他不得不考虑自己的能力，考虑这是否是在自己的能力范围之内。

吴先生见他犹豫不决，便微笑着说：“怎么样？没有信心吗？任务是比较艰巨，但是我更相信你的能力，俗话说‘初生牛犊不怕虎’，我就是看重

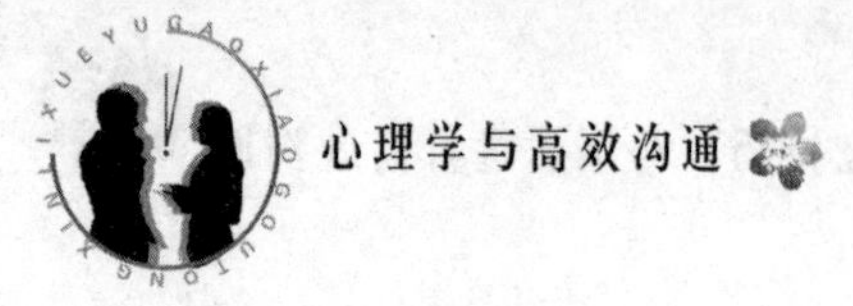

了你的那股冲劲。”

面对总裁如此的信任，新员工不禁鼓起了勇气，最终接受了挑战，并引领着新产品开始了漫漫的销售之路。

试想，如果张先生没有事先征求新员工的意见，就擅自做出决定，把这样一项艰巨的工作交给他，这无疑会给新员工极大的压力，进而会影响到工作的有效进行。张先生的高明之处就在于，当他征求员工意见的时候，他已经为员工准备了强大的后盾，那就是信任感，给予下属绝对的信心。而正是这种信心才会使工作得以顺利地展开，才有可能获得成功。

领导在下命令之前征求下属的意见，这一方面是为了再一次清楚地向下属传达信息，另一方面也是对下属的尊重。除此之外，还可以有效地化解下属的畏难情绪或者轻视态度，这对于工作的积极开展是非常有作用的。

1.使所传达的命令更加清楚

有时候，当下属预先没有得到任何通知，就莫名其妙地接了个命令。这对于下属来说，没有心理准备，同时也对命令的具体信息不是很清楚。如果领导在传达命令之前，先征求了该下属的意见，下属就会更加明确这是一个什么样的命令，自己的工作任务到底是什么，工作难度怎么样，自己是否能胜任这项任务等。只有对命令有了较为详细的了解，才会帮助下属更好地完成任务。

2.对下属的尊重

生活中，无论你请求谁给你做件事，你都会先征求对方的意见，这是一种礼貌，更是一种尊重。因此，领导在向下属下达命令的时候，也需要体现出这样一种尊重。只有你的尊重才会换来下属积极工作的热情，只有你的尊重才会赢得下属的更多信任。作为下属，他并不希望被领导任意差遣，叫自己干什么就干什么，而不需要征求自己的同意。如果下属在接受任务的时候，有这样一种想法，他就会带着一种抵触情绪，而这是很不利于工作的进行的。

3.化解下属的情绪

有时候，领导所派遣的任务有可能是太简单，或者太困难，这就需要领

导在征求下属意见的时候，说清楚任务的难度，并且根据不同下属的能力情况，化解下属的情绪。比如当你所下达的任务是太过于简单，而下属的能力又是特别优秀的，他就有可能产生轻视的态度，而这就需要领导进行提醒；当你所下达的任务难度太大，而下属的能力普普通通，这就会让他产生畏难情绪，而这就需要领导表达对对方的信任，增强其自信心。

领导者要深谙“倾听之法”

子曰：“由，诲女，知之乎？知之为知之，不知为不知，是知也。”作为领导，对于文化知识和其他社会知识，都应该保持虚心的态度，随时倾听他人的意见和观点，这样，你才能掌握更多的有用信息，也才能“言之有物”。说话就像是倒水，必须是壶里有水才能倒出货来，领导说话也是一样的道理，不善于倾听他人的意见，又怎会肚里有货呢？肚里空空如也，又怎会言之有物呢？在日常工作中，经常看见一些拒绝倾听、但却不懂装懂的领导，他们在讲话的时候，就连那些极为简单的事情，他都要咬文嚼字地卖弄一番，看起来好像很精通大道理，实际上却是什么都不懂，却又不善于倾听。在很多场合，为了表现自己“高人一等”，不得不做出一副什么都懂的样子，于是下属纷纷向他请教，而他害怕自己露馅，不得不绞尽脑汁来应付这些“慕名而来”的人。他们时刻活在虚荣的世界里，还要编造一些自己丝毫不熟悉的内容去敷衍他人，这其中的苦是说不出来的，只有往自己肚里咽。

许先生是一个小型杂志社的社长，他不管在什么场合都喜欢装腔作势，有时候甚至故意降低自己的声调来表现庄重的样子。平日，他总是到处吹嘘自己无所不知，这种姿态让人觉得他好像在做自我宣传。许多下属发现他说错了话，会小心地指出其错误，可许先生从来不听，也不愿意接受，他固执地坚持自己的想法。

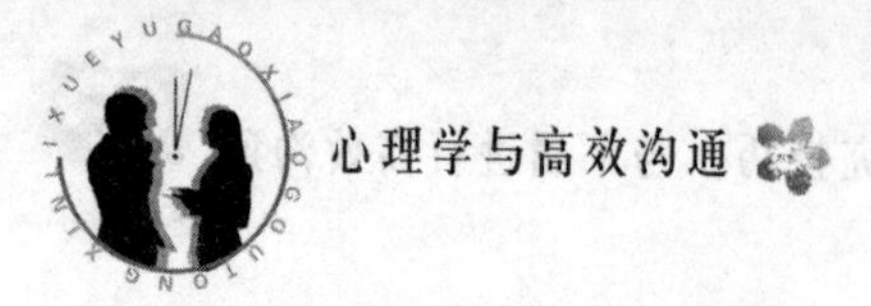

在杂志社的每次例行会议上，他都故意装腔作势，夹着很多的暗示性话语或英语来发表高见，但是他还是得不到别人的认同。他所出版的刊物，总是被人批评为现学现卖、肤浅的杂学之流，这是因为他对任何事都喜欢进行评判。当他一开口说话，下面的员工就说："天啊！他又要开始了。"

本来许先生什么都不知道，却硬是装出一副什么都知道的样子，当然会被人看作是虚张声势的伪君子。更要命是，这样一个不懂装懂的人，却拒绝倾听下属的意见，如此之人，嘴里自然说不出什么言之有物的话来。

领导讲话要"言之有物"，这样才能给下属提供尽可能多的、有价值的信息，让人感到听有所获，而不是觉得白听了。领导讲话的内容要有知识性、充实具体、言之有物，需要做到这一点，除了领导在讲话之前做细致的调查研究，还需要领导在私底下善于倾听下属的话，将下属的意见综合起来，提炼出自己的想法，如此，你才能说出一些让下属认为"比较高明"的话。

战国时的张仪为推行"连横"立下了汗马功劳，被誉为有"三寸不烂之舌"。他之所以能所向披靡，一个重要因素是他在说话的时候，能够把自己所倾听而来的知识融入其中，言之有物，讲话内容充实具体。在倾听别人的谈话中，他充分了解了各国的形势和军事力量，了解各国国君和将士的心理，从而对自己的游说目标非常明确，使被劝说者心悦诚服。

通过倾听，张仪掌握了各国国君和将士们的心理，再加上自己广博的学识，使自己的谈话言之有物，所以才能够成功说服各国推行"连横"，自己也为推行"连横"立下了汗马功劳。足以见得，要想自己的话语言之有物，就应该懂得倾听有道。

那么，如何才是倾听有道呢?

1.用心倾听

在我们身边，每个人都是一个独特的世界，都是一道美丽的风景。要想领悟风景背后的奥秘，只有用心倾听别人，不是用耳朵，而是用心。心若不到，满耳都会是噪音。所以，领导在倾听下属或其他人的时候，需要用心倾

听，这样，你才能获取更多的信息。

2.用脑倾听

在倾听的时候，还需要用脑，善于分析下属所说的话，判断对方真正想说的是什么，真正想要的是什么，他在话题中回避了什么，什么时候是真情流露，什么时候又是欲言又止。听下属说话，你需要通过其话语找出其心中所隐藏的。不喜欢思考的领导者是做不好听众的，因为意常在语言之外。

3.用脸倾听

有时候，同样是一句话，但不同的表情就会表达出不同的含义。下属在说话的时候，同时也在用表情、声调、手势去诉说。而作为听者的领导，虽然没有说话，但他的眼神、嘴角、下巴却透露了其中的许多信息。好的听众应该是一个积极的参与者，这时候，你就应适时表现出你的表情、眼神，等等，去影响整个交流的过程。

4.用嘴倾听

作为听者的领导者，自然有说话的权利，虽然在某些时候，插话抢话会令说话的人不悦，但恰到好处的插话却是令人欣喜的，诸如赞同的话“对”、“确实如此”、“你说得太好了”、“太精彩了”等，这些都能够很好地提高领导作为听者的位置。

战国时期，一位君王曾下过一道求谏旨令：“群臣和百姓能当面指责寡人之过的，受上赏；上书规劝寡人的，受中赏；能在公共场合议论寡人的过失而被我听到的，受下赏。”这道旨令一下，收到了极好的效果。一年之后，人们想再进直言，已无话可说了。而这个国家在很长一段时间内，国泰民安，社会稳定。作为领导者，更应该将“倾听”坚持到底，因为倾听，会让你掌握更多关于下属的信息；因为倾听，会让你捕捉一些更有用的信息。当你综合了这些信息，再加以提炼，你会发现自己所说的是多么的具体而实在，那才是真正的“言之有物”。

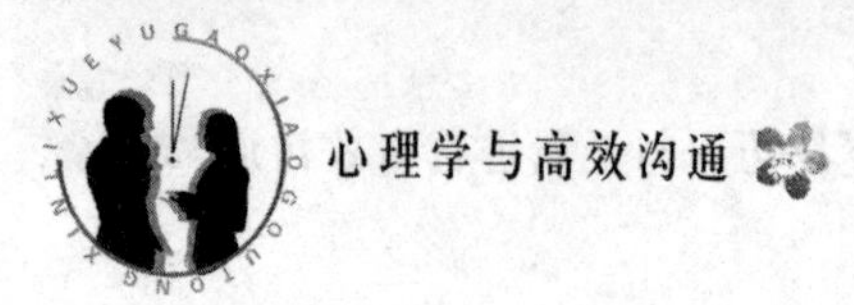

肯定下属业绩，呈现自己的关心度

在日常工作中，相信大多数的上司都是追求完美的人，总希望下属能将布置下来的工作及时、有效地完成。事实上，追求完美的人对凡事都要求很高，可以说，这也成为了领导的一个缺点，你的苛刻使得下属感受不到你的肯定与激励，他们所感受到的只有失望。作为领导者，当下属的工作已经做得很好的时候，需要快速加以肯定，及时说出下属的业绩表现，在这个过程中，你肯定了自己的下属，也就相当于肯定了自己。一说到如何激励下属，不少领导者就抱怨："我一没有给下属提升晋升的职权，二没有给下属加薪发赏的钱，你让我怎么激励下属？光要嘴皮子怎么行？"但实际上，一些有作为的企业家和领导者却在实际中总结出了不少行之有效的低成本甚至零成本的激励方法，其中之一就是迅速说出你下属的业绩表现，令下属感受到你的关注。

在这次工作任务中，小王出色地完成了任务，他兴高采烈地对主管说："我有一个好消息，我跟了两个月的那个客户今天终于同意购买了，而且订单金额会比我们预期的多25%，这将是我们这个季度价值最大的订单。"但是，这位主管却对小王的优秀业绩反应很冷淡，他毫不在意地说："是吗？你今天上班怎么迟到了？"小王说："路上塞车。"这时，主管严厉地说："迟到还找理由，都像你这样，公司的业务还怎么做！"小王垂头丧气地回答："那我今后注意。"于是，原本高兴的小王一脸沮丧地离开了主管的办公室。

我们可以从这个案例中看出，当小王寻求主管激励的时候，不仅没有得到主管的任何表扬，反而只因小王偶尔迟到之事就主观、武断地严加训斥本该受到表扬的职工。当然，最后的结果是小王的积极情绪受到了很大的挫折，更没有获得肯定和认可的心理需求满足。其实，在现实工作中，领导对

下属的激励并非是一件难事，对下属进行话语的认可，或者通过表情的传递都可以满足下属的被重视、被认可的需求，从而达到激励的效果。

杰克·韦奇说：“我的经营理论是要让每个人都能感觉到自己的贡献，这种贡献看得见，摸得着，还能数得清。”当下属完成了某项工作的时候，他们最需要的是来自领导对自己工作的肯定，可以这样说，领导的认可就是对其工作成绩的最大肯定。领导对下属工作业绩的认可是一个秘密武器，但认可的时效性最为关键。如果用得太多，价值将会减少；如果只是在某些特别场合和员工稍有成就时使用，价值就会增加。相应地，领导者可以发一封邮件给下属，或者是打一个私人电话祝贺下属取得的成绩，或者是在公众面前跟他握手并表达对他的赏识。

保罗·莫任担任了多年的职业管理者，但在这之前，他也曾一度认为下属将事情做得出色是其应该完成的工作的一部分。他这样解释说：“过去，我常常忽视对下属的成绩给予肯定，因为我个人对于这方面从来没重视过，因此，我就往往忘记了对别人的成就给予表扬；相反，我认为他们所取得的成就只不过是他们规定工作中的一部分，而规定的工作是不需要特别认可的。”

后来，莫任到了太平洋贝尔公司工作，他对于给予下属认可并及时对成功给予表扬的重要性有了新的认识。他发现，事实上，这对于下属来说是很重要的。因此，他决定改变自己的领导习惯。为了提醒自己公开认可的重要性，他特别编制了一张认可他人的优先性列表，每当自己的团队取得一个关键的成就的时候，他都会亲自走到项目组的每个人面前，和对方握手。偶尔，他还会挑选出几个重要的团队成员，带他们出去吃饭，还会亲自打电话给每一个团队成员，感谢他们在项目中付出的努力。另外，他还常邀请大家共同参加一些小型的办公室聚会，一起享用蛋糕和咖啡。

在实施了如此多肯定下属业绩、激励下属的措施之后，在短暂时间里，莫任就发现生产率上升了，缺勤率降低了，同事之间正在形成更紧密的人际纽带。与此同时，与他一起工作的人员有了更大的主动性，他自己的工作也变得简单起来。互相合作的工作氛围带来了更好地沟通，这样一来，下属之间的冲突减少了。

当然，快速说出下属的业绩是对下属给予的一种赞誉和褒扬，这也是一种相处艺术。领导快速说出下属的业绩也是对下属的一种尊重，这样有利于下属扬长避短，也能有效地调动下属工作的积极性和创造性。

1.细微处认可下属的业绩

企业顾问史密斯指出，每位下属再小的好表现，如果能得到领导的认可，就有可能对下属产生激励的作用。对领导者来说，认可下属的业绩，这是非常简单的事情，比如拍拍下属的肩膀、写张简短的感谢纸条，这些非正式的小小认可，甚至比公司一年一度召开盛大的模范表彰大会效果会更好。

2.适当赞美

在日常工作中，大多数领导者都吝于称赞下属做得如何，其实，在上下级相处过程中，适当的赞美是必备的技巧。其实，赞美下属并不复杂，这是一个无关时间与地点的问题，作为一个领导者，可以随时随地地赞美下属，以此满足下属受关注的需求。

英国女演员和诗人乔吉特·勒布朗说："人类所有的仁慈、善良、魅力和尽善尽美只属于那些懂得鉴赏它们的人。"任何一个下属都希望得到别人的肯定，尤其是上级的认可。美国著名的企业管理顾问史密斯指出："一个员工再不显眼的好表现，若能得到领导的认可，都能对他产生激励的作用。"不过，在现实工作中，许多员工竭尽全力地把工作做得很出色，但却从未得到过一声"谢谢"，这是因为绝大多数领导者想当然地认为将事情做得出色是下属应该完成的工作的一个组成部分。事实证明，领导者如此的"忽视"会让下属感觉很受伤，作为领导者，在下属工作出色的时候，应该迅速说出下属的业绩表现，令下属感受到你的关注。

下属犯错，委婉提出建议

在日常工作中，领导批评下级是为了根除工作中的错误，使下级走上正确的道路，因此，要想批评达到很好的效果，就必须讲究批评的技巧性，而避免消极、简单、直接的倾向。批评是一门艺术，批评是为了鞭策和激励他人更好地完成工作，达到团队共同的目标。批评是一种反向的激励，如果运用不好，就很容易刺激他人，特别是下属的自尊心和荣誉感，这样不但收不到激励的效果，还会走向激励的反面，使被批评者情绪消极、表现被动，甚至会导致他们做出偏激和抵抗的反应。所以，领导在批评的时候，切忌直接指出下属的错误，而是需要委婉指出错误，在言语上需要含蓄婉转，切忌尖酸刻薄，否则，便会引起不良的后果。

每个人都有自尊心，即使是犯了错误的人也是如此。如果下属真的在某些方面犯了错误，领导在批评的时候，要考虑到对方的自尊心，切不可随便加以伤害。因此，批评他人的时候，一定要保持自己心平气和，如春风化雨。而不是大发雷霆，横眉怒目，以为这样才能显示你的威风。实际上，你这样的批评方式，是最容易伤害对方的自尊心，甚至会导致矛盾激化。当你怒火正盛的时候，最好先别批评下属，等自己心情平静下来之后再去批评人。

王太太为整修房屋而请来了几位建筑工人。起初几天，她发现，这些建筑工人每次收工后都把院子弄得又脏又乱。可他们的手艺却让人无法挑剔，王太太不想训斥他们，便想了一个好办法，一天，建筑工人收工回家后，她便偷偷地和孩子们一起把院子收拾整齐，并将碎木屑扫好，堆到院子的角落里。到第二天工人们来干活时，她把工头叫到一边大声说："我真的对你们在收工前将我的院子扫得这么干净而高兴，我很满意你们的举动。"之后，每到收工时，工人们都自觉地把木屑扫到角落里，并且让工头做

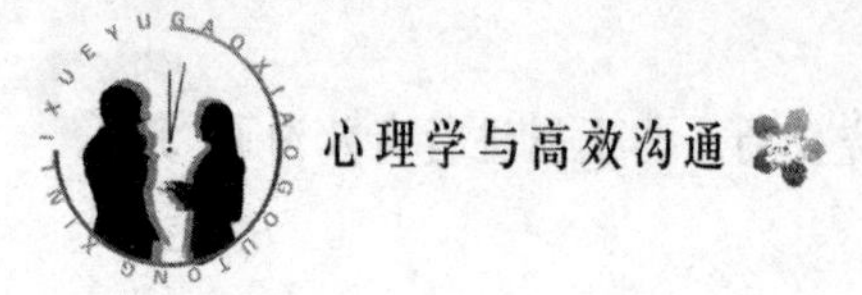

最后的检查。

如果王太太直接指出工人的错误，肯定使工人们大为恼火，而这种情绪会影响其工作效果，也会破坏他们与王太太之间的友好关系。所以，聪明的王太太舍弃了直接指出错误，而是委婉地表示出自己的想法，聪明的工人们一下子就明白了王太太的意思，也认识到了自己的错误。所以，每次完工之后，工人们都会自觉地把木屑扫到角落里，并且让工头们做最后的检查。

在日常工作中，许多领导在对下属真诚的赞美之后，喜欢拐弯抹角地加上“但是”两个字，然后就开始一连串的批评。比如，他们常会说：“小王，这次干得不错，但是，其中还是出现了许多问题，希望你能多多提高你的业务水平。”备受鼓舞的小王在听到“但是”两个字以后，就开始怀疑之前领导对自己的肯定了。赞美通常是引向批评的前奏，因此，在委婉指出别人错误的时候，切忌在赞美后加“但是”两个字，这样，会使你间接批评大打折扣。

一位上士谈到这样一个问题：“许多后备军人在受训期间，他们经常抱怨的就是必须理发，因为他们认为自己仍然算是普通老百姓。有一次，我奉命训练一群后备士官，按照以前的一般的军人管理办法，我可以像其他教官那样大声吼叫，或是出言恫吓，但是我并没有这样做，而是以委婉指出此事的利害而达到了我的目的。”

顿了顿，上士接着说：“我对他们说：‘诸位，你们都是未来的领导者，你们现在如何被领导，将来也要如何去领导别人。诸位都知道军队中对头发的规定，我今天就要按照规定去理发，虽然我的头发比你们的还短得多。诸位等一下可以去照照镜子，如果觉得需要，我们可以安排时间到理发室去。’结果，我话刚说完，真的有许多人开始去照镜子，并且按照规定理好了头发。”

在这个案例中，教官正是以委婉的批评方式达到了自己的目的。委婉式的批评其实就是间接式的批评，不要当面直接地进行批评，而采取间接的方式对他进行批评。你可以采用借彼比此的方法，声东击西，这样让被批评者有一个思考的余地，而更容易接受，委婉式的批评特点就是含蓄蕴藉，不会伤害被批评者的自尊心。每个人的自尊心都是很强的，领导人如果在公开场合点名批评犯错的下属，就会让对方感觉没面子，“威信扫地”，更有甚者会对领导者怀恨在心，有的干脆“破罐子破摔”。所以，领导者在对人进行批评时，要采取委婉的批评方式，这样不伤害对方的自尊心，可以更容易让人接受。

那么，领导对下属在进行委婉批评的时候，需要注意哪些问题呢？

1.就事论事

领导批评的时候，是在平等的基础上进行的，态度上的严厉并不等于语言的恶毒，只有那些无能的领导才去揭人伤疤。揭人伤疤的做法只会让人勾起一些不愉快的记忆，这样对问题的解决毫无帮助；而且当你在揭他人伤疤的时候，除了使被批评者心寒之外，旁观的人听了也会不舒服。

因为伤疤人人都有，只是存在大小的问题，旁观者见到同事的惨状，只要不是幸灾乐祸的人，都会有“下一个就轮到我”的感觉。而且，你的乱揭他人伤疤，只会让他的颜面丧失殆尽，根本就没有达到你最初批评的目的。你恰当的批评语言，是一个领导心胸和修养的直接表现，决不能以审判者自居，恶语相向，不分轻重。

2.以朋友的口吻

你作为领导，就应该用恰当的批评方法，而不是以审判者自居，你可以站在与他同一立场，用朋友的口吻去询问对方：“发生了什么事？”“我能为你做些什么？”或者“为什么会这样？怎么回事？”这样的方式，可以帮助你了解情况，以便更好地解决问题。

当然，你也可以直接告诉他你的要求，但是千万不要说：“你这样做根本不对！”“这样做绝对不行。”你可以试着说：“我希望你能……”“我认为你会做得更好。”“这样做好像没有真正发挥你的水平。”用提醒的口吻与他说更好，私下再与他交换意见，委婉地表达自己的想法，跟他讲道理、分析利弊，他就会心悦诚服，接受你的批评和帮助。

第16章 把握心理，与难缠之人高效沟通

多用敬语，利用“特别尊重”疏远难缠之人

一般情况下，关系比较好的人之间说话往往比较随意，有时还会调侃几句，但是遇到自己敬畏的人时，我们往往会用一些敬语如“您”、“请”等，有些时候，面对难缠之人，他们往往和我们的关系还不错，但是你确实又不想和他纠缠下去之时，你不妨利用敬语，让他感觉到你们的关系其实并不亲近，识趣之人往往会主动走开。

王山是一家公司的财务部会计，虽然平时干活兢兢业业地，但是经常有不少人来找他报假账，常常遭到他的拒绝，因此，公司里有很多人都对他不满。

有一次，公司采购部的李经理跑到财务部的办公室，看见王山后，李经理悄悄地说道：“小王，我的儿子想考会计证，今天下班后能不能麻烦你帮他辅导一下。”

王山一听不是报假账方面的事情，为了搞好人际关系，于是就答应了。

下班后，李经理开车把王山接走了，当车开到一家大饭店门口就停了，王山有些诧异，问道：“李经理，你家原来在开饭店呢？”

李经理笑道：“我家哪是开饭店的，我请你帮我儿子辅导会计方面的知识，总得先吃完饭吧？”

王山一听，便没有再说什么。

到饭店以后，李经理点了一大桌子的好酒好菜，王山连忙说：“李经理，你用不着这么破费，我帮你孩子辅导一下功课只是小事一桩。”

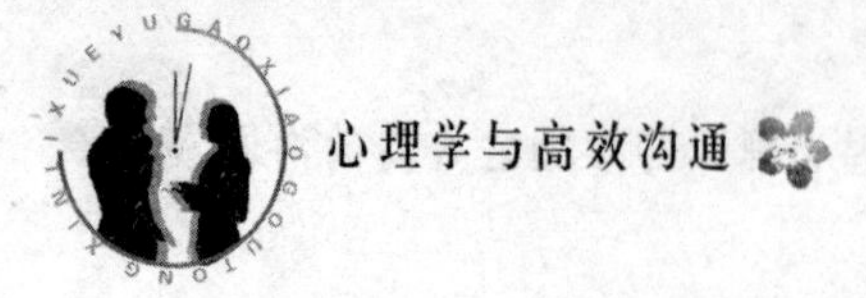

李经理有些得意地笑了笑，并没有说话。

席间，当李经理有些喝醉的时候，他说道："小王啊，现在我就跟你实话实说吧。"

这时，王山有些诧异。

李经理说道："我们公司最近采购了一批货物，大概你也听说了吧，我是想让你在报账的时候帮帮忙，多报一点，反正又是公司的钱，不拿白不拿，事成之后，我给你两万，如何？"

王山说道："李经理，你喝醉了，我们还是改天再说吧。"

李经理，有些不高兴，说道："别假正经了，我再给你五万，如何？"

王山没有回答李经理，直接叫人将李经理送回家中了。

第二天早上，李经理又跑到财务部，看见只有王山一人在办公室，于是说道："昨天晚上我们说的那事，你考虑怎么样了？"

王山假装没有听见，眼睛盯着李经理，大声说道："您说什么？我没听见，您能不能大声的再说一遍？"

李经理见状，有些尴尬地笑了，说道："你怎么还跟我客气了，昨晚上我们不是说得好好的吗？"

王山大声地说道："您昨晚上跟我说什么事情了，请您再说一遍行么？"

李经理顿时明白了王山是不想帮自己的忙，于是灰溜溜地回采购部了。

在这个案例中，面对李经理的无理要求，王山多用敬语和他交流，让李经理感觉到两人的关系其实也不是那么的亲密，最后李经理只好灰溜溜地走了。因此，在生活中，多用敬语，利用"特别尊敬"往往能疏远难缠之人。那么，如何才能做到这一点呢？

1. 说客气话的时候态度要严肃

在用客气话来拉远双方的距离的时候，一定要注意了，说话时的态度一定要严肃一些，让对方感觉到你是很认真地在跟他说话，而不是开玩笑。关键时候，不妨将你的话重复两遍，让对方明白你的态度。

2. 口气缓和，但是要坚定

在用客气话和对方拉远距离的时候，说话的口气要缓和一些，不要为了表达拒绝的意思而咬牙切齿，这时候，对方知道你在表达拒绝的意思，但是如果你的口气带了情绪，势必引起别人的不满，从而和你发生争吵。所以，说话的口气一定要缓和，但是要坚定。暗示对方不可能再有回旋的余地。

3. 要盯着对方的眼睛

说客气话拉远距离的时候，要用眼睛盯着对方，用眼神暗示对方，我很认真，我问心无愧。我做决定是经过深思熟虑的。这样对方从你的眼神上，从你的口气上，从你所说的客气话上自然能判断出来你的意思。

设置悬念，让对方不禁追随你的脚步

心理学认为：好奇心是个人遇到新奇事物或处在新的外界条件下所产生的注意、操作、提问的心理倾向。人的本性是不满足的，而好奇心就是人们希望自己能够知道或了解更多事物的不满足心态。当你在向对方求助的时候，假如能巧妙设下“好奇陷阱”，激起对方想了解你的欲望，那么你的求助就有可能成功了一大半。

周末，默默约了好朋友梅子一起逛街，可是，默默发现一路上梅子都心神不定的，好像发生了什么事情似的。默默好心问道：“梅子，你怎么啦，今天看起来心情好像不太好。”“哎，我也不知道该怎么说……还是算了吧。”梅子吞吞吐吐地说。“到底什么事情，大家都是朋友，你可以说出来，看我能不能帮上忙。”默默沉不住气了。“昨天我接到爸爸的电话……”

“欲说还休”的姿态恰好可以引发对方的好奇心，当你说了一半而又停住的时候，对方就可能想知道“你究竟怎么了”、“出了什么事情吗”，在强烈好奇心的驱使下，对方会主动开口说“我能帮上什么忙吗”。

1.设下“好奇陷阱”

有时候，对方可能根本不知道你有求助的意思，所以，你要巧妙设下“好奇陷阱”，通过自己的语言或行为透露给对方“自己有可能出事了”，这样他反而会主动问你“出了什么事”、“需要帮忙吗”。

2.留下悬念

如果对方主动问你“出了什么事情”，你可以设计悬念“我也不知道怎么说……还是不要跟你说好了”、“其实都是小事，你还是不要知道好了”，这样对方会继续追问，迫切地想了解你的情况。

对待小人，沟通中不伤和气但也无需情意

生活中的小人无处不在，但是我们往往又不能忽视他们的存在，因为一着不慎，可能全盘就输在小人的身上了，这个时候，如果我们能够掌握好对策，就能在沟通中不伤和气地将小人制服，比如夸赞对方还没形成的优点，暗示对方去培养。

王强和刘明是一家公司的销售部的两名员工，王强为人正直，心胸开阔，说话直率，刘明比较有心计，喜欢将同事之间私下说的事情向领导打小报告。

有一天，下班后，有一个经常和他们公司有业务往来的熟人郑凌，由于朋友关系，想请王强吃饭，但是刘明也在，于是便把他们两个一起请了，但是王强担心刘明打小报告，因为公司有规定，不准员工私自让客户请客。

于是，在饭桌上，王强对刘明说道：“刘兄，咋俩一起敬王强一杯如何？”

刘明说道：“好啊，一起来吧！”

当喝酒喝到一定程度的时候，王强假装醉意朦胧地说：“刘兄，我发现我们俩就是公司里的两个好伙伴，是不是？”

刘明敷衍了事地说道：“嗯，是的。”

王强继续说道：“我知道你很恨私下里给领导打小报告的人，其实我也恨，你放心，这次绝对没有其他人知道我们俩和老郑来喝酒，只有我们三人知道，哈哈！”

刘明也跟着笑。

王强继续说道：“我告诉你一个小秘密，我已经盯上了一个喜欢打小报告的人，一旦我逮到机会，我会将他一军。”

听完王强的说话，刘明紧张得满脸都是大汗。

王强见状，心中大喜，但是假装困惑地说：“你怕什么呀，我又不是说你，你最恨打小报告的人了，你怎么可能会打小报告呢？”

刘明连忙唯唯诺诺地点头。

从此，在公司里，再也没有发生过有人给领导打小报告的事情了。

在这个案例中，王强面对喜欢打小报告的刘明，他没有正面表示对他的不满，而是旁敲侧击，在和气的表面下暗示他打小报告的后果。因此，在生活中，对待小人，沟通中不伤和气但也无需情意。如何才能做到这一点呢？

1. 夸赞对方还没形成的优点，暗示对方去培养

夸奖对方还没有形成的优点，是一种不满情绪的表达，是一种赞扬性的批评。如果你在某一方面没有优点，甚至有严重的失误或不可弥补的缺点。本应该受到批评，但是却受到了表扬，而且缺点成了优点。乍一听是在赞扬，实际上传递的却是不满。别人只是在强调这些方面，希望能引起你的注意。

2. 夸赞对方表现过度的优点，暗示对方收敛锋芒

表现自己的优点可以让别人更容易了解自己，但是如果不把握好度，表现得过多，就会变成骄傲，惹人讨厌。这时候，我们不妨采用赞扬对方的优点的方式，来提醒和暗示对方，传递你表达过头了，引起别人讨厌了的信息。这样既不会伤害到彼此之间的和气，还可以很好地表达自己的不满情绪。

3. 自言自语不经意说出对对方的不满

人们都不太容易接受直接的指责，但是只要你在表达自己不满情绪时，以一种无意的心态说出，更容易让对方接受。比如，你自己觉得这件事对方做得不对，但又不好直接说出来，这时候你就要学会对自己讲，让对方听。因为没有针对性，所以没有攻击性，自然就不会有反击，但是却有暗指对象。一般面对这种情况，对方更容易从心理上意识到你对他的不满情绪。

4. 表现对其关注淡漠，暗示其自我反省

在人际交往中，如果自己对对方有不满情绪，那就在相处过程中表现出对对方的冷漠，不要过度的关注对方，一改自己往日热情好客的生活态度，给对方表现出淡漠，使得对方意识到问题的存在，从而更好地在自己的身上找缺点。表现对其关注的淡漠，很好地传达了自己的不满情绪，暗示对方进行自我反省，改正自己的缺点和毛病。

5. 搭幽默的顺风车暗示对方的缺点

幽默的表达方法，将对方的缺点形象化地表达出来，这样可以避免过于严肃的指责和埋怨，也避免了彼此之间的尴尬，避免伤害双方感情。比如对方总是太懒了，在向对方暗示的时候，不妨玩笑式地学几声猪叫。这样对方知道自己的毛病，再加上你形象化地表达了幽默的效果，这样一来，对方会意识到自己的缺点，也会愉悦的接受你的批评。

用对方的方式沟通，才能达成共识

在日常交际中，我们在与对方的交流沟通，实际上就是一场心理的较量。而且，彼此都带着各自在意的重点，以此来达成共识。如何才能打动对方呢？这需要我们仔细观察，从对方言语中抓住对方在意的重点，再以其在意的东西作为利诱，这样一来，对方肯定会心动，而不得不答应我们的请求。而且，我们在以其在意的东西作为利诱，如此来暗合对方的心理，这样

会让对方感到很受尊重，在无形之中，也拉近了彼此的距离。有时候，对方在意的东西往往是他的把柄之一，有可能他会为了在意的重点而放弃之前所提出的条件，在此时，我们乘虚而入，对方就会在交流中败下阵来。

小娜是一位省油型汽车推销员，这天，她约见了一位客户，这是一位拥有三辆车的店主。小娜想：对于这样一位客户来说，他最在意是怎样能节约汽油费，以此来缩小店里每天的开销，如此达到最大的盈利。

于是，有了这样的想法，小娜一开口就礼貌地询问："先生，请教你一个所熟悉的问题，增加贵店利润的三大原则是什么？"客户好像很乐意回答这样的问题，他回答："第一，降低进价；第二，提高售价；第三，减少开销。"小娜立即抓住话题说下去："你说的句句是真言。特别是开销，那是无形中的损失。比如汽油费，一天节约20元，你想过多少吗？如果贵店有3辆车，一天节省60元，一个月就有1800元。发展下去，10年可省21万元。如果能够节约而不节约，岂不等于把百元钞票一张张撕掉？如果把这一笔钱放在银行，以5分利计算，一年的利息就有1万多元，不知您高见如何，觉得有没有节油的必要呢？"听了小娜这样的分析，客户最终购买了省油型汽车。

对于有车一族来说，他们所在意的就是如何节约汽油费，而对于拥有三辆汽车的店主来说，这样的问题他会更在意。推销员小娜非常明白客户在意的重点，因此，在与客户交谈的过程中，她一点点地将话题延伸到节油的问题上，引起客户的注意，再一点点详细说明来博得客户的同意。既然汽车可以节油，为什么还要继续"浪费"下去呢？这样有力的说明打动了客户，于是，他会想方设法地用节油车来解决之前"浪费"的情况，不得不购买推销员小娜的省油型汽车。

另外，在日常交际中，双方的沟通最忌讳彼此沉默不语，或者，自己在那里说得口若悬河，对方总是一副爱理不理的样子。那么，如何打动对方开口说话呢？最好的办法就是善于发现对方比较在意的东西，比如兴趣爱好，从对方感兴趣的东西说起，这样才会使整个谈话过程变得愉悦而畅快。

那么，哪些才是对方在意的重点呢？

1.找到对方的利益所在点

就像案例中店主的利益所在一样，可能，在每个人身上，他们都会有一定在意的关于利益的东西，有可能是金钱，有可能是名声，有可能是地位。那么，在沟通的过程中，我们要善于以对方在意的利益作为突破口，以此达到打动对方的目的。

2.找到对方的兴趣所在

每个人都有自己的兴趣爱好，因此，在交流过程中，我们要想办法找到对方的兴趣点。可以在与对方交谈之前做好准备工作，打听对方有什么兴趣爱好；也可以通过自己的观察或提问来获得对方感兴趣的事情。

另外，为了获得更多有关对方的信息，更好地打动对方，我们需要让对方尽可能地多说话。所以，话题要先从对方的兴趣说起，这样顺势展开的话题会利于整个沟通的顺利进行。

热衷“杀熟”的人，妙语拉远与其的距离

在生活中，往往会发现有很多人热衷于“杀熟”，即喜欢拿熟人先开刀，面对这种人，如果直接跟他正面交锋的话，那么往往伤害彼此之间的情感，但是委曲求全，自认倒霉，又觉得于心不甘。这时候，如果能够委婉地用妙语和他拉远距离，暗示自己并不是和他很熟，这样对方便不好意思再拿你开刀了。

王华和李杰是公司里的同事，平常关系非常好，但是李杰发现王华有一个毛病：王华喜欢当着外人的面揭露自己的一些丑事。这让李杰有些尴尬，但是又不好当面反驳，因为王华是带着笑脸说的，而且说的都是事实。

有一次，王华和李杰一同去客户家里上门维修产品，维修完后，正好到了晚上吃饭的时间，客户留两人吃晚饭。

在饭桌上，王华说道：“李杰，你平时不是说客户都是铁公鸡吗？你看现在这家客户还像铁公鸡吗？”

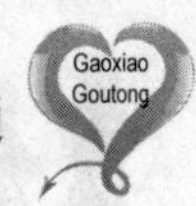

李杰哑口无言，客户也尴尬地笑了。

顿时气氛一下就紧张了很多。

客户这时便连忙倒酒，说道："来，来，来，喝酒！喝酒！"

李杰有些不高兴，但是王华并没有觉察到。他继续说道："你啊，就一毛病，嗜酒如命，有一次，咋俩到客户家去走访，不巧看到他们在喝酒，没有请你喝，你就生气地说：'下次再让我上门服务的时候，一定做些手脚。'"

李杰的脸色非常的难看。但是碍于客户在场，又不好意思直接发作。他笑了笑，对王华说："谢谢您的指导和教诲，现在我向您敬一杯酒，请王总务必不要推辞。您要是再客气了，我可真是无地自容了啊。"

李杰突然将你改成了"您"，王华感觉到他和李杰的关系突然远了很多。看着李杰一本正经的样子。他只好站起来把酒喝了。喝完酒后，李杰深深鞠了一个躬，然后说了声"谢谢"。

从此，在外人面前，王强再也不敢"杀熟"了。

在这个案例中，王强是一个很喜欢"杀熟"的人，对此，李杰用客气词无形之中拉远了与他的距离，暗示他，我和你不熟，你说的话别人不会信。从而让王强身处尴尬的境地。因此，在生活中，面对热衷于"杀熟"的人，不妨采用妙语拉远与其的距离。那么，如何才能拉远跟熟人之间的距离，避免被"杀熟"呢？

1. 不妨说一些客气话

生活中，由于彼此之间关系比较熟，所以对方总是肆无忌惮地向你提要求，也正是因为关系比较熟，所以很多人不好意思拒绝。结果让自己很难受。这时候，在和对方的谈话中，多说一些客气话，比如多说"您"或者"谢谢"等词。以此来告诉对方，两人之间并非那么亲密无间。这样，对方便不好意思，自然会有所收敛，从而可以有效地避免"杀熟"的现象。

2. 把对方的话当玩笑

当你听到熟人向你提不合理的要求时，要机灵一些。把对方的话当成是玩笑。让对方明白你的意思，熟人之间开玩笑是很正常的，这样他自然不好意思再说下去了。当然这时候，需要你的表情和语言的配合，装傻充愣。比如：拍拍对方的肩膀，哈哈大笑说："你真是太幽默了。"或者是"你真会开玩笑。"

3. 要及时地转移话题

你身边的熟人，想要"杀熟"时，在对方刚一开口的时候你就要迅速及时地转移话题。当话不投机的时候，你和对方的心就有了距离。别人自然不好意思继续和你聊下去。因为是熟人，可以聊的话题很多，千万不要等对方把自己的念头表达出来。

4. 要不断地恭维对方

一般情况下，关系熟的人之间不需要恭维。那么当你明白对方想要"杀熟"的时候，不妨恭维对方，拉远和对方之间的心理距离，当对方明白自己和你并不是想象中那么熟的时候，"杀熟"的话便不好意思再说出口来了。这时候，你也完全可以和他讨价还价了。

对于"死缠烂打"之人，不如放点狠话

生活中，有一些人在请求被别人拒绝之后，并没有就此放弃，而是采用死缠烂打的方式，消磨你的意志，最终被他所征服。

这些人之所以死缠烂打，是因为他们从你的言谈和神情中看出，你并不是非常反感。这样，他们便会用他们想要你妥协的意志来控制你并不坚决拒绝的决心。因此，要想不委曲求全，悔恨自己，那么就要适当放点狠话，让他们明确感觉到你强烈拒绝的态度。

小丽已经做到了主管的位置，再加上有姣好的容貌，魔鬼般的身段，还有那不错的家庭背景，因此小丽在公司里可谓是"金枝玉叶"。有很多人都梦想着能够娶像小丽这样女子。

有一天，小丽和老板一起外出应酬客户。在酒桌上，小李认识了一位名

叫赵德玉的年轻小伙子，对方的父亲刚好是小丽所在公司的合作伙伴。由于业务上的关系，小丽和赵德玉经常在一起工作。慢慢地，赵德玉对小丽有了好感。

之后，赵德玉就对小丽展开了追求。他经常约小丽一起吃饭，也会送小礼物给小丽，下班的时候总是在公司门口等小丽，面对赵德玉的穷追不舍，小丽总是选择逃避。赵德玉约小丽吃饭，小丽总说没空，送东西给小丽，小丽总是拒绝，可是这样，赵德玉的追求不但没有减退，反而越来越强烈。这给小丽的工作和生活带来了相当大的压力。

这天下午下班后，小丽刚走出公司，就看到赵德玉双手捧着玫瑰花，站在不远处向她招手。小丽很无奈，但是今天她没有像之前那样不予搭理，径直走开，而是主动微笑着迎了上去。

他们一起去吃了饭，一起去看了场电影之后，赵德玉满心欢喜地将小丽送回了家。在家门口，小丽说："今晚玩得很开心，谢谢你送我回家。不过你的花还是要还给你，我们之间真的不合适。真的很抱歉。"

赵德玉紧追着问："为什么啊？难道我配不上你吗？"

小丽说："这跟配得上配不上没有关系，我对你没感觉。"

赵德玉："感情可以慢慢培养啊，你知道我喜欢你。"

小丽："培养出来的是习惯，不是感情，再说了我也没有兴趣和你培养下去。"

赵德玉走上前去，拉住了小丽的手说："给我个机会吧！"

小丽狠狠地甩开，说："放手，你想干什么啊？我不是告诉你了吗？我们之间不合适，你还要我说多少遍，你再这样，我们之间连朋友都没得做！"

这时，赵德玉尴尬地笑了笑，道了声"拜拜"，钻进车里离开了。从那之后，赵德玉再也没有为难过小丽。

故事中的小丽在拒绝赵德玉的时候，之前选择逃避，结果对方的猛烈攻势，让自己相当的被动。后来她选择了直面相对，在赵德玉的纠缠下，放了狠话。破灭了赵德玉的侥幸心理，成功拒绝了对方。由此可见，在面对别人

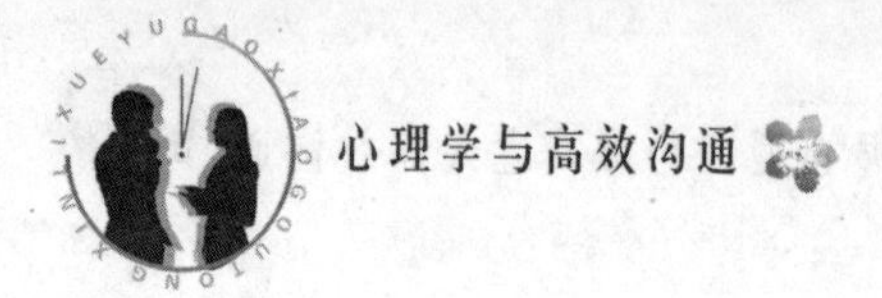

死缠烂打的时候，千万不要心软，否则伤害的就是你自己。这时候要学会说狠话。那么，在放狠话的时候要注意哪些方面呢?

1. 不要担心得罪人

如果你总是担心话说狠了，会给别人造成伤害，会得罪人，那么你永远也说不出狠话，也拒绝不了别人的死缠烂打。别人既然敢死缠烂打，那么必定做好了相应的心理准备，你的言语肯定是伤害不了他的。这时候，你的话说得越狠，对方才会越有所顾忌。因此，要想不委曲求全，那么不妨把话说得再狠一些，千万不要担心会得罪人。

2. 口气一定要强硬

通常，人与人之间的博弈不是通过言语的对错，而是通过气势。要想表达你强烈的拒绝情感，说话时的口气一定要强硬。让别人在你的气势中感觉到没有任何后退和考虑的余地。当别人明白了这个事实之后，自然也就放弃了。对于没有任何希望的事情，如果再坚持就是在虐待自己。你明白，别人一样也明白。

3. 表情要极端严肃

很多时候，有的人嘴上说着绝对不行，可是脸上却堆着笑容。别人不会因为你的一句“绝对不行”而就此放手，相反他们从你脸上的笑容，感觉到你说的话是违心的，是可以打折的。这样无形之中，又给了别人希望。既然有希望，别人自然不肯随便放弃。因此，在表达你的拒绝时，表情一定要严肃。用你的神态来拒绝他人。

第17章
开口赢心，在交际场合展开高效沟通

寒暄不是简单的客套话，步步深入有学问

生活中，我们发现很多人非常的健谈，不管遇到的是什么人，都能在最短的时间内和对方侃侃而谈。而有些人则相对来说比较木讷，遇到陌生人不敢说话，需要用时间来增加了解。或许你会说是因为他们的性格不相同，第一种人比较外向，第二种人比较内向。事实上，并非完全如此。究其原因：前者比较会寒暄，在寒暄中将沟通和交流一步步加深。

对于刚刚踏入销售行业只有半年时间的王刚来说，销售并不像他之前预想的那么难。仅仅用了半年的时间，他的销售业绩已经跃居公司第一位，前几天刚刚被提升为了销售经理。事实上，他的性格稍微有些内向，按理说并不太适合做销售。当谈到有什么销售秘诀的时候，王刚只是笑了笑说："这有什么秘诀啊。只要会寒暄，能和客户搭上话，单子就聊出来了。如果话都搭不上，怎么谈业务？"

这天，王刚又去拜访一个很大的客户。他对这个客户的了解并不多。因此去拜访之前，心里多多少少有些没底。当他走进客户的办公室之后，看到了很多非常漂亮的花，而客户正在专心致志地给花浇水。这时候他的内心深处已经有个初步的谈话方案了。

他对客户说："想不到您是这么风雅的人，这么爱惜花草，说明您是个热爱生活的人。"

客户："是啊，我比较崇尚自然，总喜欢在花花草草中感受那份生命的清新。"

王刚："是啊，我们总是因为每天的工作而活得很累，每天为了追逐金钱、权利，为了更多的物欲，在所谓"成功"这个魔咒的驱使下沦为了生活的奴隶，而忽略了原汁原味的生活。"

……

他们以热爱生活为话题，谈了很多对生活、生命的理解，继而谈到了对生活的态度，谈到了生活中的具体烦恼，两个人越谈越投缘，彼此相见恨晚。整整一个下午，他们俩都窝在办公室里探讨生活。

后来，王刚离开的时候，客户拿过合同看也没看就签了。他握着王刚的手说："想不到在沉沉浮浮的商海还能遇到个知音。真是太不容易了。有时间了一定要常来坐坐啊。"

王刚握着客户的手，郑重地点了点头。

故事中的王刚之所以能迅速获得客户的认可，那是因为他善于寒暄，善于在短时间之内和客户找到共同话题，并且一步步的交谈下去。最终走进了对方的内心深处。由此可见，在人际交往中，我们遇到的大多数人都是由陌生人一步一步熟悉起来的。要学会寒暄，学会和陌生人找到共同的话题，展开交流。那么，和陌生人寒暄的时候，要如何才能做到一步步深入呢?

1. 察言观色，迅速发现共同点

一个人的心理状态和精神面貌，或多或少的从他的衣着、表情和谈吐方面有所表现，只要你多留心一些，不难发现对方的职业、爱好以及性格上的特点。这时候，你会发现对方身上和你有很多相似点。当然，发现的共同点，也要和自己的兴趣有关，否则就算打破了沉默说几句话就断了话题，使双方的谈话交流再次受阻。

2. 揣摩谈话，用心寻觅共同点

为了发现、寻找和陌生人之间的共同点，也可以在别人谈话的时候花点心思去分析和揣摩，也可以在和对方的交谈中细心留意，从中发现更多的话题。留心别人的谈话，可以找出双方的许多共同点，进而增加交流，给彼此带来精神上的愉悦的同时，还增加了许多社会阅历。总之，只要你留心周围

的人或者事，你身边永远不会有陌生人的。

逢人减岁，遇物加价的沟通之道

事实上，人都有虚荣心，都好面子，都喜欢在别人面前显摆自己。喜欢让别人觉得自己越活越年轻，希望让别人认为自己生活过得还不错，买得起高价钱的物品。尽管岁数已经不小了，尽管买的东西很廉价。但是人的这种虚荣心却希望得到满足。

这也就是我们不得不佩服的，生活中有些人特别会说话。他们总能逢人减岁，遇物加价，把话说到别人的心坎上，满足别人的虚荣心，从而让人心情愉悦，心花怒放，因而大家伙都乐意于这样的人相处。

这天傍晚，吃完饭后，张玉便带着孩子到楼下遛弯。由于天气晴好，空气清新，所以楼下的邻居特别多。张玉和邻居王大姐聊起了家常。

不一会儿，楼上刚结婚的小媳妇邓梅也下来遛弯。由于邓梅老公家境不怎么好，所以当初结婚的时候也没怎么讲究。邓梅穿的衣服也很普通，不像一些有钱人家的小媳妇一样，全是大价钱的。

王大姐看到邓梅后，说道："哎要，新娘子，你可真是花枝招展啊。这衣服真漂亮，多少钱买的啊？"

王大姐怎么能看不出来邓梅穿的衣服并不是大价钱的高档服装。她这么说多多少少有些歧视邓梅。

听王大姐这么说，邓梅非常尴尬，说的价钱低了吧。肯定会被王大姐当场嘲笑，旁边那么多的邻居，她的脸面肯定保不住。说的价钱高了吧，也担心会被别人揭穿，让自己很没面子。脸上红一阵，白一阵不知如何是好。

这时候，站在一旁的张玉笑着说："一看这衣服就是高档货，我前天在商场里看到了这个款式，觉得非常漂亮，本来打算买呢，后来一看价钱，2000多呢。就打消了这个念头。没想到小邓也喜欢上这件衣服了。"邓梅感激地望着张玉，眼泪都快差点掉出来了。

王大姐这时候说道：“还是年轻人好啊，穿啥都觉得物超所值，你瞧咱们这一大把岁数了，就算是买了再好看、再高档的衣服，穿着也不好看啦。”

张玉说：“谁说我们王大姐老了？你看这皮肤保养的跟18岁的小姑娘似的。要是不知道的，还以为你还是没出嫁的姑娘呢。”

王大姐喜上眉梢，咧着嘴笑着说：“这媳妇就会说话，把人说的心里甜蜜蜜的。”

故事中的张玉巧用遇物加价的方式解了邓梅的尴尬，又用逢人减岁的方式博得了王大姐的喜爱，从而赢得了良好的人际关系。由此可见，在说话的时候，要理解别人的虚荣之心，及时满足对方，把话说到对方的心坎上，让别人开心，从而营建良好的人际关系。那么，究竟如何才能做到逢人减岁，遇物加价呢？

1．站在别人的角度上理解他人

每个人都有自己的出发点和不同的情感。站的角度不同，人的感受也不同。比如故事中的邓梅由于老公家的家境不好，所以买的衣服都很普通。王大姐的一句话无疑刺伤了她。张玉站在她的角度上及时帮她解了围。如果张玉没有站在她的角度来想的话，很可能会说出实情，让她下不了台。因此，要想把话说到别人的心坎上，不妨多站在他人的角度上去想。

2．察言观色，揣摩对方的心思

一个人心理的所思所想，完全可以从对方的言谈举止中流露出来。一个眼神，一个表情都能将他的心出卖。因此，要想把话说得中听一些，不妨多注意观察对方，从一个个不经意的小动作中察悟出对方的心思。对方担忧什么，希望什么？喜欢什么？厌恶什么？当你明白了这些之后，再加以迎合，那么你说出来的话就能取悦人心。

3．不要触犯他人的忌讳和雷区

俗话说“矮子面前别说短话”，对于有缺陷的人来说，是最忌讳别人说道的。同样对于一些人的忌讳和雷区也要多加留意。或许你并没有嘲笑和讽刺别人的意思，但是因为是对方的忌讳和雷区，所以神经比较敏感，不要因

为你的一句不经意的话而让别人对你产生憎恨。

4. 心存善良，少说刻薄人的话

平日里说话的时候，嘴上积点德。说话和蔼一些，少说刻薄人的话。这样无形之中给别人留下好印象，一样能赢得好人缘。生活中的一些人，尤其是一些工于心计的女人，总喜欢在言语上挤对别人，看着别人倒霉，他开心，看着别人开心，她心里不舒服。像这样蛇蝎心肠的人怎么能懂得体会别人呢。

5. 照顾他人的面子

人都有虚荣心，都希望能表现得比别人优秀一些，都希望得到别人的夸奖，这样显得自己很有面子。事实上，这是人性，无可厚非。因此，在平时说话的时候，多说别人的好话，多赞美和认可别人，多照顾别人的虚荣心理，给他人留足面子。这样，别人会心存感激，拿同样的好来对待你。

说话低调一些，令人感到你容易亲近

“低调做人，高调做事”，这其中的低调做人就包含说话这门艺术。尤其是当双方地位悬殊，而对方的地位较低，与之说话，如果我们说话低调一下，会满足普通人的自尊心理需求，会给对方容易亲近的印象，这样的讲话方式理所当然地会受到对方的欢迎。

美国有位总统，在庆祝自己连任时开放白宫，与一百多位朋友亲切“会谈”。

“小时候哪一门功课最糟糕，是不是也挨老师的批评”小约翰问总统。“我的品德课不怎么好，因为我特别爱讲话，常常干扰别人学习。老师当然要经常批评的。”总统告诉他说。

总统的回答，使现场气氛非常活跃。

后来有一位叫玛丽的女孩，她来自芝加哥的贫民区。她对总统说，她每

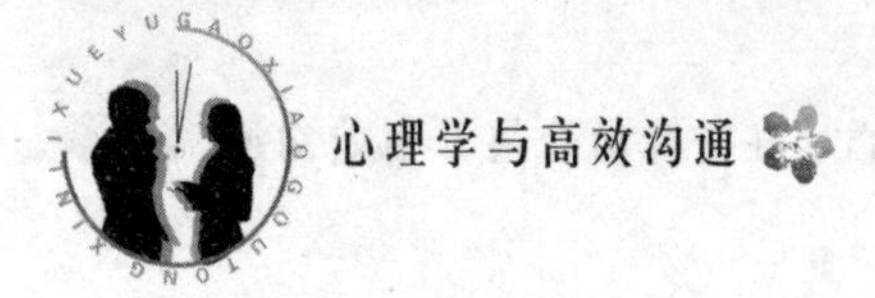

天上学都很害怕，因为她害怕路上遇到坏人。

此时，总统收起笑容，严肃地说：“我知道现在小朋友过的日子不是特别如意，因为有关毒品、枪支和绑架的问题，政府处理得不理想，我希望你好好学习，将来有机会参与到国家的正义事业之中。也只有我们联合起来和坏人作斗争，我们的生活才会更美好。”

总统告诉小朋友们，自己的过去和他们一样，也常被老师批评，但只要经过自己的努力，也会成长为有用的人。总统在认同小朋友对社会治安担心的同时，还鼓励小朋友参与正义事业，因为那样正义者的力量会更大。

总统放低姿态的谈话方式使小朋友们发现，总统和他们之间没有任何距离，也像他们一样是普通人，是可亲近的、可以信赖的“大朋友”。即使场外的大人们看到这样的对话场面，也会感到总统是一个亲切的人。

可见，与地位低者说话时放低姿态，不仅拉近了双方的距离，而且更容易沟通，更容易让对方从心理上接受自己。

那么，我们具体该怎样运用低调说话这一心理策略呢？

1. 沉默是金，不要抢着发言或说话

真正的说话技巧，并不是不放过任何一个说话的机会，而是懂得适时地说话。低调说话，就是需要我们懂得沉默。也就是说，任何时候，我们都不要抢着发言，即使对这个问题有处理办法，也只是建议别人该如何去做，而不是说别人应该怎样去做。说话低调，可以给自己留下回旋的余地，不至于让自己尴尬与难堪。沉默是金，这也许并非人生箴言，却也是许多风雨人生的凝聚。早在白居易的诗中，就有了“此时无声胜有声”"的意境。到了语言所表达的极限，便需要用沉默来体会和理解。当我们沉默的时候，就给了对方更多的说话机会，自然得到对方的好感。

2. 不要随意指出别人缺陷和过错

任何人都是爱面子的，尤其是当自己犯了过错或者被人发现某种缺陷时，更是希望别人不要指出来。但生活中，总是有那么一些人，与人交谈，只顾一时口舌之快，有意无意地对他人造成了伤害，有时一句侮辱性的语言完全可能把深厚的友情葬送。因为，没有人能彻底忘掉别人对他的侮辱，即

使那个人曾经有恩于他，或者他们曾经是好朋友，所有这一切，都无法弥补你在语言上对他人造成的伤害。

3. 开玩笑也有分寸

小李是单位公认的帅哥，他现在在一家外企上班。正是因为他英俊的长相，他在大学校园内有“恋爱专家”的雅号，而毕业后，他在众多的女友中选上了貌若天仙的丽。也许是为了炫耀自己的能耐，小李带着丽去参加朋友聚会。

就在大家天南海北闲谈的时候，“快嘴”王换了话题，谈起了大学校园罗曼蒂克的爱情故事，故事的主人公自然是“恋爱专家”小李。“快嘴”王眉飞色舞地讲述小李如何引得众多女生趋之若鹜，又如何在花前月下与女生卿卿我我。丽开始还觉得新奇，但越听越不是味，终于拂袖而去。小李只好撇下朋友去追丽.

实际上，我们都知道，“快嘴”王不是有意要揭小李的“往事”，但他的追忆往事确实使丽难以接受。这不仅使小李费不少周折去挽回即将失去的爱情，而且使在场的人心里也不高兴。可见，有时候，但口下留情很重要，开玩笑可以活跃气氛，但玩笑也不能乱开。否则，你就会成为不受欢迎的人。说话应该谨言慎行，给语言的刀子加上一把鞘。

从以上三点，我们可以看到，说话谦虚低调不光是美德，更是一种明智的说话策略！也是我们在人际交往中必须要掌握的处世方法！

说出对对方的担忧，批评也动情

心理学家做过这样一个实验：让母亲前后三次去劝说女儿放弃与男朋友的交往。第一次，母亲不断责骂，企图让女儿屈服，可是女儿宁死不屈；第二次母亲苦口婆心好言相劝，女儿依旧不买账；第三次，母亲语重心长地说：“他没有正当的工作，家境又很贫寒，你说你以后该怎么生活啊。”说着，抹起了眼泪。最终，女儿答应了母亲，放弃了男朋友。

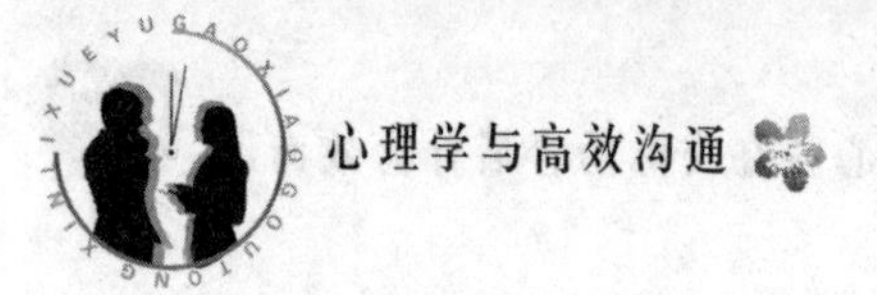

同样是劝说，为什么前两次遭到了女儿的反对，而第三次却取得了成功呢？心理学专家分析了这种现象：在人的内心中，都有个“自我意识”，觉得自己是最重要的，自己的想法是最正确的，是最符合“自我需要”，而别人则无法理解自己。于是，在别人劝阻的时候，会出现“捍卫自我”的对抗和抵触情绪。但当明白了别人在为自己担忧之后，内心会形成“自己人”的感受，因而会妥协。基于人们的这种心理，在批评劝说的时候，不妨设身处地地为对方着想，把你的担忧表达出来，让批评直达对方的内心深处。《触龙说赵太后》的故事就说明了这一点：

这天，触龙走上前，说：“我一直担心太后的玉体欠安，所以今日特来看望。”

触龙接着先向赵太后提出了一个请求：“我的几个孩子中，就属小儿子不成材，可是我又最疼爱他，所以我恳求太后能看在我的面子上，给他个名士的职位。”

赵太后说：“我真没想到，原来你们男子汉也会疼爱最小的儿子啊！”

触龙说：“男人疼爱小儿子，估计比女人们还厉害呢！”

太后自然有点不服气，她说：“还是女人更爱小儿子。”

触龙见时机已到，说：“老臣认为您爱小儿子爱得不够。”他说：“当年，您忍痛割爱，将我们的公主远嫁燕国，希望她的子孙相继在燕国为王。这才是真正的爱。”

这句话是有道理的，太后信服地点了点头，触龙便接着说：“现如今，您赐给您的小儿子也就是长安君很多珠宝、土地，但如果他不能为赵国立功，日后又怎能在赵国理直气壮地立足呢？”触龙这番话说得赵太后心服口服。她立即命人为长安君准备车马、礼物，送他前去齐国当人质。

触龙一开始并没有直接说要劝谏，而是在聊天之中，动之以情，说出了老太后的担忧，尽管是在批评老太后，但是却是在为她设身处地的考虑。最终，赢得了老太后的欣赏。心理学家研究表明：人内心中对自己非常的忠诚，对于反对和批评会产生强烈的抵触和对抗情绪，心里觉得你并不了解他。相反，如果你能设身处地地说出对对方的担忧，表达你的同情和理

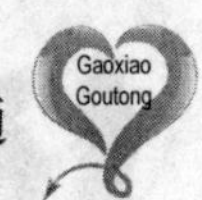

解，别人心里会感觉到温暖，抵触的情绪会减弱。基于人们的这种心理，在表达批评的时候，不妨动之以情，设身处地地为他人着想，说出对方内心的担忧。

在生活中，这样的例子非常多。男孩平日里不会照顾自己，什么事情都要依靠父母。母亲批评他说："你都是大小伙子了，为什么不自己学着做饭、洗衣服呢？你看看你整天脏兮兮的，多丢人啊。"男孩一副无所谓的样子。母亲语重心长地说："你不学习着照顾自己，将来离开我和你爸爸以后，该怎么办啊？你这个样子，哪个女孩子能看上你啊！"男孩惭愧地低下了头，从那以后，男孩主动学习照顾自己了。母亲为男孩的担忧，深深地触动了他的心。尽管是在表达批评，但是却在传达爱和温暖，因而取得了良好的效果。

那么，究竟如何才能在批评的时候表达对对方担忧呢？

1. 从事情的后果上多考虑

既然做错了事情，那么结果一定不是很好。在表达批评的时候不妨从事情的结果上多考虑一些，这样往往能让你的批评显得温暖些，对方觉得你是在为他着想，内心的抵触情绪也会减弱很多。比如你的家人不小心撞伤了人，你表达的时候不妨说："你说这个事情到底怎么办才好呢，你怎么不小心一点呢。"

2. 为对方的前途表达担心

俗话说："人无远虑，必有近忧。"别人犯了错误，对他的成长和发展或多或少的会有影响。因而，在表达批评的时候不妨为对方的前途表达担心。比如：母亲在批评孩子不专心学习时，要这样说："你现在不好好学习，我看你将来要去干什么啊！"是在表达批评，但是却包含着温暖和关爱。

3. 在亲人的情感上显背负

人往往对亲人的感情很深。如果做事情对不起亲人，良心会受到谴责。这时候，在表达批评的时候，不妨把亲人拉进来，以亲人的期盼为由头，促使对方改正和进步。比如：一个孩子早恋了，老师在批评的时候可以这样

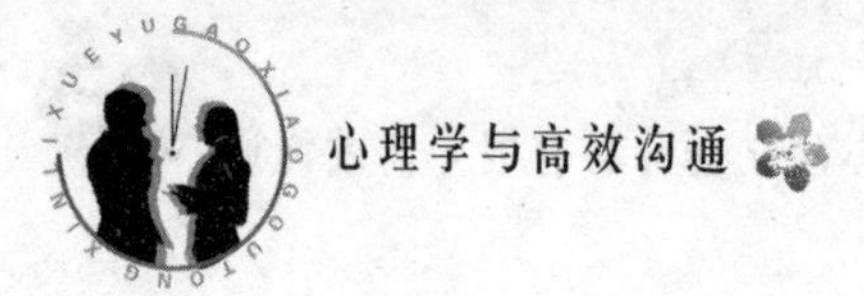

说：“你爸爸妈妈知道了会有什么样的想法？你对得起他们吗？”往往会让早恋者悬崖勒马。

肯定对方，要把赞美说得特别一点

心理学家认为：“人类本质中最殷切的需求是：渴望被肯定。”在生活中，被人赞美是一件令人喜悦的事情，恰如其分的赞美，能使人感受到人际间的理解和温馨，能够打动他人，有效地增进赞美者与被赞美者之间的心灵交流。一个人若是学会了赞美，往往使他能够受益无穷。在日常交际中，我们经常感受到赞美的魔力，不仅能打动他人，也使自己获得了友情和帮助。人总是对自己最感兴趣、认为自己最重要，希望被人赞美，那么，在与他人的交往过程中，我们应该遵循一个原则：尊重他人，肯定他人，并真诚地赞美他人。不过，就赞美而言，也是需要一定的技巧的。我们对他人的赞美不能太笼统，而是需要针对性。

在生活中，我们经常听到“你这个人真是太好了”，虽然，这听上去就是一句赞美的话语，但是，具体好在哪里呢？赞美者却没能说清楚，给人一种虚假的赞美，如此的赞美，不仅不能打动人心，反而令人生厌。因此，在赞美他人的同时，我们需要有针对性地赞美，比如，对男人你可以夸他帅气，对漂亮的女人你可以赞美她的打扮，对一个母亲你可以赞美她的孩子可爱，对上司你可以夸张他的领导力。

王先生和夫人带着一位翻译同一位外商洽谈生意，外商见到夫人后，便夸赞道：“你的夫人真是太漂亮了！”王先生客气地说：“哪里，哪里。”翻译听到这话，心想可碰到难题了，这“哪里、哪里”怎么翻译呢，最后，他翻译成了：“Where，Where？”外商听了，心中感到疑惑，心想，说你夫人漂亮就是漂亮呗，还非要问具体漂亮在哪里？于是，外商笑着回答说：“你的夫人眼睛漂亮，身材好，气质好……”说完，大家都哈哈大笑了起来。

这个有趣的故事告诉我们，在赞美他人的时候，一定要在心里问自己“哪里、哪里”，对方漂亮在哪里，好在哪里，这样，你的赞美由于有了针对性而打动对方，甚至，有可能会产生神奇的效果。我们要明白，当我们赞美对方“真好”、“真漂亮”的时候，他内心深处就立即会有一种心理期待，很想听听下文，到底“好在哪里”、“漂亮在哪里”，这时，如果没有针对性的表述，对方该是多么失望啊。

这天，公司的职员小路心情特别好，她觉得公司特别温馨，觉得每个同事都很可爱，甚至，她主动承担了上司布置下来的工作任务。可能她自己都说不清楚这到底是为了什么，这不仅仅是因为她今天穿了新的裙子，更因为她在刚走进公司门口的时候碰到了同事小娜，虽然，她们平时话不多，但是，小娜看见穿着新裙子的小路，脱口就说：“哇，你的裙子真漂亮！款式很适合你。”可能，小娜也没想到自己一句最普通的赞美，会给小路带来好心情。

对于漂亮的女同事，就需要赞美其装扮，因为漂亮的外表是她们最在意的部分。小娜如此有针对性的赞美，自然会打动小路的心，而且，还给小路带来了一天的好心情。一般情况下，太笼统、太宽泛的赞美会给人一种虚情假意的感觉，而有针对性的赞美能让对方感觉到你是发自内心的赞美，当然，这样的赞美能很好地打动对方。

那么，如何能做到有针对性的赞美呢？

1.赞美对方的某个动作或行为

在生活中，泛泛的赞美很快就让我们词穷了，除了真好，真棒，你是最棒的，超不过10个词，然后就没什么可说了。对于不同场合来说，怎么才能做到有针对性地赞美他人呢？其实，我们很有感触，比如，如果你见到一个人，不说你漂亮，而是说“今天的发型让你神采奕奕”，这样，对方是不是会更高兴呢？因此，那些空泛的赞美不如说出最让你满意的某个动作或者行为。

2.针对不同类型的人

在赞美他人的时候，我们还需要针对不同类型的人做出恰当的赞美。比

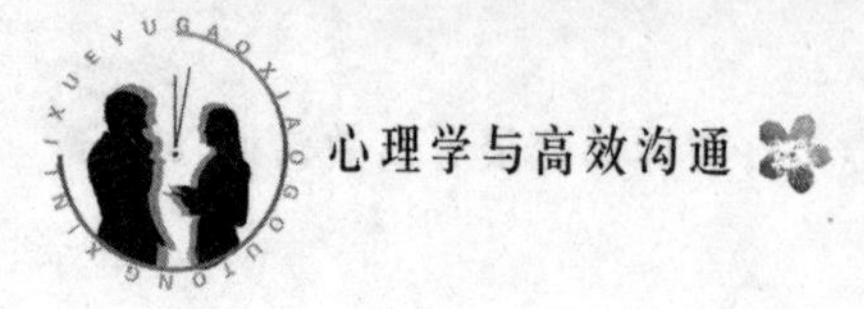

如，见到一个孩子，你不能说潇洒，而是聪明、可爱、懂事；见到漂亮的女人，就应该赞美其漂亮；见到男人就应该赞美其潇洒帅气。如果你对他们没有针对性的赞美，对方定会觉得你是虚情假意，又怎会被你打动呢？

主动认错把话说开，令人无法指责你

生活中，我们与人交际的过程中，会因为说错话、做错事而让交际对方心生不悦，而如果我们始终不肯主动承认错误，把话说开的话，将会给对方留有指责我们的机会，而同时，双方之间的关系也会因此而产生隔阂甚至闹僵。因为对方心中这种不悦心理的存在会随着时间的推移而逐渐加深。而相反，如果我们能在犯错之后立即主动认错，对方心中的这种不快便也会随之消失，也会因为我们敢于认错的这种交往品质而留下良好的印象。《人生的弱点》中讲了这样一件事：

我住的地方，靠近纽约中心。从家里出门步行一分钟，就是一片森林。我常常带着雷斯到公园去散步；它是一只温驯而不伤人的小狗，因为公园里游人稀少，我一般不给它系上狗链或戴口罩。

有一天，在公园碰到一位骑马的警察。他严厉地拦住我们，“干吗不给它系上链子？”他训斥道：“不知道这是违法的吗？”“是的，我知道。”我连忙温和地回答：“不过我的狗从来不咬人。”“不咬人!这是你自己的想法，法律可不管你怎么想。他可能在这里咬死松鼠，也可能咬死小孩。这次我不追究，下次我再看到这只狗不系链子，不戴口罩，你就只好去跟法官解释啦！”我客气地点头，连说“遵命”。我的确照办了，可是雷斯不喜欢戴口罩，有一次我决定再碰碰运气。

这天下午，雷斯和我在一座小山坡上赛跑，突然间，糟了，我又碰上了那位执法大人，雷斯跑在前头，直向他冲去。我知道这回要倒霉了。于是不等警察开口，就抢在他前头说警官先生，这下你当场抓到我了。我确实有罪，触犯了法律。你在上个星期就警告过我了。“好说，好说。”警察

说话的声调意外的温和。“我知道在没有人的时候，谁都会忍不住要带这么好的一只小狗出来溜达。”“这倒是的，”我说，“但我违反了规定。”“这条小狗大概不会咬上别人吧？”警察反而为我开脱起来。“这样吧，你们跑到我看不见的地方，事情就算了。”我向他连连道歉，带着小狗走过了山坡。

这位警察前后态度的变化，缘于故事中带狗的主人的语言艺术，假如这位带狗的主人人不是赶紧道歉认错，而是设法辩解，不管他的理由多么充分，恐怕也不能得到警察的谅解。在人际交往中，只有缺乏智慧的人才会为自己的错误寻找借口，强词夺理；而智者总能够坦率诚恳地道歉认错，取得对方的谅解。

那么，我们在运用主动认错这一心理策略的时候，该注意哪些语言技巧呢？

1. 先道歉后解释

有错就应先认错，以诚恳的态度取得对方的谅解。千万不要找客观原因为自己辩解、开脱，使对方怀疑你的诚意，从而扩大裂痕，加深隔阂。如确有非解释不可的地方，应在道歉之后再作解释，才能表示自己的诚意。如：“对不起，这事我做得真不对。事情是这样的……”

2. 道歉时的语气和态度

真诚的道歉，应该做到语气温和，态度坦诚而不谦卑。道歉时目光友好地看着对方，并多用一些礼貌用语，如“请包涵”、“请原谅”等。同时，道歉的语言以简洁为好。只要表明了自己的态度，对方也表示谅解就行了，切忌重复、啰唆。

3. 假如你觉得道歉的话说不出口，可用别的方法代替

比如，如果你与某个朋友发生了不愉快的事，你可以打电话问他：“还生气呢？”即使对方以前再生气，面对你的道歉，他一般都会说：“生什么气啊。”可见，打电话致歉是个好办法。

4. 没有错，有时也需要道歉。

这种情况常适用于管理者。当你的下属在工作中未能恪尽职守；或者

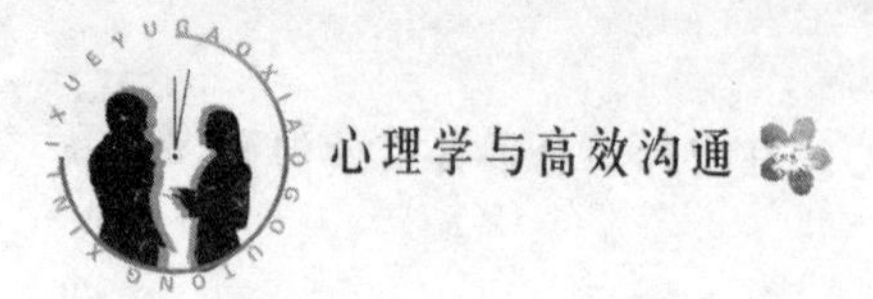

某一方面的工作未尽人意，为了促使下属进一步反省。也为了挽回单位的信誉，作为管理者应诚恳庄重地向对方或公众表达歉意，以求得谅解。

某学校教研室有一次承担一个重要的考试任务，大家都很重视。在考试的前一天，要把一切考务工作做好，可是这一天，又恰逢学校的运动会。运动会后，大家都要留下来做考务工作。可运动会后，有一位年轻教师因为疏忽了没有留下来而影响了工作。事后，教研室主任找到他，他采取这样的批评方式——自责。他说："你看，都怪我，我多提醒你一下就好了。"这位年轻教师忙说："不怪你，你都告诉我两遍了。"

于是，在总结会议上，教研室按要求扣了这位年轻教师100 元钱，教研室主任也在大会上并作了检讨："我工作疏忽，没有及时提醒他，请大家下不为例。"

在这个事例中，这位教研处主任虽然没有错，但也主动道歉，这是一种得当的批评方式这位年轻的教师自然也会愉快地接受，而实际上，大家根本不可能会指责他。

总之，在道歉的语言技巧这部分里，我们需要掌握：先道歉后解释；假如你觉得道歉的话说不出口，可用别的方法代替；道歉时的语气和态度要把握好；没有错，有时也需要道歉。

我们掌握了道歉的语言技巧，但是还应该根据场合、情况的不同，注意一些小事项：

①切忌道歉并非耻辱，而是真挚和诚恳的表现。

②道歉要堂堂正正，不必奴颜婢膝。

③把握道歉时机。应该道歉时马上道歉，耽搁时间越久越难启齿，有时甚至追悔莫及。

参考文献

[1] [美]奥格·曼狄诺 著. 人性的优点（全集）[M].北京：中国发展出版社，2003.

[2] 曾仕强，刘君政 著. 人际关系与沟通[M].北京：清华大学出版社，2004.

[3] 李幼穗 著. 儿童社会性发展及其培养[M].上海：华东师范大学出版社，2004.

[4] [美]奥格·曼狄诺 著. 羊皮卷[M].北京：世界知识出版社，2004.

[5] [台]傅佩荣 著. 哲学与人生[M].北京：东方出版社，2006.

[6] 吴思瑜 著. 心理洞察术与心理博弈术全集[M].北京：机械工业出版社，2006.

[7] [美]罗伯特·西奥迪尼 著，陈叙 译. 影响力[M].北京：中国人民大学出版社，2006.

[8] [美] 艾略特·阿伦森 著，刑占军 译. 社会性动物（第9版）[M].上海：华东师范大学出版社，2007.

[9] 熊哲宏 主编. 爱情心理学——心理学大师的爱情[M].北京：中国社会科学出版社，2007.

[10] [美]Fred Luthans，Carolyn M · Youssef，Bruce J.Avolio著，李超平 译. Psychological Capital（心理资本）[M].北京：中国轻工业出版社，2008.

[11] [美]米尔顿·赖特 著，周智文 译. 倾听和让人倾听——人际交往中的有效沟通心理学[M].北京：新世界出版社，2009.

[12] 章志光 主编. 社会心理学[M].北京：人民教育出版社，2009.

[13] [美]罗伯特·L.索尔所，M.金伯利·麦克林，奥托·H.麦克林 著，邵

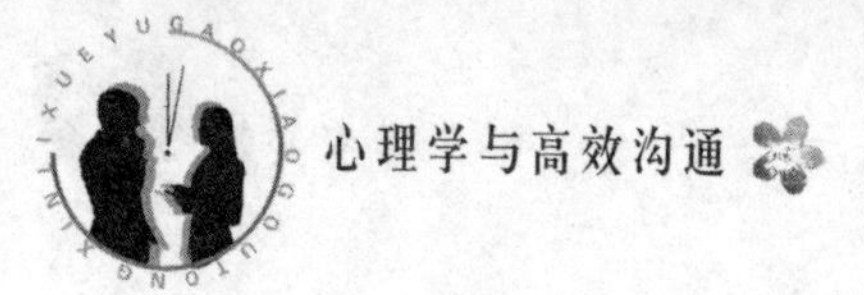

志芳，李林，徐媛等译. 认知心理学（第7版）[M].上海：上海人民出版社，2009.

[14] 费孝通 著. 文化与文化自觉[M].北京：群言出版社，2010.

[15] 曾仕强 著. 领导的方与圆——洞察人性管理的奥秘[M].广州：广东经济出版社，2010.

[16] 李林英，李翠白 主编. 思维导图与学习[M].北京：北京师范大学出版社，2011.

[17] 海依 编著.心理洞察术与心理博弈术[M].北京：中国商业出版社，2011.

[18] 姬小安 编著.FBI心理洞察术[M].北京：中国画报出版社，2012.

[19] 格雷. 西点军校男孩性格书[M].北京：朝华出版社，2012.

[20] 胡胜林. 西点军校给男孩的启示[M].北京：中国纺织出版社，2012.

[21] [美]菲利普·津巴多，罗伯特·约翰逊，安·韦伯 著，王佳艺 译.普通心理学[M].北京：中国人民大学出版社，2012.

[22] 任顺元 著. 心理效应学说——新课程下"导学育人"新对策[M].杭州：浙江大学出版社，2012.

[23] 赵建新 主编. 成长的青春——中学生心理教育指南[M].昆明：云南教育出版社，2012.

[24] 赵健 著. 学习共同体——关于学习的社会文化分析[M].上海：华东师范大学出版社，2012.

[25] 刘光明 编著. 企业文化[M].北京：经济管理出版社，2012.

[26] 孙科炎，程丽平 著. 沟通心理学[M].北京：中国电力出版社，2012.

[27] [美]凯利·麦格尼格尔 著，王岑卉 译. 自控力[M].北京：印刷工业出版社，2012.

[28] [加]基斯·斯坦诺维奇 著，窦东徽，刘肖岑 译. 对"伪心理学"说不（第8版）[M].北京：人民邮电出版社，2012.

[29] [美]迈克尔·桑德尔 著，邓正来 译. 金钱不能买什么：金钱与公正的正面交锋[M].北京：中信出版社，2012.

[30] 中国青少年心灵成长十百千万工程职业培训专家组编. 青少年心灵成长[M].北京：青少年心灵成长导师职业培训教材组，2013.

[31] 何卉. 大学生心理与成长[M].北京：北京理工大学出版社，2013.

[32] 范逢春. 管理心理学[M].北京：中国人民大学出版社，2013.

[33] 段成静. 心理学与自控力 [M].北京：中国纺织出版社，2013.

[34] [美]戴维・迈尔斯 著，侯玉波，乐国安，张智勇等译. 社会心理学[M].北京：人民邮电出版社，2013.

[35] [美]穆里尔・詹姆斯，多萝西・钟沃德 著，田宝，叶红宾译. 天生赢家[M].北京：清华大学出版社，2013.

[36] [美]吉姆・柯林斯，杰里・波勒斯 著，真如 译.基业长青[M].北京：中信出版社，2013.

[37] 施俊琦，汪默 编著. 管理心理学——21世纪的新进展[M].北京：北京大学出版社，2013.

[38] [美] 罗伯特・艾伦 著，刘华 编译. 哲学的盛宴（History of Philosophy）[M].北京：新世界出版社，2013.

[39] 李锦清 著. 自制力——不做性格的奴隶[M].北京：中国华侨出版社，2013.

[40] 张爱卿 编著. 组织行为学[M].北京：机械工业出版社，2013.

[41] [美]Stephen P.Robbins，Timothy A.Judge 著. 组织行为学精要[M].北京：机械工业出版社，2013.

[42] [美]埃里希・弗洛姆 著. 人类的破坏性剖析[M].北京：世界图书出版公司，2014.